Peter

Das 1 x 1 des Opferanwalts

AnwaltsPraxis

Das 1 x 1 des Opferanwalts

Von

Rechtsanwalt und Fachanwalt für Strafrecht,
Fachanwalt für Familienrecht
Frank K. Peter, Worms

Zitiervorschlag:
Peter, Opferanwalt, § 1 Rn 1

Satz: Griebsch & Rochol Druck GmbH, Hamm
Druck: Medienhaus Plump, Rheinbreitbach
Umschlaggestaltung: gentura, Holger Neumann, Bochum
ISBN 978-3-8240-1143-8

Bibliografische Information der Deutschen Nationalbibliothek
Die Deutsche Nationalbibliothek verzeichnet diese Publikation in der Deutschen Nationalbibliografie; detaillierte bibliografische Daten sind im Internet über http://dnb.d-nb.de abrufbar.

Vorwort

Das „1x1 des Opferanwalts“ soll Rechtsanwälten und Rechtsanwältinnen, die Opfer von Straftaten vertreten, helfen, die Rechte der Opfer im Strafverfahren gegen den Täter wahrzunehmen und durchzusetzen. Es wendet sich sowohl an erfahrene Strafverteidiger, die meist das Strafverfahren lediglich auf Täterseite kennen, als auch an Rechtsanwälte und Rechtsanwältinnen, die strafrechtlich eher unerfahren sind. Letztere übernehmen oft die Opfervertretung als Annex zu z.B. einem familienrechtlichen Verfahren oder Gewaltschutzverfahren. Leider ist dann allzu oft eine optimale Opfervertretung nicht gewährleistet. Das „1x1 des Opferanwalts“ stellt alle Facetten der Opfervertretung vom Beginn des Ermittlungsverfahrens gegen den Täter bis zur Hauptverhandlung und dem Rechtsmittelverfahren dar und enthält zahlreiche Musterschriftsätze und Praxistipps. Es stellt alle opfertypischen Verfahrensarten, wie z.B. die Nebenklage oder das Adhäsionsverfahren dar. Es befindet sich auf dem Rechtsstand Sommer 2010 und berücksichtigt damit die zahlreichen Änderungen, die die Opferrechte durch das am 1.10.2009 in Kraft getretene 2. Opferrechtsreformgesetz erfahren haben. Durch das 2. Opferrechtsreformgesetz wurden sowohl die Rechte der Zeugen und Verletzten einer Straftat gestärkt und ein verbesserter Zeugenschutz gewährleistet. Auch wurde nunmehr das Recht eines Zeugen, sich eines anwaltlichen Beistandes zu bedienen, der ihm unter Umständen auch beigeordnet werden kann, in die StPO aufgenommen. Im Bereich der Nebenklage führt das 2. Opferrechtsreformgesetz zu einer Erweiterung der Anschlussbefugnis und damit zu einer praktischen Ausdehnung der Nebenklage. Der Autor ist erfahrener Strafverteidiger, Lehrbeauftragter der Fachhochschule Worms und Dozent im Rahmen der Fachanwaltsfortbildung. Er kennt die Nöte und Bedürfnisse der Opfer. Er ist erfahrener Opferanwalt, der seine praktischen Erfahrungen bei der Vertretung und Betreuung zahlreicher Opfer gesammelt hat. Er kennt damit die Verfahren sowohl aus Sicht des den Täter verteidigenden Strafverteidigers, als auch aus der des Opferanwalts.

Worms, im August 2010 Frank K. Peter

Inhaltsverzeichnis

Musterverzeichnis

Literaturverzeichnis

Kommentare

Brunner/Dölling, Jugendgerichtsgesetz, 11. Auflage 2002

Graf, Strafprozessordnung, 1. Auflage 2010

Karlsruher Kommentar zur Strafprozessordnung mit GVG, EGGVG und EMRK, hrsg. von Hannich, 6. Auflage 2008, zitiert: KK-Bearbeiter

Kleinknecht/Müller/Reitberger, hrsg. von Heintschel-Heinegg/Stöckel, KMR Kommentar zur Strafprozessordnung, Loseblatt 55. Lieferung Stand Juni 2009, zitiert: KMR-Bearbeiter

AnwaltKommentar StPO Strafprozessordnung hrsg. von Krekeler/Löffelmann/Sommer, 2. Auflage 2010, zitiert: AnwaltKommentar

Kunz/Zellner/Gelhausen/Weiner, Opferentschädigungsgesetz, 5. Auflage 2010

Löwe/Rosenberg, hrsg. von Erb/Esser/Franke/Graalmann-Scherer/Hilger/Ignor, Die Strafprozessordnung und das Gerichtsverfassungsgesetz, 26. Auflage 2006–2010, zitiert: LR-Bearbeiter

Meyer-Goßner, Strafprozessordnung, 52. Auflage 2009

Systematischer Kommentar zur Strafprozessordnung und zum Gerichtsverfassungsgesetz hrsg. von Rudolphi/Wolter, Loseblatt 62. Lieferung Stand Juli 2009, zitiert: SK-Bearbeiter

Thomas/Putzo, Zivilprozessordnung, 31. Auflage 2010

Zöller, Zivilprozessordnung, 28. Auflage 2009, zitiert: Zöller-Bearbeiter

Fachbücher

Gollwitzer, Festschrift für Karl Schäfer zum 80. Geburtstag (1979)

Haupt/Weber, Handbuch Opferschutz und Opferhilfe, 2. Auflage 2003

Tondorf, Psychologie und psychiatrische Sachverständige im Strafverfahren, 2. Auflage 2005

Weiner/Ferber, Handbuch des Adhäsionsverfahrens, 1. Auflage 2008

Aufsätze

Boetticher, Das Urteil über die Einführung von Mindeststandards in aussagepsychologischen Gutachten und seine Wirkungen, Sonderheft zur Vollendung des 65. Lebensjahres von Gerhard Schäfer, 2000

Burkhardt, Erklärungsrecht des Verteidigers, § 257 Abs. 2 StPO, StV 2004, 390 ff.

Granderath, Reinhard, Dr.: Opferschutz – Totes Recht?, NStZ 1984, 399 ff.

Hinz, Nebenklage im Verfahren gegen Jugendliche, JR 2007, 140 ff.

Hoffmann, Die Akteneinsicht des Verletzten nach § 406e, StRR 2007, 249 ff.

Kleinknecht, Anmerkung zu Beschl. OLG Celle v. 17.03.1952, JZ 1952, 488 ff.

Meier/Dürre, Das Adhäsionsverfahren, JZ 2006, 19 ff.

Plüür/Herbst, Das Adhäsionsverfahren im Strafprozess, NJ 2005, 153 ff.

Rieß/Hilger, Das neue Strafverfahrensrecht, NStZ 1987, 145 ff.

Schirmer, Das Adhäsionsverfahren nach neuem Recht – die Stellung der Unfallbeteiligten und deren Versicherer, DAR 1988, 121 ff.

§ 1 Einleitung (Opferrollen im Strafverfahren)

1 Jeder kann Opfer einer Straftat werden. Die Polizeiliche Kriminalstatistik des Bundeskriminalamtes (BKA) zeigt, dass es im Jahr 2008 insgesamt 6.114.128 bekannt gewordene Straftaten gab.

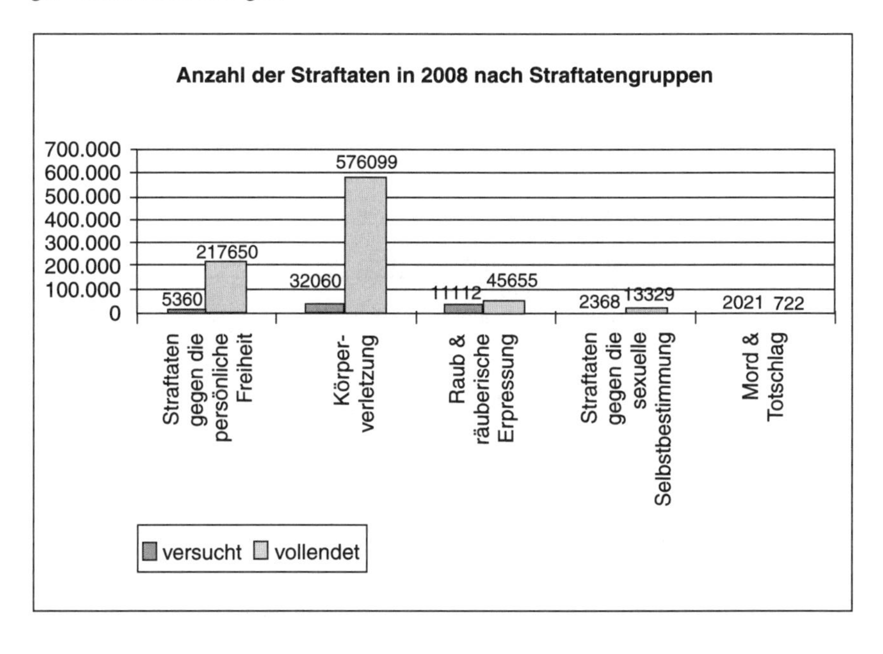

2 Die Aufklärungsquote betrug in 2008 danach durchschnittlich 54,8 %. Bei den einzelnen Straftatengruppen sind die einzelnen Aufklärungsquoten sehr unterschiedlich.

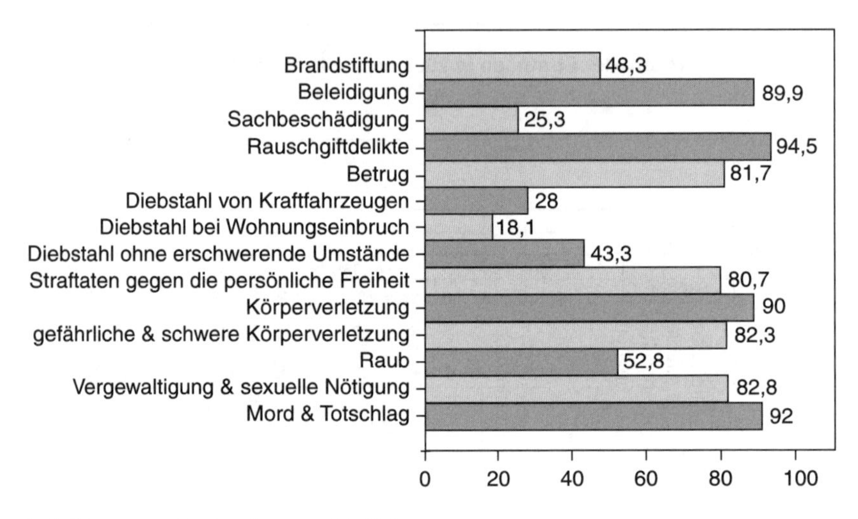

3 Aufklärungsquoten bestimmter Delikte:

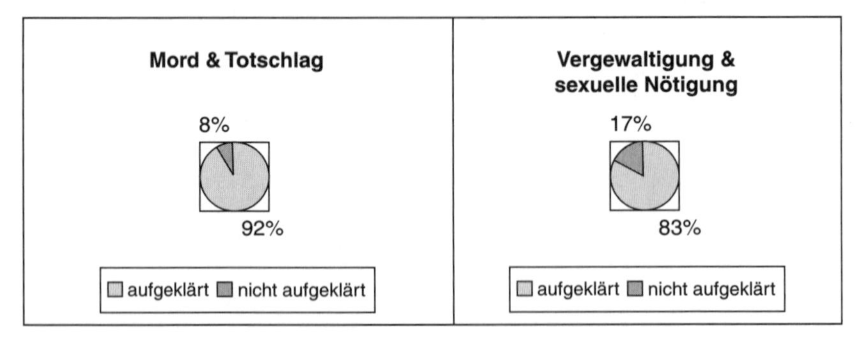

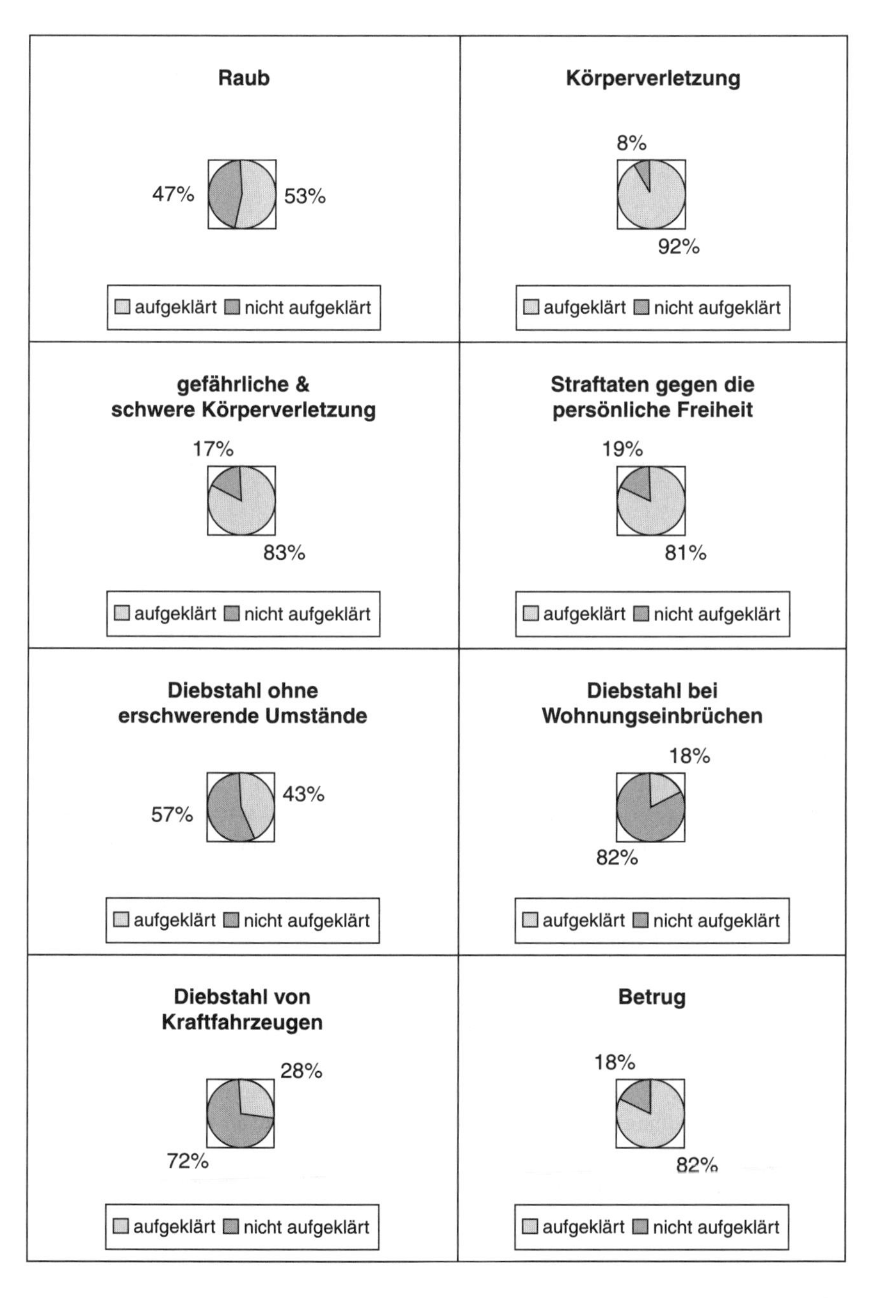
Raub
47%
53%
aufgeklärt nicht aufgeklärt
Körperverletzung
8%
92%
aufgeklärt nicht aufgeklärt
gefährliche & schwere Körperverletzung
17%
83%
aufgeklärt nicht aufgeklärt
Straftaten gegen die persönliche Freiheit
19%
81%
aufgeklärt nicht aufgeklärt
Diebstahl ohne erschwerende Umstände
57%
43%
aufgeklärt nicht aufgeklärt
Diebstahl bei Wohnungseinbrüchen
18%
82%
aufgeklärt nicht aufgeklärt
Diebstahl von Kraftfahrzeugen
28%
72%
aufgeklärt nicht aufgeklärt
Betrug
18%
82%
aufgeklärt nicht aufgeklärt

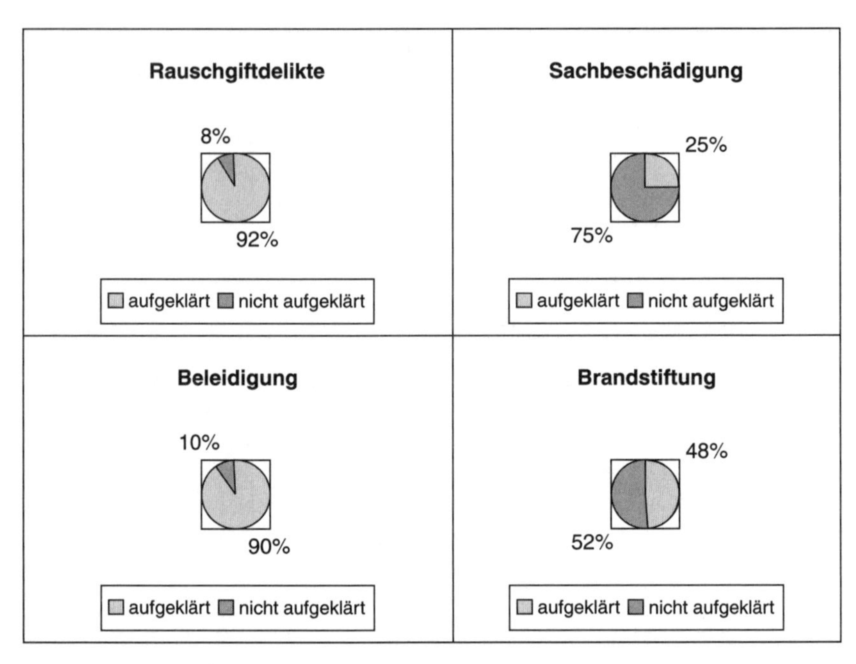

4 Das Opfer einer Straftat kann in verschiedenen Rollen in einem Strafverfahren gegen den Täter mitwirken. Einige Rollen sind in der Regel für das Opfer zwingend, einige dagegen hängen von seinem freien Willen ab. Das Opfer wird in der Regel als Zeuge gegen den Täter am Strafverfahren teilnehmen müssen, da für einen Zeugen üblicherweise eine Aussagepflicht besteht. Hier kann es sich eines Zeugenbeistandes bedienen. Selbst wenn das Opfer den Täter nicht gesehen hat, weil z.B. ein Angriff von hinten erfolgte, wird es immer noch über die Folgen der Straftat berichten können bzw. müssen. Die Aussagepflicht wird lediglich bei einer nahen Verwandtschaft von Opfer und Täter aufgehoben.

5 Weil viele Opfer oft Angst vor einem weiteren Zusammentreffen mit dem Täter im Ermittlungsverfahren oder in der Hauptverhandlung haben, gilt es hier, die Opfer entsprechend zu beraten und zu schützen. Angesprochen seien in diesem Zusammenhang kurz die Vorschriften der StPO über die Entfernung des Angeklagten aus der Hauptverhandlung oder die Videovernehmung des Zeugen von einem anderen Ort aus. Auch kann dem Opfer-Zeugen an einem Ausschluss der Öffentlichkeit in der Hauptverhandlung gelegen sein, damit er seine Aussage nicht öffentlich machen muss.

Daneben steht dem Opfer, welches durch eine bestimmte Straftat verletzt worden ist, die Möglichkeit zu, sich als Nebenkläger am Strafverfahren gegen den Täter zu beteiligen und dort gewisse Rechte, wie z.B. ein Fragerecht in der Hauptverhandlung, auszuüben. Das Opfer kann zudem entscheiden, ob es gleich im Strafverfahren seine Schadensersatzansprüche, insbesondere seinen Schmerzensgeldanspruch, gegen den Täter geltend macht, um sich so später ein zusätzliches, ggf. langwieriges Zivilverfahren, zu ersparen. **6**

Daneben kann das Opfer ggf. als sog. Privatkläger seinen Wunsch auf Bestrafung des Täters unabhängig von der Staatsanwaltschaft verfolgen oder gegen die Einstellung des Strafverfahrens gegen den Täter mit Rechtsmitteln vorgehen. **7**

In den letzen Jahren hat der Gesetzgeber immer wieder durch Neuerungen im Strafprozessrecht die Rechte der Opfer gestärkt und damit ein neues Betätigungsfeld für Rechtsanwälte geschaffen. Leider zeigt die Praxis oft, dass die Opfervertretung eher von nicht strafrechtlich geschulten Kollegen erfolgt, so dass eine gute Opfervertretung dort nicht gewährleistet ist, wo diese auch Kenntnis und Erfahrung in der strafrechtlichen Hauptverhandlung voraussetzt. **8**

Das vorliegende Werk beschäftigt sich umfassend mit den Möglichkeiten, das Opfer adäquat zu vertreten und stellt die dafür erforderlichen Vorschriften ausführlich im Zusammenhang mit der Beratungssituation des Opfers dar. Es soll ein Leitfaden für die Opfervertretung sein. **9**

Übersicht: typische Opferrollen im Strafverfahren **10**

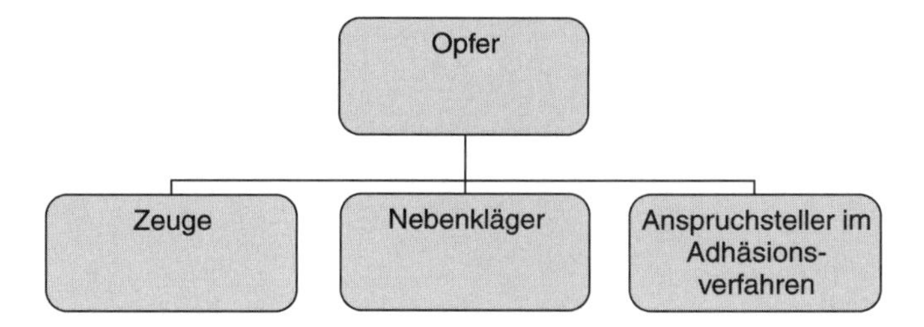

§2 Das Opfer als Zeuge

1 Das Opfer ist i.d.R. immer als Zeuge am Strafverfahren gegen den Täter beteiligt. Selbst, wenn das Opfer den Täter nicht gesehen hat, weil z.B. ein Angriff von hinten erfolgte, wird es immer noch über die Folgen der Straftat oder die Straftat berichten können. Das Opfer wird daher immer bei der Polizei, ggf. noch bei der Staatsanwaltschaft und/oder dem Ermittlungsrichter sowie in der Hauptverhandlung als Zeuge vernommen werden. Bei einem geständigen Täter in der Hauptverhandlung kann eine Zeugenaussage des Opfers u.U. entbehrlich sein.

2 Viele Opfer haben Angst davor, immer wieder die Tat durchleben zu müssen, weil sie diese im Rahmen einer (erneuten) Aussage wieder abrufen müssen. Auch haben viele Opfer Angst davor, ihrem Peiniger im Rahmen einer gerichtlichen Hauptverhandlung gegenübertreten zu müssen. Auch besteht oft Angst davor, die Aussage, insbesondere wenn sie intime Details, z.B. bei einer Vergewaltigung oder einem Missbrauch betrifft, in einer öffentlichen Hauptverhandlung vor Zuschauern zu machen. Das Opfer ist daher auf diese Situationen vorzubereiten. Ihm sind die gesetzlichen Möglichkeiten, mit denen dies jeweils verhindert werden kann, darzustellen. Diese sind dann ggf. durch den Opferanwalt für das Opfer zu ergreifen und durchzusetzen.

3 Übersicht: Zeugenpflichten im Strafverfahren

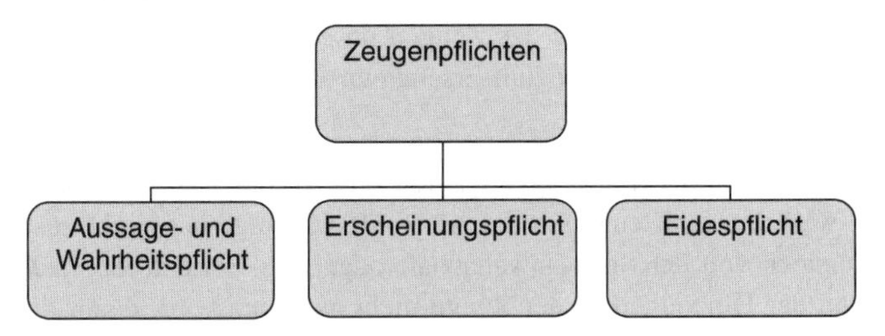

A. Allgemeine Zeugenpflichten

4 Die Zeugenaussage ist eine allgemeine staatsbürgerliche Pflicht, die von der StPO nicht begründet, sondern vorausgesetzt wird.[1] Diese beinhaltet grundsätzlich eine Erscheinungs-, Wahrheits- und Beeidigungspflicht. Die nähere Ausgestaltung regelt die Strafprozessordnung.

1 BVerfGE 49, 280, 284.

I. Aussage- und Wahrheitspflicht

5 Jeder Zeuge hat grundsätzlich (wahrheitsgemäß) nach § 48 StPO auszusagen, sofern keine gesetzliche Ausnahme vorliegt. Weigert sich der Zeuge bei Gericht auszusagen, kann nach § 70 StPO gegen ihn durch den Richter ein Ordnungsgeld oder Beugehaft verhängt werden, sofern der Zeuge nicht wegen eines ihm zustehenden Zeugnis- oder Aussageverweigerungsrechtes berechtigt ist, die Aussage zu verweigern. Die Staatsanwaltschaft kann bei einem Ausbleiben des Zeugen zu einer staatsanwaltschaftlichen Vernehmung ebenfalls gegen den Zeugen ein Ordnungsgeld festsetzen, die Verhängung von Ordnungs- oder Beugehaft bleibt allerdings nach § 161a Abs. 2 StPO dem Richter vorbehalten. Zu einer Aussage bei der Polizei kann der Zeuge nicht gezwungen werden. Hier kommt nur die Vorladung zu einer staatsanwaltschaftlichen oder richterlichen Vernehmung in Betracht.

6 Sagt der Zeuge vor Gericht nicht wahrheitsgemäß aus, macht er sich wegen einer Falschaussage nach § 153 StGB strafbar. § 153 StGB gilt allerdings nur für die gerichtliche Aussage des Zeugen, nicht für die bei der Polizei oder Staatsanwaltschaft. Der Zeuge kann sich aber in allen Fällen auch einer Strafvereitelung nach § 258 StGB strafbar machen.

II. Erscheinungspflicht

7 Ein Zeuge muss selbstverständlich bei Gericht gemäß § 48 Abs. 1 StPO erscheinen. Gleiches gilt für Vernehmungen des Zeugen durch die Staatsanwaltschaft gemäß § 161a Abs. 1 StPO. Eine Pflicht zum Erscheinen auf Vorladung der Polizei besteht hingegen nicht.

8 Möchte der Zeuge im Ermittlungsverfahren oder in der Hauptverhandlung nicht aussagen, weil ihm ein Zeugnis- oder Auskunftsverweigerungsrecht zusteht, wird er aber dennoch von der Staatsanwaltschaft oder vom Gericht vorgeladen, reicht meist schon der Hinweis, dass der Zeuge nicht aussagen wird, damit die Ladung aufgehoben und der Zeuge von seiner Erscheinungspflicht entbunden wird.

III. Eidespflicht

9 Nach §§ 59 ff. StPO können Zeugen vereidigt werden, wobei die Vereidigung mit oder ohne religiöse Beteuerung erfolgen kann.

10 Nach § 59 StPO werden Zeugen nur vereidigt, wenn es das Gericht wegen der ausschlaggebenden Bedeutung der Aussage oder zur Herbeiführung einer wahren Aussage nach seinem Ermessen für notwendig hält.

§ 59 StPO Vereidigung

(1) Zeugen werden nur vereidigt, wenn es das Gericht wegen der ausschlaggebenden Bedeutung der Aussage oder zur Herbeiführung einer wahren Aussage nach seinem Ermessen für notwendig hält. Der Grund dafür, dass der Zeuge vereidigt wird, braucht im Protokoll nicht angegeben zu werden, es sei denn, der Zeuge wird außerhalb der Hauptverhandlung vernommen.

(2) Die Vereidigung der Zeugen erfolgt einzeln und nach ihrer Vernehmung. Soweit nichts anderes bestimmt ist, findet sie in der Hauptverhandlung statt.

11 Nach § 60 StPO bestehen Vereidigungsverbote. Hiernach dürfen Personen unter 16 Jahren ebenso wenig vereidigt werden, wie Personen die in Bezug auf den Gegenstand der Untersuchung selbst in Tatverdacht stehen, sei es als Mittäter, Gehilfe oder auch wegen der Tatbestände der Hehlerei oder der Begünstigung.

§ 60 StPO Vereidigungsverbote

Von der Vereidigung ist abzusehen

1. bei Personen, die zur Zeit der Vernehmung das 18. Lebensjahr noch nicht vollendet haben oder die wegen mangelnder Verstandesreife oder wegen einer psychischen Krankheit oder einer geistigen oder seelischen Behinderung vom Wesen und der Bedeutung des Eides keine genügende Vorstellung haben;
2. bei Personen, die der Tat, welche den Gegenstand der Untersuchung bildet, oder der Beteiligung an ihr oder der Begünstigung, Strafvereitelung oder Hehlerei verdächtig oder deswegen bereits verurteilt sind.

12 *Praxistipp: Zeugenpflichten*

Die Zeugenpflicht beinhaltet grundsätzlich eine Erscheinungs-, Wahrheits- und Beeidigungspflicht.

Eine Pflicht zum Erscheinen auf Vorladung der Polizei besteht allerdings nicht.

Der Opferanwalt sollte darauf achten, dass das Opfer durch eine geeignete Person (z.B. Polizeibeamtin bei Sexualdelikten) vernommen wird.

B. Allgemeine Zeugenrechte

13 Neben den Pflichten hat ein Zeuge selbstverständlich auch Rechte. Diese sollen ihn zum Einen vor einer Selbstbelastung oder der Belastung seiner Familie schützen und zum Anderen zu seinem Schutz vor dem Beschuldigten dienen.

14 Übersicht: Zeugenrechte

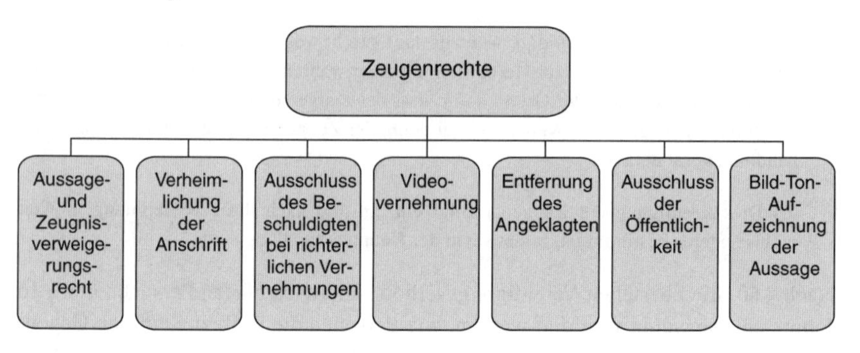

I. Zeugnisverweigerungsrecht

15 Aus persönlichen (§ 52 StPO) oder beruflichen Gründen (§§ 53, 53a StPO) kommt für den Zeugen ein Zeugnisverweigerungsrecht in Betracht.

> § 52 StPO Zeugnisverweigerungsrecht aus persönlichen Gründen
>
> (1) Zur Verweigerung des Zeugnisses sind berechtigt
> 1. der Verlobte des Beschuldigten oder die Person, mit der der Beschuldigte ein Versprechen eingegangen ist, eine Lebenspartnerschaft zu begründen;
> 2. der Ehegatte des Beschuldigten, auch wenn die Ehe nicht mehr besteht;
>
> 2a. der Lebenspartner des Beschuldigten, auch wenn die Lebenspartnerschaft nicht mehr besteht;
>
> 3. wer mit dem Beschuldigten in gerader Linie verwandt oder verschwägert, in der Seitenlinie bis zum dritten Grad verwandt oder bis zum zweiten Grad verschwägert ist oder war.
>
> (2) Haben Minderjährige wegen mangelnder Verstandesreife oder haben Minderjährige oder Betreute wegen einer psychischen Krankheit oder einer geistigen oder seelischen Behinderung von der Bedeutung des Zeugnisverweigerungsrechts keine genügende Vorstellung, so dürfen sie nur vernommen werden, wenn sie zur Aussage bereit sind und auch ihr gesetzlicher Vertreter der Vernehmung zustimmt. Ist der gesetzliche Vertreter selbst Beschuldigter, so kann er über die Ausübung des Zeugnisverweigerungsrechts nicht entscheiden; das gleiche gilt für den nicht beschuldigten Elternteil, wenn die gesetzliche Vertretung beiden Eltern zusteht.
>
> (3) Die zur Verweigerung des Zeugnisses berechtigten Personen, in den Fällen des Absatzes 2 auch deren zur Entscheidung über die Ausübung des Zeugnisverweigerungsrechts befugte Vertreter, sind vor jeder Vernehmung über ihr Recht zu belehren. Sie können den Verzicht auf dieses Recht auch während der Vernehmung widerrufen.

§ 53 StPO Zeugnisverweigerungsrecht aus beruflichen Gründen

(1) Zur Verweigerung des Zeugnisses sind ferner berechtigt

1. Geistliche über das, was ihnen in ihrer Eigenschaft als Seelsorger anvertraut worden oder bekannt geworden ist;
2. Verteidiger des Beschuldigten über das, was ihnen in dieser Eigenschaft anvertraut worden oder bekannt geworden ist;
3. Rechtsanwälte, Patentanwälte, Notare, Wirtschaftsprüfer, vereidigte Buchprüfer, Steuerberater und Steuerbevollmächtigte, Ärzte, Zahnärzte, Psychologische Psychotherapeuten, Kinder- und Jugendlichenpsychotherapeuten, Apotheker und Hebammen über das, was ihnen in dieser Eigenschaft anvertraut worden oder bekannt geworden ist, Rechtsanwälten stehen dabei sonstige Mitglieder einer Rechtsanwaltskammer gleich;

3a. Mitglieder oder Beauftragte einer anerkannten Beratungsstelle nach den §§ 3 und 8 des Schwangerschaftskonfliktgesetzes über das, was ihnen in dieser Eigenschaft anvertraut worden oder bekannt geworden ist;

3b. Berater für Fragen der Betäubungsmittelabhängigkeit in einer Beratungsstelle, die eine Behörde oder eine Körperschaft, Anstalt oder Stiftung des öffentlichen Rechts anerkannt oder bei sich eingerichtet hat, über das, was ihnen in dieser Eigenschaft anvertraut worden oder bekannt geworden ist;

4. Mitglieder des Deutschen Bundestages, der Bundesversammlung, des Europäischen Parlaments aus der Bundesrepublik Deutschland oder eines Landtages über Personen, die ihnen in ihrer Eigenschaft als Mitglieder dieser Organe oder denen sie in dieser Eigenschaft Tatsachen anvertraut haben, sowie über diese Tatsachen selbst;
5. Personen, die bei der Vorbereitung, Herstellung oder Verbreitung von Druckwerken, Rundfunksendungen, Filmberichten oder der Unterrichtung oder Meinungsbildung dienenden Informations- und Kommunikationsdiensten berufsmäßig mitwirken oder mitgewirkt haben.

Die in Satz 1 Nr. 5 genannten Personen dürfen das Zeugnis verweigern über die Person des Verfassers oder Einsenders von Beiträgen und Unterlagen oder des sonstigen Informanten sowie über die ihnen im Hinblick auf ihre Tätigkeit gemachten Mitteilungen, über deren Inhalt sowie über den Inhalt selbst erarbeiteter Materialien und den Gegenstand berufsbezogener Wahrnehmungen. Dies gilt nur, soweit es sich um Beiträge, Unterlagen, Mitteilungen und Materialien für den redaktionellen Teil oder redaktionell aufbereitete Informations- und Kommunikationsdienste handelt.

(2) Die in Absatz 1 Satz 1 Nr. 2 bis 3b Genannten dürfen das Zeugnis nicht verweigern, wenn sie von der Verpflichtung zur Verschwiegenheit entbunden sind. Die Berechtigung zur Zeugnisverweigerung der in Absatz 1 Satz 1 Nr. 5 genannten über den Inhalt selbst erarbeiteter Materialien und den Gegenstand entsprechender Wahrnehmungen entfällt, wenn die Aussage zur Aufklärung eines Verbrechens beitragen soll oder wenn Gegenstand der Untersuchung

1. eine Straftat des Friedensverrats und der Gefährdung des demokratischen Rechtsstaats oder des Landesverrats und der Gefährdung der äußeren Sicherheit (§§ 80a, 85, 87, 88, 95, auch in Verbindung mit § 97b, §§ 97a, 98 bis 100a des Strafgesetzbuches),
2. eine Straftat gegen die sexuelle Selbstbestimmung nach den §§ 174 bis 176, 179 des Strafgesetzbuches oder
3. eine Geldwäsche, eine Verschleierung unrechtmäßig erlangter Vermögenswerte nach § 261 Abs. 1 bis 4 des Strafgesetzbuches ist und die Erforschung des Sachverhalts oder die Ermittlung des Aufenthaltsortes des Beschuldigten auf andere Weise aussichtslos oder wesentlich erschwert wäre. Der Zeuge kann jedoch auch in diesen Fällen die Aussage verweigern, soweit sie zur Offenbarung der Person des Verfassers oder Einsenders von Beiträgen und Unterlagen oder des sonstigen Informanten oder der ihm im Hinblick auf seine Tätigkeit nach Absatz 1 Satz 1 Nr. 5 gemachten Mitteilungen oder deren Inhalts führen würde.

§ 53a StPO Zeugnisverweigerungsrecht der Hilfspersonen

(1) Den in § 53 Abs. 1 Satz 1 Nr. 1 bis 4 Genannten stehen ihre Gehilfen und die Personen gleich, die zur Vorbereitung auf den Beruf an der berufsmäßigen Tätigkeit teilnehmen. Über die Ausübung des Rechtes dieser Hilfspersonen, das Zeugnis zu verweigern, entscheiden die in § 53 Abs. 1 Satz 1 Nr. 1 bis 4 Genannten, es sei denn, dass diese Entscheidung in absehbarer Zeit nicht herbeigeführt werden kann.

(2) Die Entbindung von der Verpflichtung zur Verschwiegenheit (§ 53 Abs. 2 Satz 1) gilt auch für die Hilfspersonen.

§ 54 StPO Aussagegenehmigung für Richter, Beamte und andere Personen des öffentliches Dienstes

(1) Für die Vernehmung von Richtern, Beamten und anderen Personen des öffentlichen Dienstes als Zeugen über Umstände, auf die sich ihre Pflicht zur Amtsverschwiegenheit bezieht, und für die Genehmigung zur Aussage gelten die besonderen beamtenrechtlichen Vorschriften.

(2) Für die Mitglieder des Bundestages, eines Landtages, der Bundes- oder einer Landesregierung sowie für die Angestellten einer Fraktion des Bundestages und eines Landtages gelten die für sie maßgebenden besonderen Vorschriften.

(3) Der Bundespräsident kann das Zeugnis verweigern, wenn die Ablegung des Zeugnisses dem Wohl des Bundes oder eines deutschen Landes Nachteile bereiten würde.

(4) Diese Vorschriften gelten auch, wenn die vorgenannten Personen nicht mehr im öffentlichen Dienst oder Angestellte einer Fraktion sind oder ihre Mandate beendet sind, soweit es sich um Tatsachen handelt, die sich während ihrer Dienst-, Beschäftigungs- oder Mandatszeit ereignet haben oder ihnen während ihrer Dienst-, Beschäftigungs- oder Mandatszeit zur Kenntnis gelangt sind.

II. Aussageverweigerungsrecht

16 Nach § 55 StPO kann der Zeuge die Auskunft verweigern, wenn er sich selbst oder einen nahen Angehörigen der Gefahr der Strafverfolgung aussetzt. Da der Schutz bereits bei der Gefahr der Verfolgung einsetzt, beschränkt sich das Auskunftsverweigerungsrecht nicht auf Fragen, aus denen sich positiv eine Strafbarkeit ergibt, sondern umfasst alle Fragen, aus denen sich bei Beantwortung ein Verdacht ergeben könnte (sog. Mosaiktheorie).

§ 55 StPO Recht der Verweigerung der Auskunft

(1) Jeder Zeuge kann die Auskunft auf solche Fragen verweigern, deren Beantwortung ihm selbst oder einem der in § 52 Abs. 1 bezeichneten Angehörigen die Gefahr zuziehen würde, wegen einer Straftat oder einer Ordnungswidrigkeit verfolgt zu werden.

(2) Der Zeuge ist über sein Recht zur Verweigerung der Auskunft zu belehren.

17 Übersicht: Zeugnis- und Auskunftsverweigerungsrechte

Zeugnis- und Auskunftsverweigerungsrechte

§ 52 StPO	§§ 53, 53a StPO	§ 55 StPO
aufgrund Verwandtschaft, Ehe oder Verlöbnis	Berufsgeheimnisträger oder Gehilfe	Schutz vor Offenbarung einer Straftat
vollumfänglich	vollumfänglich	nur punktuell, es sei denn aus „Mosaik“ der Antworten ergibt sich die Offenbarung, dann vollumfänglich

18 *Praxistipp: Allgemeine Zeugenrechte*

Ein Zeuge muss nicht aussagen, wenn ihm ein Zeugnis- oder Auskunftsverweigerungsrecht zusteht.

Wird ein Zeuge, dem ein Verweigerungsrecht zusteht von der Staatsanwaltschaft oder dem Gericht vorgeladen, reicht oft schon der Hinweis, dass der Zeuge nicht aussagen wird, damit er von seiner Erscheinungspflicht entbunden wird.

Der Opferanwalt sollte vorher mit dem Opfer abklären, ob dieses von einem Verweigerungsrecht Gebrauch machen möchte und es ggf. von seiner Erscheinungspflicht entbinden lassen.

C. Ablauf der Zeugenvernehmung

19 Die Vernehmung der Zeugen selbst erfolgt entsprechend §§ 68 ff. StPO.

20 Der Zeuge wird zunächst zu seiner Person befragt. Bei der Vernehmung zur Sache (§ 69 StPO) soll der Zeuge zunächst „im Zusammenhang" berichten (Feststellung der konkreten Erinnerungsleistung) und sodann durch Fragen und Vorhalte seine Aussage ergänzen.

21 *Praxistipp: Ablauf der Zeugenvernehmung*

Der Zeuge hat zunächst selbst im „Zusammenhang" zu berichten.

Die Zeugenaussage ist danach durch Fragen und Vorhalte zu ergänzen.

Der Opferanwalt sollte darauf achten, dass die Vernehmung der Zeugen in dieser Form erfolgt, da nur so genau feststellbar ist, an was sich ein Zeuge noch direkt oder auf Vorhalt erinnert.

D. Schutz des Zeugen

I. Verheimlichung der Anschrift

22 Nach § 68 Abs. 2 StPO soll jedem Zeugen gestattet werden, anstatt seines Wohnortes seinen Geschäfts- oder Dienstort oder eine andere ladungsfähige Anschrift anzugeben, wenn durch die Angabe des Wohnortes des Zeugen für ihn oder eine andere Person eine Gefahr besteht. Als eine andere ladungsfähige Anschrift kommt z.B. auch die Kanzleianschrift des ihn als Zeugenbeistand vertretenden Rechtsanwalts infrage. Als andere Personen, für die eine Gefahr besteht, kommen insbesondere nahe Angehörige, Freunde oder Bekannte des Zeugen in Betracht. Gleiches gilt aber auch für Personen, über die die Anschrift des Zeugen in Erfahrung gebracht werden könnte.

Hierzu muss eine Gefahr an Leib, Leben, Besitz für den Zeugen oder die sonstigen Personen bestehen. Bloße Belästigungen des Zeugen genügen nach wie vor nicht.[2] **23**

Eine Gefahr ist immer dann anzunehmen, wenn entweder bereits früher ein Anschlag auf den Zeugen erfolgt ist oder angedroht wurde, oder nach kriminalistischen Erfahrungen oder der Lebenserfahrung ein solcher zu befürchten ist. **24**

Besteht sogar ein begründeter Anlass zu der Besorgnis, dass durch die Offenbarung der Identität oder des Wohn- oder Aufenthaltsortes des Zeugen Leben, Leib oder Freiheit des Zeugen oder einer anderen Person gefährdet wird, kann ihm nach § 68 Abs. 3 StPO gestattet werden, seine Angaben zur Person oder seine Identität komplett zu verschweigen. **25**

§ 68 StPO soll den Zeugen auch z.B. vor Denunziationen im Internet, z.B. durch rechtsextreme Gruppierungen, vor Stalking, oder Beeinflussungsversuchen, schützen. **26**

Dem Schutz des Zeugen steht auch im Allgemeinen die Wahrheitsfindung nicht entgegen, da es dafür nicht auf den Wohnort des Zeugen, sondern den Inhalt seiner Aussage und sein Aussageverhalten ankommt.[3] **27**

Ist dem Zeugen gestattet worden, Daten nicht anzugeben, ist auch nach seiner Vernehmung, z.B. bei Auskünften aus Einsichtnahmen in die Akten, sicherzustellen, dass diese Daten anderen Personen nicht bekannt werden, es sei denn, eine Gefährdung erscheint ausgeschlossen. **28**

> § 68 StPO Vernehmung zur Person
>
> (1) Die Vernehmung beginnt damit, dass der Zeuge über Vornamen, Nachnamen, Geburtsnamen, Alter, Beruf und Wohnort befragt wird. Ein Zeuge, der Wahrnehmungen in amtlicher Eigenschaft gemacht hat, kann statt des Wohnortes den Dienstort angeben.
>
> (2) Einem Zeugen soll zudem gestattet werden, statt des Wohnortes seinen Geschäfts- oder Dienstort oder eine andere ladungsfähige Anschrift anzugeben, wenn ein begründeter Anlass zu der Besorgnis besteht, dass durch die Angabe des Wohnortes Rechtsgüter des Zeugen oder einer anderen Person gefährdet werden oder dass auf Zeugen oder eine andere Person in unlauterer Weise eingewirkt werden wird. In der Hauptverhandlung soll der Vorsitzende dem Zeugen bei Vorliegen der Voraussetzungen des Satzes 1 gestatten, seinen Wohnort nicht anzugeben.

2 LR-*Dahrs*, § 68 Rn 10.
3 BGH NStZ 1990, 352.

(3) Besteht ein begründeter Anlass zu der Besorgnis, dass durch die Offenbarung der Identität oder des Wohn- oder Aufenthaltsortes des Zeugen Leben, Leib oder Freiheit des Zeugen oder einer anderen Person gefährdet wird, so kann ihm gestattet werden, Angaben zur Person nicht oder nur über eine frühere Identität zu machen. Er hat jedoch in der Hauptverhandlung auf Befragen anzugeben, in welcher Eigenschaft ihm die Tatsachen, die er bekundet, bekannt geworden sind.

(4) Liegen Anhaltspunkte dafür vor, dass die Voraussetzungen der Absätze 2 oder 3 vorliegen, ist der Zeuge auf die dort vorgesehenen Befugnisse hinzuweisen. Im Fall des Absatzes 2 soll der Zeuge bei der Benennung einer ladungsfähigen Anschrift unterstützt werden. Die Unterlagen, die die Feststellung des Wohnortes oder der Identität des Zeugen gewährleisten, werden bei der Staatsanwaltschaft verwahrt. Zu den Akten sind sie erst zu nehmen, wenn die Besorgnis der Gefährdung entfällt.

(5) Die Absätze 2 bis 4 gelten auch nach Abschluss der Zeugenvernehmung. Soweit dem Zeugen gestattet wurde, Daten nicht anzugeben, ist bei Auskünften aus und Einsichtnahmen in Akten sicherzustellen, dass diese Daten anderen Personen nicht bekannt werden, es sei denn, dass eine Gefährdung im Sinne der Absätze 2 und 3 ausgeschlossen erscheint.

II. Ausschluss des Beschuldigten bei richterlichen Vernehmungen

29 Zeugen können im Ermittlungsverfahren nicht nur von der Polizei oder der Staatsanwaltschaft vernommen werden. Es besteht auch die Möglichkeit, dass sie vom Ermittlungsrichter vernommen werden. Dies kommt insbesondere immer dann in Betracht, wenn ihre Aussage entweder von einer überragenden Bedeutung für das Verfahren ist, oder wenn zu befürchten ist, dass sie später keine Aussage mehr tätigen, weil ihnen z.B. ein Zeugnisverweigerungsrecht (z.B. als Ehefrau) zusteht. Richterliche Vernehmungen eines Zeugen können nämlich immer, insbesondere auch nach einer späteren Zeugnisverweigerung des Zeugen in der Hauptverhandlung, durch Vernehmung des Richters in die Hauptverhandlung eingeführt werden, sofern der Zeuge bei der richterlichen Vernehmung über sein Zeugnisverweigerungsrecht belehrt worden ist oder nur deshalb nicht belehrt werden konnte, weil er sein Angehörigenverhältnis damals verschwiegen hat.[4]

30 Da nach § 168c Abs. 2 StPO für den Beschuldigten bei solchen richterlichen Vernehmungen grundsätzlich ein Anwesenheitsrecht besteht, ist eine richterliche Zeugenaussage für einen Zeugen oft unangenehm, da er dann dem Täter gegenübertre-

4 *Meyer-Goßner*, § 252 Rn 13; BGHSt 32, 25, 31.

ten müsste. Es besteht daher nach § 168c Abs. 3 StPO die Möglichkeit, dass der Beschuldigte bei einer richterlichen Vernehmung des Zeugen durch den Ermittlungsrichter ausgeschlossen wird. Diese Möglichkeit ist immer dann eröffnet, wenn entweder durch die Anwesenheit des Beschuldigten der Untersuchungszweck gefährdet würde, oder zu befürchten ist, dass der Zeuge in Gegenwart des Beschuldigten nicht die Wahrheit sagen wird.

Übersicht: Ausschluss des Beschuldigten bei richterlichen Vernehmungen **31**

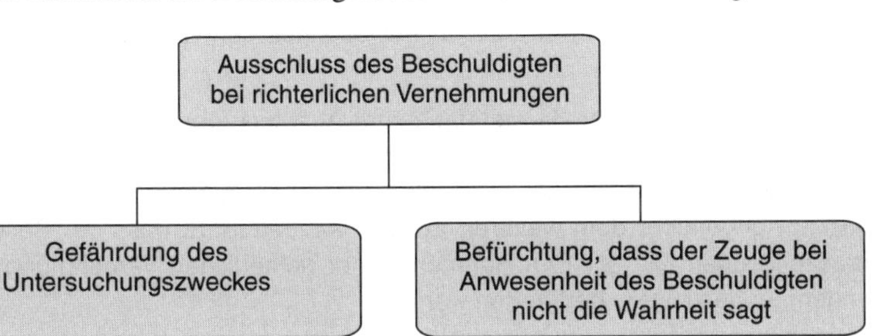

32 Der Untersuchungszweck ist üblicherweise dann gefährdet, wenn zu erwarten ist, dass der Beschuldigte die im Rahmen der Aussage des Zeugen erlangten Kenntnisse zu Verdunklungsmaßnahmen, z.B. durch die Beseitigung oder Verfälschung von Beweismitteln oder die Beeinflussung von Zeugen, nutzen wird.[5]

33 Die Befürchtung, dass der Zeuge bei Anwesenheit des Beschuldigten nicht die Wahrheit sagt, besteht immer dann, wenn ein konkreter Anlass dafür besteht, dass der Zeuge aus Angst vor Repressalien des Beschuldigten entweder lügt oder von einem ihm zustehenden Aussage- oder Zeugnisverweigerungsrecht Gebrauch machen wird.[6]

Muster: Ausschluss des Beschuldigten bei richterlicher Zeugenvernehmung **34**

An das

Amtsgericht/Landgericht ( )

In dem Strafverfahren

gegen ( )

AZ: ( )

5 KK-*Wache*, § 168c Rn 6.

6 KK-*Wache*, § 168c Rn 6; BayObLG JR 1978, 173.

wird beantragt, den Beschuldigten ( ) von der richterlichen Vernehmung des Zeugen ( ) gemäß § 168c Abs. 2 StPO auszuschließen.

Begründung:

Mit Verfügung vom hat das Amtsgericht – Ermittlungsrichter – die richterliche Vernehmung des Zeugen ( ) angeordnet. Gemäß § 168c Abs. 1 StPO besteht ein grundsätzliches Anwesenheitsrecht des Beschuldigten.

Ausnahmsweise ist der Beschuldigte von der richterlichen Vernehmung des Zeugen ( ) auszuschließen, da dessen Anwesenheit den Untersuchungszweck gefährden würde.

Der Beschuldigte hat bereits mehrfach zum Ausdruck gebracht, dass er die Zeugenaussage des Zeugen ( ) und die darin enthaltenen Beweise gegen ihn dazu nutzen wird, Verdunkelungsmaßnahmen zu ergreifen. So hat er z.B. am ( ) gegenüber dem weiteren Zeugen XY geäußert, dass der Beschuldigte die vom Zeugen ( ) im Rahmen seiner richterlichen Vernehmung anzugebenden Zeugen jeweils bedrängen werde.

Rechtsanwalt

▲

35 *Praxistipp: Ausschluss des Beschuldigten*

Der Beschuldigte kann bei einer richterlichen Vernehmung des Zeugen ausgeschlossen werden, wenn der Untersuchungszweck ansonsten gefährdet wird oder zu befürchten ist, dass der Zeuge in Anwesenheit des Beschuldigten nicht die Wahrheit sagt.

Der Opferanwalt sollte daher zum Schutz des Opfers auf den Ausschluss des Beschuldigten hinwirken und dies beantragen.

III. Videovernehmung

36 1998 wurde durch das Gesetz zum Schutz von Zeugen bei Vernehmungen im Strafverfahren und zur Verbesserung des Opferschutzes[7] die Videovernehmung, welche in § 247a StPO geregelt ist, in die StPO eingeführt.

> § 247a StPO Audiovisuelle Zeugenvernehmung
>
> Besteht die dringende Gefahr eines schwerwiegenden Nachteils für das Wohl des Zeugen, wenn er in Gegenwart der in der Hauptverhandlung Anwesenden vernommen wird,

7 BGBl I 1998, S. 820.

so kann das Gericht anordnen, dass der Zeuge sich während der Vernehmung an einem anderen Ort aufhält; eine solche Anordnung ist auch unter den Voraussetzungen des § 251 Abs. 2 zulässig, soweit dies zur Erforschung der Wahrheit erforderlich ist. Die Entscheidung ist unanfechtbar. Die Aussage wird zeitgleich in Bild und Ton in das Sitzungszimmer übertragen. Sie soll aufgezeichnet werden, wenn zu besorgen ist, dass der Zeuge in einer weiteren Hauptverhandlung nicht vernommen werden kann und die Aufzeichnung zur Erforschung der Wahrheit erforderlich ist. § 58a Abs. 2 findet entsprechende Anwendung.

37 Eine Videovernehmung wird dergestalt durchgeführt, dass sich das Gericht mit den Verfahrensbeteiligten, also auch dem Angeklagten, im Gerichtssaal befindet, während die Aussage des Zeugen, ggf. im Beisein seines Zeugenbeistandes, per Video-Live-Schaltung von einem anderen, geheimen Ort in den Gerichtssaal übertragen wird.

38 Die Videovernehmung ist insbesondere zum Schutz von Zeugen nach § 247a Satz 1 Hs. 1 StPO möglich. Sie ist insbesondere nicht auf bestimmte Straftatengruppen oder bestimmte Gruppen von Zeugen beschränkt.

39 Die Videovernehmung zum Schutz eines Zeugen gemäß § 247a Satz 1 Hs. 1 StPO ist zulässig, falls für den Zeugen eine dringende Gefahr oder ein schwerwiegender Nachteil für dessen Wohl besteht, wenn er in der Hauptverhandlung vernommen werden würde.

40 Übersicht: Videovernehmung zum Schutz des Zeugen

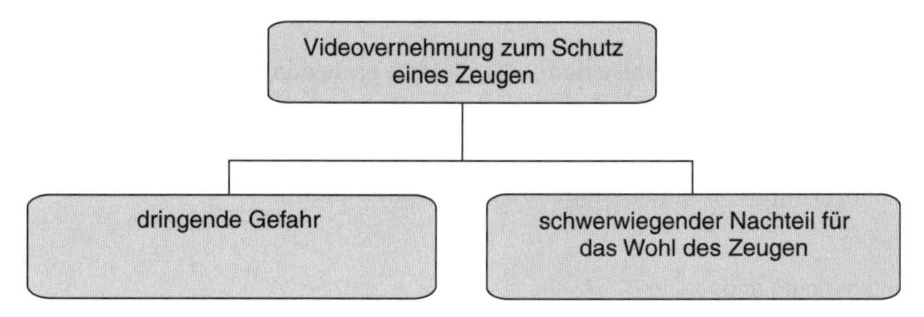

41 Als schwerwiegender Nachteile kommen physische Beeinträchtigungen oder auch seelische Nachteile für den Zeugen in Betracht,[8] wobei leichte Belästigungen nicht ausreichend sind. Ziel des § 247a StPO ist es, den Zeugen vor massiven Belastungen zu schützen.[9] Für eine Videovernehmung des Zeugen nach § 247a Satz 1 Hs. 1

8 *Meyer-Goßner*, § 247a Rn 3.

9 BT-Drucks 13/7165, S. 4, 9.

StPO ist es nicht ausreichend, dass die Befürchtung besteht, der Zeuge werde in Gegenwart des Angeklagten nicht die Wahrheit sagen.

42 Die Gefahr für den Zeugen muss für die Anordnung der Videovernehmung nicht allein von der Aussage in Gegenwart des Angeklagten ausgehen, sondern gerade von der Präsenz des Zeugen in der Hauptverhandlung.[10]

43 Die dringende Gefahr für den Zeugen bei einer Aussage in der Hauptverhandlung muss aufgrund bestimmter Tatsachen positiv feststehen, so dass mindestens eine hohe Wahrscheinlichkeit für den Eintritt des befürchteten Nachteils gegeben sein muss.[11]

44 Soll eine Videovernehmung aufgrund der Zustimmung der Verfahrensbeteiligten nach § 247a Satz 1 Hs. 2 StPO i.V.m. § 251 Abs. 2 Nr. 3 StPO, die damit der Verfahrensbeschleunigung und nicht vorrangig dem Opferschutz dient, angeordnet werden, bedarf es der Zustimmung des Staatsanwaltes, des Verteidigers und des Angeklagten. Auf die Zustimmung des Nebenklägers oder des Privatklägers und damit auch deren Vertreter kommt es hierbei nicht an.[12]

45 Den Ort, an dem der Zeuge vernommen wird, bestimmt der Vorsitzende oder der gesamte Spruchkörper. Als ein anderer Ort i.S.d. § 247a StPO kann ein anderes Zimmer im Gerichtsgebäude oder auch in einem anderen Gebäude oder in einer anderen Stadt in Betracht kommen.

46 Die Vernehmung in einer anderen Stadt bietet sich immer dann an, wenn eine Gefahr für den Zeugen auf seinem Weg zum oder vom Gericht besteht.

47 Hierbei hat das Justizministerium oder die ihm nachgeordneten Behörden sicherzustellen, dass die Technik für eine Videovernehmung vorhanden ist.[13]

48 **Muster: Antrag auf audio-visuelle Zeugenvernehmung**

An das

Amtsgericht/Landgericht ( )

In dem Strafverfahren

gegen ( )

10 *Meyer-Goßner*, § 247a Rn 3.
11 KK-*Diemer*, § 247a Rn 9.
12 *Meyer-Goßner*, § 251 Rn 26.
13 BGHSt 51, 232.

AZ: ( )

wird beantragt, die Nebenklägerin/Zeugin nach §247a StPO im Wege der audio-visuellen Zeugenvernehmung an einem anderen Ort als Zeugin zu vernehmen.

Begründung:

Nach §247a StPO kann ein Zeuge im Wege der audio-visuellen Zeugenvernehmung vernommen werden, wenn die dringende Gefahr eines schwerwiegenden Nachteils für das Wohl des Zeugen besteht, wenn er in Gegenwart der in der Hauptverhandlung Anwesenden vernommen wird.

§247a StPO dient dem umfassenden Zeugenschutz für alle schutzbedürftigen Zeugen, denen schwerwiegende Nachteile erwachsen können (KK-Diemer, §247a StPO, Rn 2). Es sollen nach §247a StPO auch Zeugen geschützt werden, die bei einer unter üblichen Bedingungen stattfindenden Vernehmung in der Hauptverhandlung besonderen Risiken und Gefahren ausgesetzt wären (KK-Diemer, a.a.O.).

§247a StPO dient gerade dazu, den Zeugen zu schützen, wenn die Gefahr nicht allein von der Gegenwart des Angeklagten, sondern von der Präsenz des Zeugen in der Hauptverhandlung ausgeht (Meyer-Goßner, §247a StPO, Rn 3).

Rechtsanwalt

▲

Praxistipp: Videovernehmung **49**

Der Opferanwalt kann die Videovernehmung des Opfers beantragen, wenn zu befürchten ist, dass für das Opfer eine dringende Gefahr oder schwerwiegende Nachteile bei einer Vernehmung in der Hauptverhandlung zu befürchten sind.

Die Videovernehmung kommt allerdings nicht zur Vermeidung bloßer Unannehmlichkeiten des Opfers in Betracht.

Die Videovernehmung kann auch nicht angeordnet werden, wenn das Opfer in Gegenwart des Angeklagten nicht aussagen möchte. Hier ist der Angeklagte aus der Hauptverhandlung zu entfernen.

IV. Entfernung des Angeklagten

50 Zum Schutz eines Zeugen kann auch die Entfernung des Angeklagten aus der Hauptverhandlung, die in § 247 StPO geregelt ist, beantragt werden.

§ 247 StPO Vorübergehende Entfernung des Angeklagten

Das Gericht kann anordnen, dass sich der Angeklagte während einer Vernehmung aus dem Sitzungszimmer entfernt, wenn zu befürchten ist, ein Mitangeklagter oder ein Zeuge werde bei seiner Vernehmung in Gegenwart des Angeklagten die Wahrheit nicht sagen. Das gleiche gilt, wenn bei der Vernehmung einer Person unter 18 Jahren als Zeuge in Gegenwart des Angeklagten ein erheblicher Nachteil für das Wohl des Zeugen zu befürchten ist oder wenn bei einer Vernehmung einer anderen Person als Zeuge in Gegenwart des Angeklagten die dringende Gefahr eines schwerwiegenden Nachteils für ihre Gesundheit besteht. Die Entfernung des Angeklagten kann für die Dauer von Erörterungen über den Zustand des Angeklagten und die Behandlungsaussichten angeordnet werden, wenn ein erheblicher Nachteil für seine Gesundheit zu befürchten ist. Der Vorsitzende hat den Angeklagten, sobald dieser wieder anwesend ist, von dem wesentlichen Inhalt dessen zu unterrichten, was während seiner Abwesenheit ausgesagt oder sonst verhandelt worden ist.

51 Fälle für die Entfernung des Angeklagten benennt das Gesetz in § 247 Satz. 1 StPO.

52 Eine Entfernung des Angeklagten aus der Hauptverhandlung kann erfolgen, wenn es im Interesse der Sachaufklärung geboten ist, weil die begründete Besorgnis besteht, dass ein Zeuge (oder auch ein Mitangeklagter) in Gegenwart des in der Hauptverhandlung anwesenden Angeklagten nicht die Wahrheit sagen wird.

53 Die Entfernung des Angeklagten ist demgemäß z.B. möglich bei Angst eines Zeugen, wenn er vom Angeklagten bedroht wird[14] oder wenn der Zeuge[15] erklärt, er werde in Anwesenheit des Angeklagten keine Aussage bzw. von seinem Zeugnis- bzw. Aussageverweigerungsrecht Gebrauch machen.

54 Nach § 247 Satz 2 StPO ist die Entfernung des Angeklagten aus der Hauptverhandlung außerdem zum Schutz eines Zeugen zulässig, wenn beim Zeugen gesundheitliche Nachteile zu erwarten sind oder wenn bei Vernehmung eines unter 18-jährigen Zeugen die Gefahr eines erheblichen Nachteils für dessen Wohl besteht.

14 BGH NStZ 1990, 27.
15 BGHSt 22, 18, 21.

Übersicht: Entfernung des Angeklagten nach § 247 StPO

55

Muster: Antrag auf Entfernung des Angeklagten

56

An das

Amtsgericht/Landgericht ( )

In dem Strafverfahren

gegen ( )

AZ: ( )

wird beantragt, den Angeklagten für die Dauer der Vernehmung der Nebenklägerin/Zeugin gemäß § 247 StPO aus dem Sitzungssaal zu entfernen.

Begründung:

Dem Angeklagten werden mehrere Vergewaltigungen zum Nachteil der Zeugin vorgeworfen. Sie leidet heute immer noch deswegen unter starken psychischen Beeinträchtigungen. Müsste die Nebenklägerin/Zeugin in Gegenwart des Angeklagten aussagen, würde dies zu einer weiteren Verschlechterung ihres gesundheitlichen Zustandes führen. Insofern wird auf das beigefügte ärztliche Attest des Dr. XY verwiesen.

Rechtsanwalt

Praxistipp: Entfernung des Angeklagten

57

Zum Schutz des Zeugen kann die Entfernung des Angeklagten aus der Hauptverhandlung beantragt werden.

Der Opferanwalt kann die Entfernung des Angeklagten beantragen, wenn die begründete Besorgnis besteht, dass der Zeuge/das Opfer in der Hauptverhandlung in Gegenwart des Angeklagten nicht die Wahrheit sagen wird oder dass beim Zeugen gesundheitliche Nachteile zu erwarten sind.

V. Ausschluss der Öffentlichkeit

58 Nach § 171b GVG kann die Öffentlichkeit zum Schutz der Privatsphäre eines Zeugen ausgeschlossen werden.

59 Dies bedeutet, dass dann alle Zuschauer im Gerichtssaal diesen während der Zeugenaussage verlassen müssen und der Zeuge seine Aussage nur noch vor den am Gerichtsverfahren unmittelbar beteiligten Personen machen muss.

> § 171b GVG Ausschluss der Öffentlichkeit bei Erörterung von Umständen aus dem persönlichen Lebensbereich
>
> (1) Die Öffentlichkeit kann ausgeschlossen werden, soweit Umstände aus dem persönlichen Lebensbereich eines Prozessbeteiligten, Zeugen oder durch eine rechtswidrige Tat (§ 11 Abs. 1 Nr. 5 des Strafgesetzbuches) Verletzten zur Sprache kommen, deren öffentliche Erörterung schutzwürdige Interessen verletzen würde, soweit nicht das Interesse an der öffentlichen Erörterung dieser Umstände überwiegt. Dies gilt nicht, soweit die Personen, deren Lebensbereiche betroffen sind, in der Hauptverhandlung dem Ausschluss der Öffentlichkeit widersprechen.
>
> (2) Die Öffentlichkeit ist auszuschließen, wenn die Voraussetzungen des Absatzes 1 Satz 1 vorliegen und der Ausschluss von der Person, deren Lebensbereich betroffen ist, beantragt wird.
>
> (3) Die Entscheidungen nach den Absätzen 1 und 2 sind unanfechtbar.

60 Umstände aus dem persönlichen Lebensbereich sind insbesondere solche, die private Eigenschaften und Neigungen des Zeugen betreffen, also insbesondere die Sexualsphäre, den Gesundheitszustand, das Familienleben und die politische oder religiöse Weltanschauung. Es handelt sich damit um Umstände, die Schutz vor dem Einblick Dritter verdienen[16] und üblicherweise im Sozialleben nicht gefragt zu werden gepflegt und in der Regel nicht spontan unbefangen mitgeteilt werden.[17]

61 **Muster: Antrag auf Ausschluss der Öffentlichkeit nach § 171b GVG**

An das

Amtsgericht/Landgericht ( )

In dem Strafverfahren

gegen ( )

16 BGHSt 30, 212.

17 *Rieß/Hilger*, NStZ 87, 150.

AZ: ( )

wird beantragt, die Öffentlichkeit während der Vernehmung der Zeugin ( ) auszuschließen.

Gleichzeitig wird beantragt, die Verhandlung über die Ausschließung nach §174 Abs. 1 GVG in nichtöffentlicher Verhandlung durchzuführen.

Begründung:

Dem Angeklagten werden mehrere Vergewaltigungen zum Nachteil der Zeugin vorgeworfen. Die Zeugin soll nunmehr über diese Vergewaltigungen berichten. Die hierfür erforderliche Darstellung der genauen Tatvorgänge sind Umstände, deren Erörterung in öffentlicher Hauptverhandlung die schutzwürdigen Interessen der Zeugin verletzen würden. Die Voraussetzungen des Ausschlusses der Öffentlichkeit nach §171b GVG liegen damit vor.

Da auch im Rahmen der Verhandlung über den Ausschluss der Öffentlichkeit gerade diese Details zur Sprache kommen könnten, ist auch die Verhandlung über die Ausschließung gemäß §174 Abs. 1 GVG in nichtöffentlicher Sitzung durchzuführen.

Rechtsanwalt

▲

Praxistipp: Ausschluss der Öffentlichkeit **62**

Die Öffentlichkeit kann zum Schutz der Privatsphäre des Zeugen ausgeschlossen werden.

Der Opferanwalt sollte immer dann, wenn z.B. das Opfer einer Sexualtat diese im Rahmen seiner Aussage schildern muss, den Ausschluss der Öffentlichkeit beantragen.

VI. Bild-Ton-Aufzeichnung der Zeugenaussage

63 Im Gegensatz zu der Videovernehmung nach § 247a StPO liegt bei der Aufzeichnung einer Aussage auf einen Bild-Tonträger nach § 58a StPO keine Live-Übertragung der Zeugenaussage von einem anderen (geheimen) Ort in den Gerichtssaal vor. Der Zeuge macht vielmehr seine Aussage bereits im Ermittlungsverfahren, entweder bei der Staatsanwaltschaft oder bei der Polizei.[18] Diese wird auf Video aufgenommen und dann in der Hauptverhandlung lediglich abgespielt, ohne dass der Zeuge hier noch irgendwie beteiligt ist. Lediglich in Fällen, in denen die auf-

18 Vgl. § 163 Abs. 3 S. 1 StPO.

gezeichnete Aussage des Zeugen noch Fragen offen lässt, kann das Gericht eine ergänzende Vernehmung des Zeugen in der Hauptverhandlung anordnen. Für diese Vernehmung kann für den Zeugen, wie bei einer normalen Aussage, wieder die Entfernung des Angeklagten nach § 247 StPO oder die audiovisuelle Zeugenvernehmung nach § 247a StPO beantragt werden, sofern deren Voraussetzungen vorliegen.

§ 58a StPO Aufzeichnung auf Bild-Ton-Träger

(1) Die Vernehmung eines Zeugen kann auf Bild-Ton-Träger aufgezeichnet werden. Sie soll aufgezeichnet werden, wenn

1. dies bei Personen unter 18 Jahren, die durch die Straftat verletzt sind, zur Wahrung ihrer schutzwürdiger Interessen geboten ist oder
2. zu besorgen ist, dass der Zeuge in der Hauptverhandlung nicht vernommen werden kann und die Aufzeichnung zur Erforschung der Wahrheit erforderlich ist.

(2) Die Verwendung der Bild-Ton-Aufzeichnung ist nur für Zwecke der Strafverfolgung und nur insoweit zulässig, als dies zur Erforschung der Wahrheit erforderlich ist. § 101 Abs. 8 gilt entsprechend. Die §§ 147, 406e sind entsprechend anzuwenden, mit der Maßgabe, dass den zur Akteneinsicht Berechtigten Kopien der Aufzeichnung überlassen werden können. Die Kopien dürfen weder vervielfältigt noch weitergegeben werden. Sie sind an die Staatsanwaltschaft herauszugeben, sobald kein berechtigtes Interesse an der weiteren Verwendung besteht. Die Überlassung der Aufzeichnung oder die Herausgabe von Kopien an andere als die vorbezeichneten Stellen bedarf der Einwilligung des Zeugen.

(3) Widerspricht der Zeuge der Überlassung einer Kopie der Aufzeichnung seiner Vernehmung nach Absatz 2 Satz 3, so tritt an deren Stelle die Überlassung einer Übertragung der Aufzeichnung in ein schriftliches Protokoll an die zur Akteneinsicht Berechtigten nach Maßgabe der §§ 147, 406e. Wer die Übertragung hergestellt hat, versieht die eigene Unterschrift mit dem Zusatz, dass die Richtigkeit der Übertragung bestätigt wird. Das Recht zur Besichtigung der Aufzeichnung nach Maßgabe der §§ 147, 406e bleibt unberührt. Der Zeuge ist auf sein Widerspruchsrecht nach Satz 1 hinzuweisen.

64 Die Aufzeichnung der Aussage auf einen Bild-Ton-Träger soll besonders schutzwürdige Zeugen vor Mehrfachvernehmungen, auch die in der Hauptverhandlung nach einer vorherigen Vernehmung bei der Polizei, bewahren.

65 Nach § 58a Abs. 1 Satz 1 StPO kann jede Vernehmung eines Zeugen aufgezeichnet werden, nicht nur die von Minderjährigen.

66 Nach § 58a Abs. 1 Satz 2 StPO soll, (insbesondere) bei Opferzeugen unter achtzehn Jahren (§ 58a Abs. 1 Satz 2 Nr. 1 StPO), oder wenn zu besorgen ist, dass der Zeuge in der Hauptverhandlung nicht vernommen werden kann und die Aufzeichnung zur Erforschung der Wahrheit erforderlich ist (§ 58a Abs. 1 Satz 2 Nr. 2 StPO), eine Aufzeichnung erfolgen.

67 Nach § 58a Abs. 1 Satz 2 Nr. 1 StPO können insbesondere Zeugenaussagen von Kindern, die Opfer einer Sexualstraftat geworden sind, aufgezeichnet werden und dann nach § 255a Abs. 2 Satz 1 StPO in die Hauptverhandlung eingeführt werden, ohne dass es damit nochmals einer (zwingenden) Vernehmung des Zeugen in der Hauptverhandlung bedürfte. Eine Vernehmung des Zeugen käme hier nur ausnahmsweise[19] noch als ergänzende Vernehmung in Betracht. Nach der eindeutigen Regelung in § 255 Abs. 2 Satz 2 StPO ist in den Fällen der Vorführung einer Bild-Ton-Aufzeichnung nach § 255 Abs. 2 StPO die ergänzende Vernehmung eines Zeugen zulässig.[20] Diese kann im Rahmen der gerichtlichen Aufklärungspflicht sogar geboten sein, wobei das Gericht bei der von ihm zu treffenden Ermessensentscheidung auch den Opferschutz mitzubedenken hat. Eine ergänzende Vernehmung kann hier aber immer dann in Betracht kommen, wenn z.B. relevante Tatsachen erst nach der Bild-Ton-Aufzeichnung bekannt geworden sind oder wenn Angeklagter oder Verteidiger bei der Aufzeichnung nicht ausreichend mitwirken konnten, d.h. insbesondere das ihnen zustehende Fragerecht nicht ausreichend ausüben konnten. Nach der Rechtsprechung des BGH[21] soll aber eine ergänzende Vernehmung die Ausnahme sein.

68 § 58a Abs. 1 Satz 2 Nr. 2 StPO dient dagegen insbesondere der Beweissicherung. Nach § 58a Abs. 1 Satz 2 Nr. 2 StPO soll insbesondere bei gefährdeten, gebrechlichen oder lebensgefährlich erkrankten Zeugen oder kindlichen Zeugen bei denen die Befürchtung besteht, dass deren erziehungsberechtigte Eltern aus berechtigter Sorge um ihr Wohl eine Aussage in der Hauptverhandlung nicht gestatten werden,[22] eine Bild-Ton-Aufzeichnung erfolgen.

19 BGH NStZ-RR 2005, 45.
20 BGHSt 48, 268.
21 BGH NStZ-RR 2005, 45.
22 BGH StV 1996, 162.

69 Übersicht: Bild-Ton-Aufzeichnung

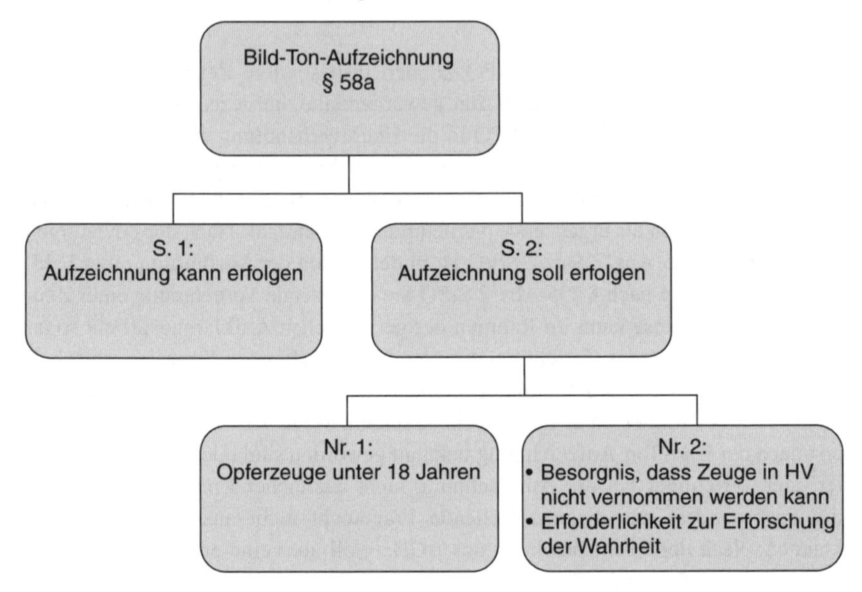

70 Die Duldung der Bild-Ton-Aufzeichnung durch den Zeugen ist Zeugenpflicht.[23]

71 Die im Ermittlungsverfahren gewonnene Bild-Ton-Aufzeichnung kann nach § 255a StPO in die Hauptverhandlung eingeführt werden. Insbesondere kommt nach § 255a Abs. 2 StPO eine die erneute Zeugenvernehmung in der Hauptverhandlung ersetzende Vorführung der Bild-Ton-Aufzeichnung in Betracht. Hierzu muss es sich bei der angeklagten Tat um eine der in § 255a Abs. 2 StPO genannten Taten handeln.

72 Überblick:[24] Straftaten nach § 255a Abs. 2 StPO

§ 174 StGB	sexueller Missbrauch von Schutzbefohlenen
§ 174a StGB	sexueller Missbrauch von Gefangenen, behördlich Verwahrten oder Kranken und Hilfsbedürftigen in Einrichtungen
§ 174b StGB	sexueller Missbrauch unter Ausnutzung einer Amtsstellung

23 SK-*Rogall*, § 58a Rn 8.

24 Die Tabelle bezeichnet lediglich die in der Vorschrift genannten Tatbestände. Aufgrund der Formulierung der Vorschrift kann es zu einer eingeschränkten oder erweiterten Anwendung des Tatbestandes führen.

§ 174c StGB	sexueller Missbrauch unter Ausnutzung eines Beratungs-, Behandlungs- oder Betreuungsverhältnisses
§ 176a StGB	sexueller Missbrauch von Kindern nach § 176 StGB; schwerer sexueller Missbrauch von Kindern
§ 176b StGB	sexueller Missbrauch von Kindern mit Todesfolge
§ 177 StGB	sexuelle Nötigung, Vergewaltigung
§ 178 StGB	sexuelle Nötigung und Vergewaltigung mit Todesfolge
§ 179 StGB	sexueller Missbrauch widerstandsunfähiger Personen
§ 180 StGB	Förderung sexueller Handlungen Minderjähriger
§ 180a StGB	Ausbeutung von Prostituierten
§ 181a StGB	Zuhälterei
§ 182 StGB	sexueller Missbrauch von Jugendlichen
§ 183 StGB	exhibitionistische Handlungen
§ 183a StGB	Erregung öffentlichen Ärgernisses
§ 184 StGB	Verbreitung pornographischer Schriften
§ 184a StGB	Verbreitung gewalt- oder tierpornographischer Schriften
§ 184b StGB	Verbreitung, Erwerb und Besitz kinderpornographischer Schriften
§ 184c StGB	Verbreitung, Erwerb und Besitz jugendpornographischer Schriften
§ 184d StGB	Verbreitung pornographischer Darbietungen durch Rundfunk, Medien oder Teledienste
§ 184e StGB	Ausübung der verbotenen Prostitution
§ 184f StGB	jugendgefährdende Prostitution
§ 211 StGB	Mord
§ 212 StGB	Totschlag
§ 213 StGB	Minder schwerer Fall des Totschlags
§ 216 StGB	Tötung auf Verlangen
§ 218 StGB	Schwangerschaftsabbruch
§ 218b StGB	Schwangerschaftsabbruch ohne ärztliche Feststellung, unrichtige ärztliche Feststellung
§ 218c StGB	ärztliche Pflichtverletzung bei einem Schwangerschaftsabbruch
§ 219a StGB	Werbung für den Abbruch der Schwangerschaft
§ 219b StGB	Inverkehrbringen von Mitteln zum Abbruch der Schwangerschaft
§ 222 StGB	Aussetzung nach § 221 StGB; fahrlässige Tötung
§ 225 StGB	Misshandlung von Schutzbefohlenen
§ 232 StGB	Menschenhandel zum Zweck der sexuellen Ausbeutung

§ 233 StGB	Menschenhandel zum Zweck der Ausbeutung der Arbeitskraft
§ 233a StGB	Förderung des Menschenhandels

73 Außerdem musste, da es sich bei der Anfertigung der Bild-Ton-Aufzeichnung im Ermittlungsverfahren um eine Art vorweggenommene Hauptverhandlung handelt, sowohl dem Verteidiger, als auch dem Beschuldigten ein Mitwirkungsrecht zugestanden worden sein. Dies bedeutet, dass entgegen den Vorschriften über eine richterliche Zeugenvernehmung, der Beschuldigte immer ein Anwesenheits- bzw. Mitwirkungsrecht bei der Anfertigung der Bild-Ton-Aufzeichnung im Ermittlungsverfahren hat und es nicht ausreichend ist, wenn lediglich der Verteidiger an der Bild-Ton-Aufzeichnung teilgenommen hat.[25] In diesem Fall wäre die spätere Vorführung in der Hauptverhandlung als Ersatz für die Zeugenaussage unzulässig.[26]

74 Der Verteidiger und der Angeklagte haben daher mehr als ein bloßes Anwesenheitsrecht. Mitwirkungsrecht bedeutet, dass diese insbesondere Gelegenheit hatten, das Fragerecht auszuüben.[27]

75 Sowohl Verteidiger, als auch der anwaltliche Vertreter eines Verletzten oder Nebenklägers haben ein Akteneinsichtsrecht in die Bild-Ton-Aufzeichnung als Bestandteil der Sachakten.[28] Das Akteneinsichtsrecht des Verteidigers ergibt sich aus § 147 StPO, das des Vertreters des Verletzten nach § 406e StPO und das des Vertreters des Nebenklägers aus § 397 Abs. 1 Satz 2 i.V.m. § 385 Abs. 3 StPO.

76 *Praxistipp: Bild-Ton-Aufzeichnung der Zeugenaussage*

Die Zeugenaussage eines Opfers kann schon im Ermittlungsverfahren auf Video aufgezeichnet werden.

Diese kann dann in die Hauptverhandlung durch Vorspielen des Videos eingeführt werden, ohne dass das Opfer ggf. nochmals in der Hauptverhandlung aussagen muss.

Eine ergänzende Vernehmung des Opfers in der Hauptverhandlung ist allerdings zulässig, z.B. weil noch Fragen offen sind.

25 BGH NStZ 2004, 390.

26 BGHSt 49, 72.

27 OLG München StV 2000, 352.

28 *Meyer-Goßner*, § 58a Rn 13.

Der Opferanwalt sollte daher schon frühzeitig auf eine Bild-Ton-Aufzeichnung der Aussage des Opfers hinwirken.

E. Zeugenbeistand

I. Recht auf Zeugenbeistand

77 Durch das Gesetz zur Stärkung der Rechte von Verletzten und Zeugen im Strafverfahren (2. Opferrechtsreformgesetz) vom 29.7.2009,[29] welches zum 1.10.2009 in Kraft trat, wurde die bisher gängige Praxis, wonach sich Zeugen eines Beistandes bedienen können, als gesetzliche Regelung in die Strafprozessordnung aufgenommen. Hiernach hat jeder Zeuge das Recht, sich eines Zeugenbeistandes zu bedienen.

§ 68b StPO Zeugenbeistand

(1) Zeugen können sich eines anwaltlichen Beistands bedienen. Einem zur Vernehmung des Zeugen erschienenen anwaltlichen Beistand ist die Anwesenheit gestattet. Er kann von der Vernehmung ausgeschlossen werden, wenn bestimmte Tatsachen die Annahme rechtfertigen, dass seine Anwesenheit die geordnete Beweiserhebung nicht nur unwesentlich beeinträchtigen würde. Dies wird in der Regel der Fall sein, wenn aufgrund bestimmter Tatsachen anzunehmen ist, dass

1. der Beistand an der zu untersuchenden Tat oder an einer mit ihr im Zusammenhang stehenden Begünstigung, Strafvereitelung oder Hehlerei beteiligt ist,
2. das Aussageverhalten des Zeugen dadurch beeinflusst wird, dass der Beistand nicht nur den Interessen des Zeugen verpflichtet erscheint, oder
3. der Beistand die bei der Vernehmung erlangten Erkenntnisse für Verdunkelungshandlungen im Sinne des § 112 Abs. 2 Nr. 3 nutzt oder in einer den Untersuchungszweck gefährdenden Weise weitergibt.

(2) Einem Zeugen, der bei seiner Vernehmung keinen anwaltlichen Beistand hat und dessen schutzwürdigen Interessen nicht auf andere Weise Rechnung getragen werden kann, ist für deren Dauer ein solcher beizuordnen, wenn besondere Umstände vorliegen, aus denen sich ergibt, dass der Zeuge seine Befugnisse bei seiner Vernehmung nicht selbst wahrnehmen kann. § 142 Absatz 1 gilt entsprechend.

(3) Entscheidungen nach Absatz 1 Satz 3 und Absatz 2 Satz 1 sind unanfechtbar. Ihre Gründe sind aktenkundig zu machen, soweit dies den Untersuchungszweck nicht gefährdet.

29 BGBl I 2009, 2280.

78 Von dem grundsätzlichen Recht auf einen Zeugenbeistand ist sowohl die Frage zu unterscheiden, welche Rechte der Zeugenbeistand hat, als auch die Frage, ob eine gerichtliche Beiordnung des Beistandes erfolgen kann, d.h. ob der Zeugenbeistand aus der Staatskasse bezahlt wird, so dass der Zeuge seinen Beistand nicht vergüten muss.

79 Für die Vertretung des Zeugen durch einen Zeugenbeistand gilt das Mehrfachverteidigungsverbot des § 146 StPO nicht, so dass ein Zeugenbeistand gleichzeitig mehrere Zeugen vertreten kann.[30]

II. Rechte des Zeugenbeistandes

80 In § 68b Abs. 1 Satz 1 StPO ist die schon bislang gängige Praxis und Rechtsprechung des BVerfG[31] durch das 2. Opferrechtsreformgesetz verankert worden, wonach sich ein Zeuge bei seiner Aussage eines anwaltlichen Beistandes bedienen kann, dem auch die Anwesenheit bei der Vernehmung des Zeugen gestattet ist. § 68b StPO gilt, da dort keine Differenzierung vorgenommen wird, für alle Formen der Vernehmung, also polizeiliche, staatsanwaltliche und richterliche Vernehmungen.

81 Zwar ist es Aufgabe des Zeugen, die Anwesenheit des Beistandes zu bewirken. Die Strafverfolgungsbehörden sind allerdings gehalten, soweit dies ohne Beeinträchtigung ihrer Aufgabenerfüllung möglich ist, die Vernehmung so zu terminieren, dass der Zeuge sich seines Beistandes bedienen kann.[32] Bei polizeilichen Zeugenvernehmungen ist dies sowieso unproblematisch, da dort für den Zeugen selbst weder eine Erscheinungs- noch Aussagepflicht besteht. Der Zeuge kann hier also leicht eine Terminsverlegung erreichen, da er ansonsten gar nicht aussagt oder die Terminierung der staatsanwaltschaftlichen Vernehmung abwarten.

82 Nach § 68b Abs. 1 S. 3 StPO kann der anwaltliche Zeugenbeistand von der Teilnahme an der Vernehmung ausgeschlossen werden, wenn bestimmte Tatsachen die Annahme rechtfertigen, dass seine Anwesenheit die geordnete Beweiserhebung nicht nur unwesentlich beeinträchtigen würde. Dies käme dann in Betracht, wenn die Teilnahme des Beistandes an der Vernehmung erkennbar dazu missbraucht wird, eine geordnete und effektive Beweiserhebung zu erschweren oder zu verhindern und damit das Auffinden einer materiell richtigen und gerechten Entschei-

30 KK-*Laufhütte*, § 146 Rn 4; BVerfG NJW 2000, 2660.

31 BVerfGE 38, 105 ff.

32 Begründung Entwurf zum 2. Opferrechtsreformgesetz, BT Drucks 178/09, S. 23.

dung zu beeinträchtigen.[33] Diese den Ausschluss des Beistandes rechtfertigende Annahme muss sich nach dem eindeutigen Gesetzeswortlaut auf bestimmte Tatsachen gründen, bloße Spekulationen und Verdachtsmomente reichen nicht aus.

83 § 68b Abs. 1 Satz 4 StPO führt Regelbeispiele für Sachverhalte auf, die einen Ausschluss des Beistandes nach § 68b Abs. 1 Satz 3 StPO rechtfertigen können. Da es in der Praxis sehr viele Fallkonstellationen geben kann, die einen Ausschluss des Beistandes erfordern, hat der Gesetzgeber hier die sog. Regelbeispielsmethode gewählt, d.h. die dort aufgezählten Fälle sind nicht abschließend, sondern gerade nur beispielhaft aufgezählte Regelfälle, bei denen üblicherweise die Vermutung besteht, dass ein Fall vorliegt, bei dem der Beistand auszuschließen ist.

84 Dies bedeutet aber, dass im Einzelfall bei gleichwertigen ähnlichen Fällen, bei denen ein Regelfall nicht vorliegt, auch ein Ausschluss in Betracht kommt oder im Einzelfall, dass trotzdem eigentlich ein Regelbeispiel verwirklicht ist, nicht zwingend ein Ausschluss erfolgen muss.

85 Im Rahmen der Neufassung des § 68b StPO durch das 2. Opferrechtsreformgesetz wurde allerdings nicht geregelt, ob der Zeugenbeistand zur Vorbereitung auf die Vernehmung des Zeugen ein Akteneinsichtsrecht hat. Nach einer neuen Entscheidung des BGH[34] soll dem anwaltlichen Zeugenbeistand im Gegensatz zu dem Verteidiger ein eigenes Recht auf Akteneinsicht nicht zustehen, da sich dessen Rechtsstellung von der des Zeugen ableitet, der kein eigens Akteneinsichtsrecht hat. Sofern der Zeuge kein „Verletzter“ ist, hat der Zeuge damit nur ein Akteneinsichtsrecht als „Privatperson“ nach § 475 StPO.

III. Beiordnung eines Zeugenbeistandes

86 Nach § 68b Abs. 2 StPO ist einem Zeugen, der bei seiner Vernehmung keinen anwaltlichen Beistand hat und dessen schutzwürdigen Interessen nicht auf andere Weise Rechnung getragen werden kann, für deren Dauer ein solcher beizuordnen, wenn besondere Umstände vorliegen, aus denen sich ergibt, dass der Zeuge seine Befugnisse bei seiner Vernehmung nicht selbst wahrnehmen kann. § 142 Abs. 1 StPO gilt entsprechend. Die Voraussetzungen der Beiordnung des Beistandes für einen Zeugen werden nicht mehr an das Vorliegen eines bestimmten, schweren Deliktes geknüpft, da Anlass für die Beiordnung des Beistandes die besondere Schutzbedürftigkeit des Zeugen ist, die aber unabhängig von dem dem Täter vor-

33 BVerfGE 38, 105, 120.

34 BGH StraFo 2010, 253.

geworfenen Delikt ist. Die Beiordnung eines Beistandes kommt damit insbesondere in Betracht bei psychischen Problemen des Zeugen, bei dem Zeugen drohenden Repressalien, oder rechtlich schwierigen Fragen zu einem möglichen Auskunftsverweigerungsrecht nach § 55 StPO. Allerdings ist im Grundsatz davon auszugehen, dass ein Zeuge, wenn er ordnungsgemäß über seine Rechte belehrt wird, selbst über die Wahrnehmung eines ihm eventuell zustehenden Auskunfts- oder Zeugnisverweigerungsrechts entscheiden kann, so dass es im Grundsatz hierfür nicht der Beiordnung eines Beistandes bedarf. Die Beiordnung eines Beistandes nach § 68b Abs. 2 StPO kommt somit nur bei außergewöhnlichen Situationen, z.B. der Vernehmung eines besonders unreifen oder psychisch beeinträchtigten Zeugen, in Betracht.

87 Das früher für eine Beiordnung erforderliche Antrags- und Zustimmungsrecht, insbesondere der Staatsanwaltschaft, gilt heute nicht mehr, da dieses sachlich nicht gerechtfertigt war.

88 Da nach § 68b Abs. 2 Satz 1 StPO die Beiordnung eines Zeugenbeistandes nur in Betracht kommt, wenn der Zeuge noch keinen anwaltlichen Beistand, also keinen von ihm beauftragten Rechtsanwalt hat, ist es im Rahmen des Beiordnungsantrages erforderlich, dass dort das Wahlmandat niedergelegt wird.[35] Insofern kann auf die Praxis im Rahmen des Antrags auf Bestellung als Pflichtverteidiger bei Vorliegen eines Wahlmandates verwiesen werden.

89 **Muster: Antrag auf Beiordnung als Zeugenbeistand**

An das

Amtsgericht/Landgericht ( )

In dem Strafverfahren

gegen ( )

AZ: ( )

zeige ich die Vertretung des Zeugen ( ) als Zeugenbeistand an.

Es wird beantragt, den Unterzeichner dem Zeugen ( ) als Zeugenbeistand gemäß § 68b Abs. 2 StPO beizuordnen. Für den Fall meiner Beiordnung lege ich die Wahl-Vertretung des Zeugen ( ) nieder.

35 *Graf*, § 68b Rn 5.

Begründung:

Dem Zeugen ( ) ist nach § 68b Abs. 2 Satz 1 StPO ein Anwalt als Zeugenbeistand beizuordnen.

Dem Zeugen ( ) steht punktuell ein Auskunftsverweigerungsrecht nach § 55 StPO zu. Zwar ist es grundsätzlich einem Zeugen, nach entsprechender Belehrung durch das Gericht, selbst zuzumuten, über die Wahrnehmung dieses Rechtes selbst zu entscheiden. Aufgrund des hier gegebenen sehr komplexen Sachverhaltes und des Aktenumfangs kann aber der juristisch unerfahrene Zeuge selbst nicht abschließend beurteilen, welche Fragen des Gerichts ggf. doch noch von seinem Auskunftsverweigerungsrecht umfasst sind.

Es besteht daher zur Wahrung der schutzwürdigen Interessen des Zeugen ein Anspruch auf Beiordnung.

Zur Vorbereitung der Zeugenbeistandschaft wird außerdem

Akteneinsicht

beantragt.

Rechtsanwalt

Praxistipp: Zeugenbeistand

90

Nach § 68b StPO kann sich jeder Zeuge eines Zeugenbeistandes bedienen. Darauf sollte der Zeuge hingewiesen werden.

Dem Zeugenbeistand ist bei allen Vernehmungen (polizeilichen, staatsanwaltschaftlichen und richterlichen) die Anwesenheit gestattet. Er kann nur ausnahmsweise von der Vernehmung ausgeschlossen werden.

Eine Beiordnung eines Rechtsanwaltes kann erfolgen, wenn den schutzwürdigen Interessen des Zeugen ohne anwaltlichen Beistand nicht auf andere Weise Rechnung getragen werden kann, insbesondere, wenn besondere Umstände vorliegen, aus denen sich ergibt, dass der Zeuge seine Befugnisse bei seiner Vernehmung nicht selbst wahrnehmen kann.

§ 3 Verletztenrechte

In den §§ 406d ff. StPO sind besondere Rechte des Verletzten einer Straftat geregelt. Hierbei ist vorab zu unterscheiden, ob der Verletzte grundsätzlich nebenklageberechtigt ist, seine aus der Nebenklage sich ergebenden Rechte allerdings nicht ausübt, weil er nicht den Anschluss als Nebenkläger nach § 396 StPO erklärt hat, oder ob er grundsätzlich nicht zur Nebenklage berechtigt ist. Im letzten Fall hat er die Rechte nach §§ 406d, 406e, 406f und 406h StPO. § 406g StPO gilt nur für den an sich nebenklageberechtigten Verletzten, der den Anschluss als Nebenkläger nicht erklärt hat. 1

Neben diesen Verletztenrechten gelten für den Verletzten einer Straftat auch noch weitere Rechte, je nachdem ob der Verletzte zusätzlich Zeuge, Privatkläger oder Adhäsionskläger ist. Die Nebenklagerechte gelten für ihn nur, wenn er zum Anschluss nach § 395 StPO befugt ist. 2

Der Verletzte kann sich auch eines Rechtsanwaltes, eines Verletztenbeistandes, bedienen. 3

Übersicht: Zentrale Vorschrift der Verletztenrechte ist § 406e StPO 4

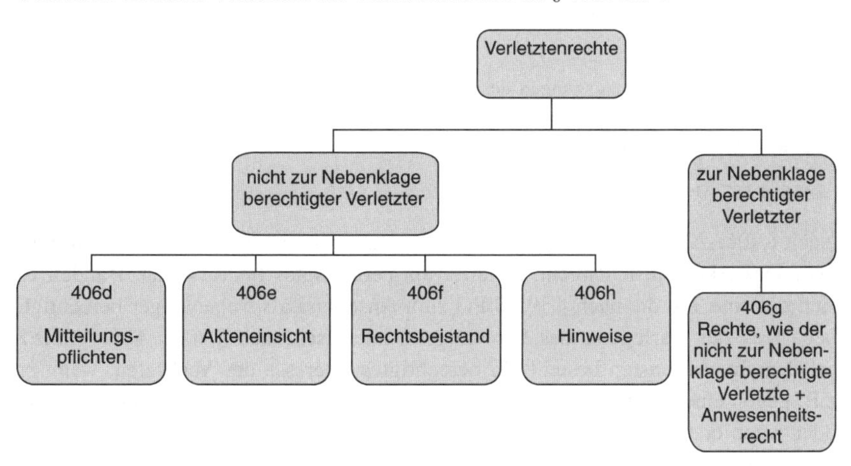

A. Akteneinsichtsrecht

§ 406e StPO Akteneinsicht 5

(1) Für den Verletzten kann ein Rechtsanwalt die Akten, die dem Gericht vorliegen oder diesem im Falle der Erhebung der öffentlichen Klage vorzulegen wären, einsehen sowie

amtlich verwahrte Beweisstücke besichtigen, soweit er hierfür ein berechtigtes Interesse darlegt. In den in § 395 genannten Fällen bedarf es der Darlegung eines berechtigten Interesses nicht.

(2) Die Einsicht in die Akten ist zu versagen, soweit überwiegende schutzwürdige Interessen des Beschuldigten oder anderer Personen entgegenstehen. Sie kann versagt werden, soweit der Untersuchungszweck, auch in einem anderen Strafverfahren, gefährdet erscheint. Sie kann auch versagt werden, wenn durch sie das Verfahren erheblich verzögert würde, es sei denn, dass die Staatsanwaltschaft in den in § 395 genannten Fällen den Abschluss der Ermittlungen in den Akten vermerkt hat.

(3) Auf Antrag können dem Rechtsanwalt, soweit nicht wichtige Gründe entgegenstehen, die Akten mit Ausnahme der Beweisstücke in seine Geschäftsräume oder seine Wohnung mitgegeben werden. Die Entscheidung ist nicht anfechtbar.

(4) Über die Gewährung der Akteneinsicht entscheidet im vorbereitenden Verfahren und nach rechtskräftigem Abschluss des Verfahrens die Staatsanwaltschaft, im übrigen der Vorsitzende des mit der Sache befassten Gerichts. Gegen die Entscheidung der Staatsanwaltschaft nach Satz 1 kann gerichtliche Entscheidung durch das nach § 162 zuständige Gericht beantragt werden. Die §§ 297 bis 300, 302, 306 bis 309, 311a und 473a gelten entsprechend. Die Entscheidung des Gerichts ist unanfechtbar, solange die Ermittlungen noch nicht abgeschlossen sind. Diese Entscheidungen werden nicht mit Gründen versehen, soweit durch deren Offenlegung der Untersuchungszweck gefährdet werden könnte.

(5) Unter den Voraussetzungen des Absatzes 1 können dem Verletzten Auskünfte und Abschriften aus den Akten erteilt werden; die Absätze 2 und 4 sowie § 478 Abs. 1 Satz 3 und 4 gelten entsprechend.

(6) § 477 Abs. 5 gilt entsprechend.

Nach § 406e Abs. 1 Satz 1 StPO hat der Verletzte über einen Rechtsanwalt ein umfassendes Akteneinsichtsrecht, wenn er ein berechtigtes Interesse hat. Handelt es sich um eine Tat, die nach § 395 StPO zum Anschluss als Nebenkläger berechtigt, bedarf es der Darlegung des berechtigten Interesses nach § 406e Abs. 1 Satz 2 StPO nicht. Ansonsten besteht ein berechtigtes Interesse des Verletzten, wenn er z.B. gegen eine Einstellung des Strafverfahrens gegen den Täter vorgehen möchte oder wenn er prüfen möchte, ob und in welcher Höhe er gegen den Täter Schadensersatzansprüche geltend machen kann.[1]

6 Nach § 406e Abs. 2 StPO kann dem Verletzten, trotz eines berechtigten Interesses, die Akteneinsicht versagt werden, wenn überwiegende schutzwürdige Interessen

1 LG Stralsund StraFo 2006, 76.

des Beschuldigten oder anderer Personen entgegenstehen. Dies kann z.B. dann gegeben sein, wenn sonst Erkenntnisse aus dem Intimbereich, der Gesundheit oder der Psyche offenbart würden,[2] das Steuergeheimnis verletzt würde[3] oder kein hinreichender Tatverdacht hinsichtlich der Verletzteneigenschaft des Anzeigenerstatters besteht.[4]

Die Akteneinsicht kann ferner versagt werden, soweit der Untersuchungszweck, auch in einem anderen Strafverfahren, gefährdet erscheint. Sie kann auch versagt werden, wenn durch sie das Verfahren erheblich verzögert würde, es sei denn, dass die Staatsanwaltschaft in den in § 395 StPO genannten Fällen den Abschluss der Ermittlungen in den Akten vermerkt hat. **7**

Überwiegende schutzwürdige Interessen des Beschuldigten oder anderer Personen stehen z.B. entgegen, wenn das Interesse dieser Personen an der Geheimhaltung der in den Akten vorhandenen Daten und Informationen größer ist als das berechtigte Interesse des Verletzten am Akteninhalt.[5] Bevor allerdings hier die (komplette) Versagung der Akteneinsicht in Frage kommt, ist zu prüfen, ob lediglich teilweise Akteneinsicht gewährt werden kann, ohne die schutzwürdigen Interessen des Beschuldigten oder anderer Personen zu verletzen.[6] **8**

Muster: Akteneinsichtsantrag für den Verletzten **9**

An das

Amtsgericht/Landgericht ( )

In dem Strafverfahren

gegen ( )

AZ: ( )

zeige ich unter Hinweis auf die anliegende Vollmacht an, dass mich die/der Geschädigte ( ), mit seiner/ihrer Vertretung beauftragt hat.

Ich beantrage schon jetzt gegenüber der Staatsanwaltschaft, mir gemäß § 406e StPO

2 LR-*Hilger*, § 406e Rn 9.
3 LG München wistra 2006, 240.
4 LG Köln StraFo 2005, 78.
5 BVerfG NJW 2007, 1052.
6 LG Hildesheim NJW 2008, 531, 534.

Akteneinsicht

in die Verfahrensakten, sämtliche Beiakten, Beweismittelordner und sonstigen Beweisstücke zu gewähren.

Die Akteneinsicht dient der Vorbereitung der Realisierung von zivilrechtlichen Ansprüchen (Schadensersatz u. Schmerzensgeld).

Soweit eine Übersendung an meinen Kanzleisitz in Betracht kommt, bitte ich mir die Akte gegebenenfalls durch Gerichtsfacheinlage zur Verfügung zu stellen. Hierbei bitte ich, eine Bearbeitungszeit von wenigstens einer Woche zu berücksichtigen.

Die unverzügliche Rückgabe der Akte sichere ich zu.

Außerdem wird beantragt, mich gemäß § 406d StPO über den Verfahrensausgang zu informieren.

Rechtsanwalt

B. Recht auf Verletztenbeistand

10 Nach § 406f Abs. 1 StPO hat der Verletzte das Recht, sich im Strafverfahren durch einen Rechtsanwalt als Beistand vertreten zu lassen.

> § 406f StPO Rechtsbeistand des nicht nebenklageberechtigten Verletzten
>
> (1) Verletzte können sich des Beistands eines Rechtsanwalts bedienen oder sich durch einen solchen vertreten lassen. Einem zur Vernehmung des Verletzten erschienenen anwaltlichen Beistand ist die Anwesenheit gestattet.
>
> (2) Bei einer Vernehmung von Verletzten ist auf deren Antrag einer zur Vernehmung erschienenen Person ihres Vertrauens die Anwesenheit zu gestatten, es sei denn, dass dies den Untersuchungszweck gefährden könnte. Die Entscheidung trifft die die Vernehmung leitende Person; die Entscheidung ist nicht anfechtbar. Die Gründe einer Ablehnung sind aktenkundig zu machen.

11 Der Rechtsbeistand hat, wenn er zur Vernehmung des Verletzten erschienen ist, ein Anwesenheitsrecht.

C. Anwesenheitsrecht einer Vertrauensperson

12 Nach § 406f Abs. 2 StPO kann einer zur Vernehmung des Verletzten erschienenen Person seines Vertrauens die Anwesenheit gestattet werden, wenn dies den Untersuchungszweck nicht gefährdet.

D. Informationsrecht

13 Nach § 406d StPO ist dem Verletzten auf seinen Antrag hin, die Einstellung oder der Ausgang des Strafverfahrens gegen den Täter mitzuteilen.

> § 406d StPO Mitteilungspflichten
>
> (1) Dem Verletzten sind auf Antrag die Einstellung des Verfahrens und der Ausgang des gerichtlichen Verfahrens mitzuteilen, soweit es ihn betrifft.
>
> (2) Dem Verletzten ist auf Antrag mitzuteilen, ob
> 1. dem Verurteilten die Weisung erteilt worden ist, zu dem Verletzten keinen Kontakt aufzunehmen oder mit ihm nicht zu verkehren;
> 2. freiheitsentziehende Maßnahmen gegen den Beschuldigten oder den Verurteilten angeordnet oder beendet oder ob erstmalig Vollzugslockerungen oder Urlaub gewährt werden, wenn er ein berechtigtes Interesse darlegt und kein überwiegendes schutzwürdiges Interesse des Betroffenen am Ausschluss der Mitteilung vorliegt; in den in § 395 Absatz 1 Nummer 1 bis 5 genannten Fällen sowie in den Fällen des § 395 Absatz 3, in denen der Verletzte zur Nebenklage zugelassen wurde, bedarf es der Darlegung eines berechtigten Interesses nicht.
>
> (3) Mitteilungen können unterbleiben, sofern sie nicht unter einer Anschrift möglich sind, die der Verletzte angegeben hat. Hat der Verletzte einen Rechtsanwalt als Beistand gewählt, ist ihm ein solcher beigeordnet worden oder wird er durch einen solchen vertreten, so gilt § 145a entsprechend.

14 Nach § 406d Abs. 2 Nr. 2 StPO ist dem Verletzten auf Antrag auch insbesondere mitzuteilen, ob freiheitsentziehende Maßnahmen gegen den Beschuldigten oder den Verurteilten angeordnet oder beendet sind oder ob erstmalig Vollzugslockerungen oder Urlaub gewährt werden, wenn der Verletzte ein berechtigtes Interesse darlegt und kein überwiegendes schutzwürdiges Interesse des Betroffenen am Ausschluss der Mitteilung vorliegt.

15 Hier ist das erforderliche berechtigte Interesse des Verletzten immer dann anzunehmen, wenn weitere Angriffe durch den Täter nicht auszuschließen sind.

16 Ein überwiegendes schutzwürdiges Interesse des Täters dürfte hier immer anzunehmen sein, wenn der Täter die Rache des Verletzten befürchten muss.

17 In den in § 395 Abs. 1 Nr. 1 bis 5 StPO genannten Fällen sowie in den Fällen des § 395 Abs. 3 StPO, in denen der Verletzte zur Nebenklage zugelassen wurde, bedarf es der Darlegung eines berechtigten Interesses des Verletzten jedoch nicht.

▼

18 **Muster: Antrag auf Benachrichtigung über den Ausgang des Verfahrens**

An das

Amtsgericht/Landgericht ( )

In dem Strafverfahren

gegen ( )

AZ: ( )

beantrage ich namens und in Vollmacht des Geschädigten ( ) Auskunft gemäß § 406d StPO über den Ausgang des gerichtlichen Verfahrens.

Rechtsanwalt

▲

E. Recht auf Hinweise

19 Letztendlich ist der Verletzte nach § 406h StPO auf diese Rechte hinzuweisen. Er ist nach § 406h StPO ferner auf die Möglichkeit der Nebenklage, einen Beistand für den Nebenkläger, auf das Adhäsionsverfahren, auf das Opferentschädigungsgesetz, auf das Gewaltschutzgesetz und auf die Möglichkeit der Unterstützung und Hilfe auch durch Opferhilfeeinrichtungen zu erhalten, hinzuweisen.

> § 406h StPO Hinweise
>
> Verletzte sind möglichst frühzeitig, regelmäßig schriftlich und soweit möglich in einer für sie verständlichen Sprache auf ihre aus den §§ 406d bis 406g folgenden Befugnisse und insbesondere auch darauf hinzuweisen, dass sie
>
> 1. sich unter den Voraussetzungen der §§ 395 und 396 dieses Gesetzes oder des § 80 Absatz 3 des Jugendgerichtsgesetzes der erhobenen öffentlichen Klage mit der Nebenklage anschließen und dabei nach § 397a beantragen können, dass ihnen ein anwaltlicher Beistand bestellt oder für dessen Hinzuziehung Prozesskostenhilfe bewilligt wird,
> 2. nach Maßgabe der §§ 403 bis 406c dieses Gesetzes und des § 81 des Jugendgerichtsgesetzes einen aus der Straftat erwachsenen vermögensrechtlichen Anspruch im Strafverfahren geltend machen können,
> 3. nach Maßgabe des Opferentschädigungsgesetzes einen Versorgungsanspruch geltend machen können,
> 4. nach Maßgabe des Gewaltschutzgesetzes den Erlass von Anordnungen gegen den Beschuldigten beantragen können sowie

5. Unterstützung und Hilfe durch Opferhilfeeinrichtungen erhalten können, etwa in Form einer Beratung oder einer psychosozialen Prozessbegleitung.

Liegen die Voraussetzungen einer bestimmten Befugnis im Einzelfall offensichtlich nicht vor, kann der betreffende Hinweis unterbleiben. Gegenüber Verletzten, die keine zustellungsfähige Anschrift angegeben haben, besteht keine Hinweispflicht. Die Sätze 1 und 3 gelten auch für Angehörige und Erben von Verletzten, soweit ihnen die entsprechenden Befugnisse zustehen. **20**

F. Anwesenheitsrecht des nebenklageberechtigten Verletzten

Der an sich nebenklagebefugte Verletzte hat zusätzlich zu diesen Rechten noch nach § 406g Abs. 1 StPO das Recht, an der Hauptverhandlung komplett anwesend zu sein, auch wenn er als Zeuge noch vernommen werden soll. Das Anwesenheitsrecht gilt auch nach § 406g Abs. 2 StPO für seinen rechtsanwaltlichen Beistand. **21**

406g StPO Nebenklageberechtigte Verletzte

(1) Nach § 395 zum Anschluss mit der Nebenklage Befugte können sich auch vor Erhebung der öffentlichen Klage und ohne Erklärung eines Anschlusses eines Rechtsanwalts als Beistand bedienen oder sich durch einen solchen vertreten lassen. Sie sind zur Anwesenheit in der Hauptverhandlung berechtigt, auch wenn sie als Zeugen vernommen werden sollen. Ist zweifelhaft, ob eine Person nebenklagebefugt ist, entscheidet über das Anwesenheitsrecht das Gericht nach Anhörung der Person und der Staatsanwaltschaft; die Entscheidung ist unanfechtbar. Nebenklagebefugte sind vom Termin der Hauptverhandlung zu benachrichtigen, wenn sie dies beantragt haben.

(2) Der Rechtsanwalt des Nebenklagebefugten ist zur Anwesenheit in der Hauptverhandlung berechtigt; Absatz 1 Satz 3 gilt entsprechend. Er ist vom Termin der Hauptverhandlung zu benachrichtigen, wenn seine Wahl dem Gericht angezeigt oder er als Beistand bestellt wurde. Die Sätze 1 und 2 gelten bei richterlichen Vernehmungen und der Einnahme richterlichen Augenscheins entsprechend, es sei denn, dass die Anwesenheit oder die Benachrichtigung des Rechtsanwalts den Untersuchungszweck gefährden könnte.

(3) § 397a gilt entsprechend für
1. die Bestellung eines Rechtsanwalts und
2. die Bewilligung von Prozesskostenhilfe für die Hinzuziehung eines Rechtsanwalts.Im vorbereitenden Verfahren entscheidet das nach § 162 zuständige Gericht.

(4) Auf Antrag dessen, der zum Anschluss als Nebenkläger berechtigt ist, kann in den Fällen des § 397a Abs. 2 einstweilen ein Rechtsanwalt als Beistand bestellt werden, wenn

1. dies aus besonderen Gründen geboten ist,
2. die Mitwirkung eines Beistands eilbedürftig ist und
3. die Bewilligung von Prozesskostenhilfe möglich erscheint, eine rechtzeitige Entscheidung hierüber aber nicht zu erwarten ist.

Für die Bestellung gelten § 142 Abs. 1 und § 162 entsprechend. Die Bestellung endet, wenn nicht innerhalb einer vom Richter zu bestimmenden Frist ein Antrag auf Bewilligung von Prozesskostenhilfe gestellt oder wenn die Bewilligung von Prozesskostenhilfe abgelehnt wird.

G. Recht auf Beistand des nebenklageberechtigten Verletzten

22 Nach § 406g Abs. 3 StPO kann dem nebenklageberechtigten Verletzen, unter denselben Voraussetzungen, wie nach § 397a StPO, also für die Nebenklage, ein Beistand beigeordnet werden. Handelt es sich um eine Tat, welche in § 397a Abs. 1 StPO aufgeführt ist, erfolgt auf Antrag die Beiordnung, ohne weitere Voraussetzungen. Handelt es sich um eine andere Tat, erfolgt die Bewilligung von Prozesskostenhilfe für einen hinzugezogenen Rechtsanwalt nach denselben Vorschriften, wie in bürgerlichen Rechtsstreitigkeiten, wenn der Verletzte seine Interessen selbst nicht ausreichend wahrnehmen kann oder ihm dies nicht zuzumuten ist.

23 *Praxistipp: Verletztenrechte*

Dem nicht zur Nebenklage berechtigten Verletzten stehen die Rechte nach §§ 406d, 406e, 406f und 406h StPO zu. Dem an sich nebenklageberechtigten Verletzten, der den Anschluss als Nebenkläger nicht erklärt hat, stehen die Rechte nach § 406g StPO zu.

24 Nach § 406f Abs. 1 StPO hat der nicht zur Nebenklage berechtigte Verletzte das Recht, sich im Strafverfahren durch einen Rechtsanwalt als Beistand vertreten zu lassen. Der an sich nebenklagebefugte Verletzte hat zusätzlich zu den Rechten, die der nicht nebenklageberechtigte Verletzte hat, noch nach § 406g Abs. 1 StPO das Recht, an der Hauptverhandlung komplett anwesend zu sein, auch wenn er als Zeuge noch vernommen werden soll. Das Anwesenheitsrecht gilt auch nach § 406g Abs. 2 StPO für seinen rechtsanwaltlichen Beistand.

25 Der anwaltliche Beistand des an sich nebenklageberechtigten Verletzten kann unter den Voraussetzungen des § 406g Abs. 3 StPO beigeordnet werden.

§ 4 Klageerzwingungsverfahren

A. Einleitung

1 Das Klageerzwingungsverfahren ist in den §§ 172 ff. StPO geregelt. Es dient zur Sicherung des Legalitätsprinzips durch die gerichtliche Überprüfung einer das Ermittlungsverfahren gegen den Täter einstellenden Entscheidung der Staatsanwaltschaft. Es stellt keine Durchbrechung des Anklagemonopols der Staatsanwaltschaft dar, da der Antragsteller nur erreichen kann, dass die Staatsanwaltschaft zur Anklageerhebung gezwungen wird, nicht aber selbst Anklage erheben kann.

2 Das Klageerzwingungsverfahren ist ein 3-stufiges Verfahren. Stellt die Staatsanwaltschaft das Strafverfahren gegen den Täter ein, muss der Antragsteller auf der 1. Stufe dagegen Beschwerde einlegen. Hilft die Staatsanwaltschaft aufgrund der Beschwerde nicht ab, d.h. erhebt dennoch keine Anklage, muss er die Beschwerde an die Generalstaatsanwaltschaft beim OLG weiterleiten. Die Generalstaatsanwaltschaft entscheidet nunmehr auf der 2. Stufe, ob diese aufgrund der Beschwerde abhilft, womit die Einstellungsentscheidung der Staatsanwaltschaft wirkungslos wird, oder ob sie die Rechtsauffassung der Staatsanwaltschaft teilt und nicht abhilft. Hilft die Generalstaatsanwaltschaft nicht ab, kann der Antragsteller auf der 3. Stufe einen Klageerzwingungsantrag beim Oberlandesgericht stellen. Gibt das Oberlandesgericht dem Klageerzwingungsantrag statt, wird die Staatsanwaltschaft verpflichtet, Anklage zu erheben.

> § 172 StPO Klageerzwingungsverfahren
>
> (1) Ist der Antragsteller zugleich der Verletzte, so steht ihm gegen den Bescheid nach § 171 binnen zwei Wochen nach der Bekanntmachung die Beschwerde an den vorgesetzten Beamten der Staatsanwaltschaft zu. Durch die Einlegung der Beschwerde bei der Staatsanwaltschaft wird die Frist gewahrt. Sie läuft nicht, wenn die Belehrung nach § 171 Satz 2 unterblieben ist.
>
> (2) Gegen den ablehnenden Bescheid des vorgesetzten Beamten der Staatsanwaltschaft kann der Antragsteller binnen einem Monat nach der Bekanntmachung gerichtliche Entscheidung beantragen. Hierüber und über die dafür vorgesehene Form ist er zu belehren; die Frist läuft nicht, wenn die Belehrung unterblieben ist. Der Antrag ist nicht zulässig, wenn das Verfahren ausschließlich eine Straftat zum Gegenstand hat, die vom Verletzten im Wege der Privatklage verfolgt werden kann, oder wenn die Staatsanwaltschaft nach § 153 Abs. 1, § 153a Abs. 1 Satz 1, 7 oder § 153b Abs. 1 von der Verfolgung der Tat abgesehen hat; dasselbe gilt in den Fällen der §§ 153c bis 154 Abs. 1 sowie der §§ 154b und 154c.

(3) Der Antrag auf gerichtliche Entscheidung muss die Tatsachen, welche die Erhebung der öffentlichen Klage begründen sollen, und die Beweismittel angeben. Er muss von einem Rechtsanwalt unterzeichnet sein; für die Prozesskostenhilfe gelten dieselben Vorschriften wie in bürgerlichen Rechtsstreitigkeiten. Der Antrag ist bei dem für die Entscheidung zuständigen Gericht einzureichen.

(4) Zur Entscheidung über den Antrag ist das Oberlandesgericht zuständig. § 120 des Gerichtsverfassungsgesetzes ist sinngemäß anzuwenden.

3 Übersicht: Klageerzwingungsverfahren

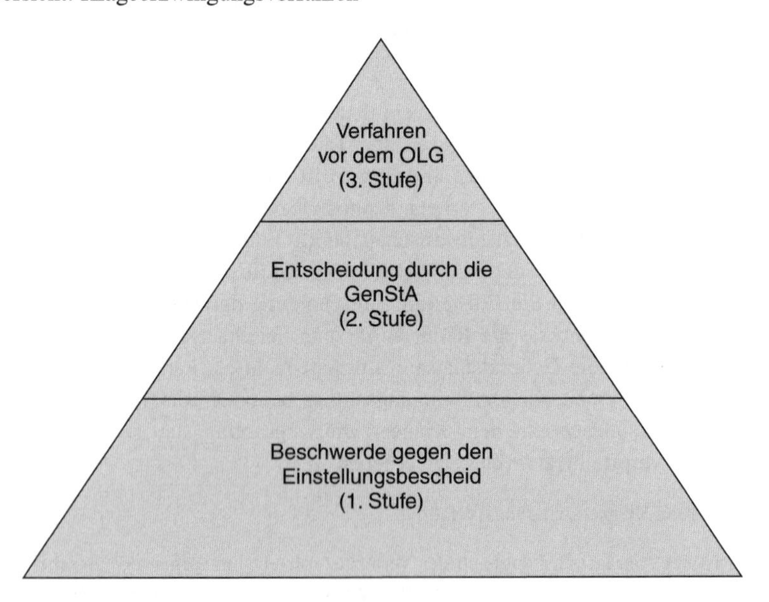

B. Zulässigkeit/Beschwerdeberechtigung

4 Das Klageerzwingungsverfahren setzt zunächst einen die Anklageerhebung ablehnenden Bescheid der Staatsanwaltschaft gegen den Antragsteller (Strafanzeigeerstatter) voraus. War der Strafanzeigenerstatter nicht zugleich Verletzter, hat er zwar nach § 171 Satz 1 StPO einen Anspruch auf Übersendung einer Kopie des Einstellungsbescheids, die Berechtigung für die Anfechtung des Bescheides durch das Klageerzwingungsverfahren steht nach § 172 Satz 1 StPO aber nur dem Antragsteller zu, der gleichzeitig Verletzter ist. Verletzter ist, wer durch die behauptete Tat in einem Rechtsgut verletzt ist.[1] Dies gilt auch für die Verletzung von generell rechtlich anerkennten Interessen,[2] wobei es auch auf die eigene strafrechtliche und zivilrechtliche Beurteilung des Antragstellers ankommt.[3]

5 Die Verletzteneigenschaft wird von der Rechtsprechung z.B. angenommen bei dem Ehemann einer durch ein Sexualdelikt geschädigten Ehefrau,[4] bei Personen, welche bei einem Aussagedelikt oder einer falschen eidesstattlichen Versicherung von der falschen Aussage negativ betroffen wären,[5] bei durch einen möglichen Verkehrsunfall unmittelbar betroffenen Personen bei einer Straßenverkehrsgefährdung,[6] beim Unterhaltsberechtigten oder dem Träger der Sozialhilfe oder anderen öffentlichen Versorgungsträgern bei Verletzung der Unterhaltspflicht,[7] bei Personen, denen bei einem Urkundsdelikt durch den Gebrauch einer falschen Urkunde ein Nachteil entstanden ist,[8] bei den nach § 395 StPO nebenklageberechtigten Angehörigen eines des durch die Straftat Getöteten[9] oder das Kind eines getöteten Elternteils.[10]

6 Dagegen wird die Verletzteneigenschaft von der Rechtsprechung z.B. abgelehnt bei Tatbeteiligten, erfolglos Angestifteten, einem Tierschutzverein bei Tierquälerei,[11] der Ärztekammer bei unrechtmäßigen Handlungen eines Arztes[12] oder den mittelbar geschädigten späteren Erben.[13]

7 Das Recht zur Antragstellung geht nicht auf eventuelle Erben des Verletzten über.[14]

8 Das Klageerzwingungsverfahren ist grundsätzlich zulässig, wenn das Verfahren nach § 170 Abs. 2 StPO eingestellt wird.

1 OLG Karlsruhe, Justiz 1988, 400.
2 OLG Düsseldorf NJW 1992, 2370.
3 OLG Brandenburg NJW 1997, 377.
4 OLG Celle NJW 1960, 835.
5 OLG Düsseldorf JZ 1989, 404; OLG Frankfurt NStZ-RR 2002, 174.
6 OLG Celle NStZ-RR 2004, 369.
7 OLG Hamm NStZ-RR 2003, 116.
8 OLG Karlsruhe Justiz 2003, 271.
9 OLG Hamm MDR 1952, 257.
10 OLG Celle NJW 1954, 1660.
11 OLG Hamm NJW 1980, 848.
12 OLG Stuttgart NJW 1969, 254.
13 OLG Düsseldorf wistra 1994, 155.
14 OLG Düsseldorf NJW 1992, 2370.

9 Nach § 172 Abs. 2 Satz 3 StPO kann das Klageerzwingungsverfahren nicht durchgeführt werden, wenn die Straftat ein Privatklagedelikt nach § 374 StPO ist. Dies gilt selbst dann, wenn die Staatsanwaltschaft von der Strafverfolgung aufgrund mangelnden öffentlichen Interesses absieht. Hier kann lediglich Dienstaufsichtsbeschwerde eingelegt oder der Privatklageweg beschritten werden.

10 Auch kann das Klageerzwingungsverfahren nach § 172 Abs. 2 S. 3 StPO nicht durchgeführt werden, wenn das Verfahren durch die Staatsanwaltschaft nicht nach § 170 Abs. 2 StPO, sondern im Hinblick auf den Opportunitätsgrundsatz, also nach §§ 153, 153a, 153b, 153c- 154, 154b oder 154c eingestellt wird. Hier ist selbst dann das Klageerzwingungsverfahren unzulässig, wenn die Staatsanwaltschaft trotz Vorliegens eines Verbrechensverdachts von der Einstellung nach §§ 153 ff. StPO – oder aus anderen Gründen zu Unrecht – Gebrauch gemacht hat.[15]

11 Übersicht: Voraussetzungen des Klageerzwingungsverfahrens

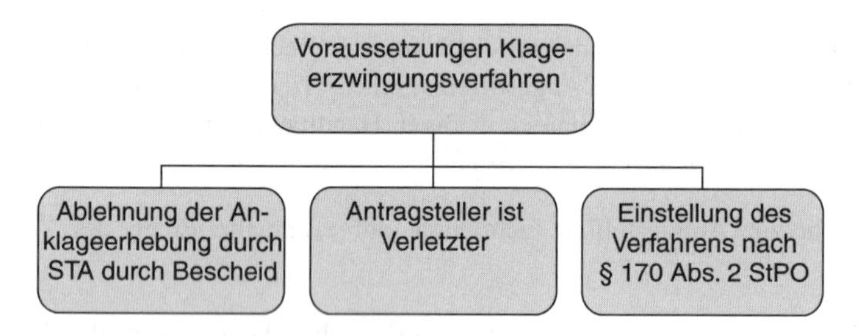

C. Beschwerde (1. Stufe)

12 Der Antragsteller muss nach § 172 Abs. 1 Satz 1 StPO gegen den das Verfahren nach § 170 Abs. 2 StPO einstellenden Bescheid der Staatsanwaltschaft binnen einer Frist von 2 Wochen nach der Bekanntmachung Beschwerde erheben. Diese Beschwerde ist sog. Vorschaltbeschwerde auf dem Weg zum Oberlandesgericht.[16]

13 Die Beschwerdefrist beginnt mit der Zustellung des Bescheides, mit dem die Einstellung des Ermittlungsverfahrens dem Antragsteller mitgeteilt wird, sofern der Bescheid eine ordnungsgemäße Beschwerdebelehrung nach § 171 Abs. 1 Satz 2 StPO enthält.

15 OLG Hamm MDR 1993, 460.
16 *Kleinknecht*, JZ 1952, 488, 490.

Das Beschwerdeerfordernis entfällt in Fällen, in denen der Generalbundesanwalt oder Generalstaatsanwalt für die Ermittlungen zuständig war (Staatsschutzsachen) und das Verfahren eingestellt hat. **14**

Die Beschwerde muss nicht begründet werden. Eine Begründung ist aber sinnvoll, um weitere Ermittlungsansätze, Beweismittel oder die Fehler in der Einstellungsentscheidung aufzuzeigen. **15**

Auf die Beschwerde kann zunächst der die Einstellung des Verfahrens verfügende Staatsanwalt abhelfen und weitere Ermittlungen aufnehmen oder Anklage erheben. Stellt die Staatsanwaltschaft das Verfahren nach Aufnahme der Ermittlungen nach der Beschwerde wieder ein, so ist erneut die Beschwerde zulässig. **16**

Hilft der Staatsanwalt der Beschwerde nicht ab, ist die Beschwerde an die Generalstaatsanwaltschaft unverzüglich mit den Verfahrensakten und einer Begründung, warum die Staatsanwaltschaft der Beschwerde nicht abgeholfen hat, weiterzuleiten. **17**

Die Beschwerde ist zudem zulässig, wenn die Staatsanwaltschaft auf die Strafanzeige des Anzeigenerstatters, der gleichzeitig Verletzter ist, komplett untätig bleibt, keine Ermittlungen führt, also die Einleitung eines Ermittlungsverfahrens ablehnt.[17] In diesem Fall ergeht der Bescheid nach § 171 StPO stillschweigend durch die Staatsanwaltschaft. **18**

Übersicht: Beschwerde gegen Einstellungsbescheid **19**

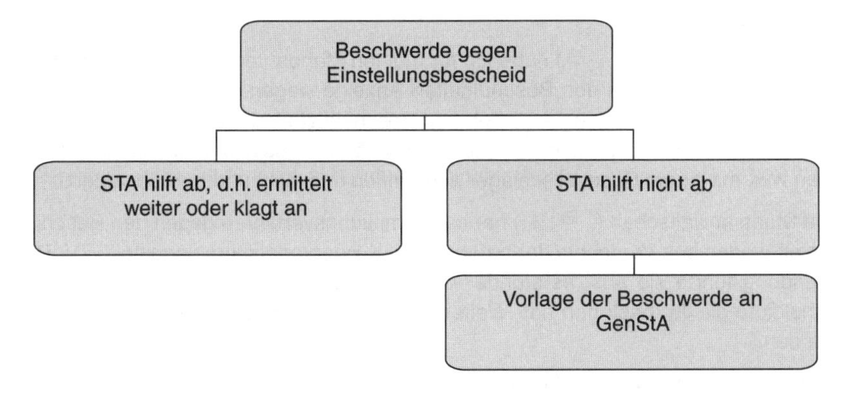

17 OLG Karlsruhe Justiz 2005, 252.

▼

20 **Muster: Einstellungsbeschwerde im Klageerzwingungsverfahren**

An das

Amtsgericht/Landgericht ( )

In dem Strafverfahren

gegen ( )

AZ: ( )

zeige ich unter Vorlage auf mich lautender Vollmacht an, dass ich ( ) vertrete.

Mein Mandant ist Verletzter und Anzeigenerstatter in dem Ermittlungsverfahren gegen ( ).

Namens und in Vollmacht meines Mandanten lege ich gegen die Einstellungsverfügung der Staatsanwaltschaft ( ) vom ( ), hier eingegangen am ( ),

Beschwerde

ein.

Außerdem wird beantragt,
1. die Einstellungsverfügung der Staatsanwaltschaft aufzuheben.
2. die Staatsanwaltschaft anzuweisen, die Ermittlungen wieder aufzunehmen und Anklage wegen ( ) zu erheben.

Begründung:

Mit Schreiben vom ( ) habe ich für meinen Mandanten bei der Staatsanwaltschaft ( ) gegen den Beschuldigten Anzeige wegen des Verdachts der gefährlichen Körperverletzung erstattet. Der Beschuldigte hatte am ( ) meinen Mandanten nachdem es zunächst zu einer verbalen Auseinandersetzung gekommen war, mit einem Baseballschläger angegriffen und nicht unerheblich verletzt.

Die Staatsanwaltschaft ( ) hat das Ermittlungsverfahren gegen den Beschuldigten wegen des Verdachts der gefährlichen Körperverletzung eingestellt. Zur Begründung führte sie aus, es stünde Aussage gegen Aussage, nachdem der Beschuldigte die Tat bestritten hat. Weitere Zeugen konnten angeblich nicht ermittelt werden.

Im Laufe des Ermittlungsverfahrens konnte mein Mandant drei Zeugen selbst ermitteln. Diese hat er mit Schreiben vom ( ) gegenüber der Staatsanwaltschaft benannt. Ungeachtet dessen nahm die Staatsanwaltschaft ( ) die Ermittlungen nicht wieder auf. Sie verwies dieses Mal das Verfahren auf den Privatklageweg.

Die Staatsanwaltschaft (   ) hätte entgegen dieser Mitteilung die Ermittlungen wieder aufnehmen müssen. Die Vernehmung der von meinem Mandanten benannten Zeugen hätte ergeben, dass der Beschuldigte in einer äußerst brutalen Art und Weise meinen Mandanten mit einem Baseballschläger verletzt hat. Aufgrund dessen kommt eine Verweisung auf den Privatklageweg nicht in Betracht. Dies gilt umso mehr, als die Verletzungen meines Mandanten erheblich sind.

Insofern wird auf das zu der Akte gereichte Attest vom (   ) Bezug genommen.

Die Strafverfolgung liegt daher im Interesse der Allgemeinheit.

Rechtsanwalt

D. Entscheidung durch die Generalstaatsanwaltschaft (2. Stufe)

21 Das Klageerzwingungsverfahren gelangt nur in die 2. Stufe, d.h. zur Generalstaatsanwaltschaft (GenStA), wenn die Staatsanwaltschaft auf die Beschwerde nicht abgeholfen hat und keine weiteren Ermittlungen veranlasst oder Anklage erhoben hat.

22 Die GenStA verwirft die Beschwerde dann als unzulässig, wenn sie nicht fristgerecht, nicht durch den Antragsteller, nicht durch den Antragsteller, der zugleich Verletzter war oder von einem prozessunfähigen und nicht gesetzlich vertretenen Antragsteller, erhoben wurde oder das Verfahren nicht nach § 170 Abs. 2 StPO, sondern nach § 153 ff. StPO eingestellt worden ist. Da aber auch eine unzulässige Beschwerde gleichzeitig noch eine Dienstaufsichtsbeschwerde enthält, trifft die GenStA, sofern der Beschwerdeführer prozessfähig oder gesetzlich vertreten ist, auch hier trotzdem noch eine Sachentscheidung, die auch zur Aufhebung des Bescheides der Staatsanwaltschaft führen kann.

23 Hält die GenStA die Sache für anklagereif, d.h., ist ein hinreichender Tatverdacht gegeben, weist die GenStA die Staatsanwaltschaft an, den Einstellungsbescheid aufzuheben und Anklage zu erheben.

24 Hält die GenStA weitere Ermittlungen für erforderlich, ordnet sie weitere Ermittlungen an.

25 Stellt die Staatsanwaltschaft das nach der Entscheidung durch die GenStA wieder aufgenommene Ermittlungsverfahren erneut ein, ist dagegen wieder die Beschwerde (1. Stufe) zulässig.

26 Hält die GenStA die Beschwerde für unbegründet, d.h. dass weder Anklage zu erheben ist, noch dass weitere Ermittlungen erforderlich sind, verwirft sie die Beschwerde durch begründeten Beschluss. Im Verwerfungsbeschluss ist der Antragsteller nach § 172 Abs. 2 Satz 1 u. 2, Abs. 3 StPO über die Möglichkeit der Beantragung einer gerichtlichen Entscheidung, die diesbezügliche Frist und Form, den Anwaltszwang und den Adressaten des Antrags zu belehren.

27 Übersicht: Entscheidung durch die Generalstaatsanwaltschaft

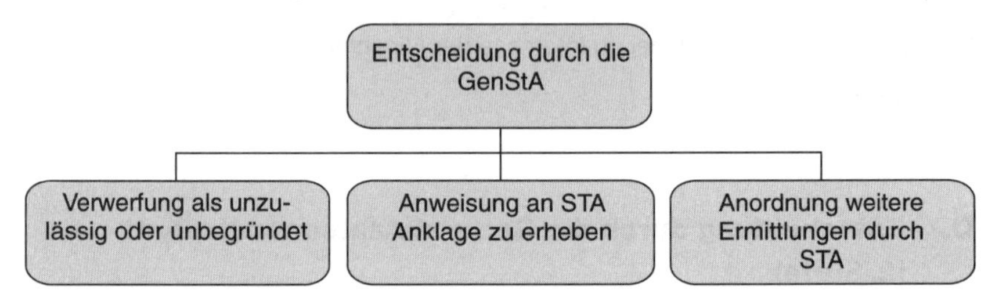

▼

28 **Muster: Antrag auf gerichtliche Entscheidung**

An das

Oberlandesgericht ( )

In dem Strafverfahren

der Staatsanwaltschaft ( )

gegen ( )

AZ: ( )

zeige ich unter Vollmachtsvorlage die anwaltliche Interessenvertretung des ( ) an.

Namens und in Vollmacht meines Mandanten wird die

gerichtliche Entscheidung

beantragt, mit dem Antrag, die Erhebung der öffentlichen Klage gegen den Beschuldigten ( ) wegen ( ) anzuordnen.

Begründung:

Der Antragsteller ist Inhaber des Kaufhauses ( ). Am ( ) beging der Beschuldigte im Kaufhaus des Antragstellers einen Diebstahl, in dem er einen MP3-Player unter seiner Jacke versteckte, den Kassenbereich und das Kaufhaus verließ, ohne den MP3-Player zu bezahlen. Durch einen eingesetzten Detektiv wurde der Diebstahl festgestellt und der Beschuldigte vor dem Kaufhaus gestellt. Der Antragsteller erstattete am ( ) bei der Polizei in ( ) Strafanzeige.

Der Beschuldigte ließ sich dahingehend im Ermittlungsverfahren bei der Staatsanwaltschaft ( ) ein, er habe lediglich vergessen den MP3-Player zu bezahlen.

Wie die Ermittlungen der Staatsanwaltschaft ( ) ergaben, ist der Beschuldigte bereits mehrfach wegen Diebstahls und Betruges vorbestraft. Dennoch stellte die Staatsanwaltschaft ( ) das Ermittlungsverfahren gemäß § 170 Abs. 2 StPO mit der Begründung ein, der Diebstahlsvorsatz könne dem Beschuldigten nicht nachgewiesen werden.

Beweis: Einstellungsbeschluss der Staatsanwaltschaft ( ) vom ( ) mit Zustellungsvermerk

Der Antragsteller hat fristgemäß gegen den Einstellungsbeschluss Beschwerde eingelegt und diese ausführlich begründet. Hier führte der Antragsteller aus, dass die Einlassung des Beschuldigten, er habe die Zahlung vergessen, sich um eine reine Schutzbehauptung handelt, da insbesondere dem Beschuldigten derartige Straftaten nicht fremd sind, wie seine Vorstrafenliste zeigt.

Beweis: Beschwerdebegründung vom ( ) mit Eingangsvermerk

Die Staatsanwaltschaft ( ) hat der Beschwerde allerdings nicht abgeholfen und die Akte an die Generalstaatsanwaltschaft weitergeleitet. Die Staatsanwaltschaft geht weiter davon aus, dass der Diebstahlsvorsatz nicht nachgewiesen werden könne.

Der Generalstaatsanwalt hat die Beschwerde mit Bescheid vom ( ) zugestellt am ( ) als unbegründet zurückgewiesen und inhaltlich auf die nach seiner Meinung zutreffende Begründung der Staatsanwaltschaft ( ) Bezug genommen.

Beweis: Bescheid der Generalstaatsanwaltschaft vom ( ) mit Zustellungsvermerk

Der Antrag auf gerichtliche Entscheidung ist begründet, da sich der Diebstahlsvorsatz nachweisen lässt, da dem Beschuldigten ausweislich seiner Vorstrafenliste derartige Straftaten nicht fremd sind.

Der Antragsteller ist sogleich Verletzter i.S.d. § 172 Abs. 1 StPO, so dass er das Klageerzwingungsverfahren betreiben kann. Durch seine am ( ) erstattete Strafanzeige, hat er auch sein Interesse an der Strafverfolgung des Beschuldigten zum Ausdruck gebracht.

Rechtsanwalt

▲

E. Verfahren beim OLG (3. Stufe)

29 Vor dem Oberlandesgericht (OLG) findet das eigentliche Klageerzwingungsverfahren statt. Das Klageerzwingungsverfahren ist ein prozessual selbstständiges Verfahren.[18]

30 Der Klageerzwingungsantrag kann nur schriftlich, also auch nicht zu Protokoll der Geschäftsstelle, und nach § 172 Abs. 3 Satz 2 StPO nur durch einen im Geltungsbereich der StPO zugelassenen Rechtsanwalt[19] eingereicht und unterzeichnet werden. Damit kann der Antrag von anderen Personen, die nach § 138 StPO als Verteidiger für einen Angeklagten auftreten könnten, unterzeichnet werden. Der Verteidiger muss binnen der Monatsfrist durch den Antragsteller bevollmächtigt sein,[20] die Bevollmächtigung kann auch erst später nachgewiesen werden. Die Unterzeichnung durch einen Rechtsanwalt setzt eine Prüfung und Übernahme der Verantwortung für den Antrag nebst eventuellen Anlagen voraus.[21] Hier ist es nicht ausreichend, wenn der Rechtsanwalt lediglich auf einem vom Antragsteller selbst gefertigten Schriftsatz seinen Kanzleistempel und seine Unterschrift anbringt.[22]

31 Der Klageerzwingungsantrag zum OLG mit Begründung muss nach § 172 Abs. 2 Satz 1 StPO binnen eines Monats nach Bekanntgabe der Beschwerdeentscheidung der GenStA beim zuständigen Oberlandesgericht eingereicht werden, sofern die Beschwerdeentscheidung mit einer ordnungsgemäßen Belehrung nach § 172 Abs. 2 Satz 2 StPO versehen war. Der Klageerzwingungsantrag muss binnen der Frist beim OLG eingehen, der Eingang bei der StA oder GenStA reicht für die Wahrung der Frist nicht. Eine Fristverlängerung ist unmöglich.[23]

32 Wird Prozesskostenhilfe für den Klageerzwingungsantrag binnen der Monatsfrist beantragt, so ist für den Klageerzwingungsantrag, der unverzüglich nach der Bewilligung der Prozesskostenhilfe, selbst nach Fristablauf, gestellt wird, Wiedereinsetzung in den vorigen Stand zu gewähren.[24]

33 Wird die Frist durch einen durch den Antragsteller beauftragten Rechtsanwalt versäumt, ist dies dem Antragsteller zuzurechnen.[25]

18 BVerfG NJW 1976, 1629.
19 OLG Hamburg 1962, 1689.
20 OLG Düsseldorf MDR 1983, 153.
21 OLG Hamm NStZ-RR 2001, 300.
22 OLG Düsseldorf NJW 1989, 3296.
23 OLG Düsseldorf 1987, 2453.
24 BVerfG NJW 1973, 720.
25 *Meyer-Goßner*, § 172 Rn 25.

34 Für das Klageerzwingungsverfahren bedarf es der Prozessfähigkeit des Antragstellers[26] oder der Vertretung des prozessunfähigen Antragstellers durch seinen gesetzlichen Vertreter.

35 Inhaltlich muss der Klageerzwingungsantrag dem § 172 Abs. 3 Satz 1 StPO entsprechen, er muss also aus sich heraus eine verständliche Schilderung des Sachverhalts, der bei der Unterstellung des hinreichenden Tatverdachts die Erhebung der öffentlichen Klage in materieller und formeller Hinsicht rechtfertigen würde, enthalten.[27]

36 Der Klageerzwingungsantrag muss also ähnlichen inhaltlichen Anforderungen, wie eine Revisionsbegründungsschrift, gerecht werden. Genau hieran scheitern die meisten Klageerzwingungsanträge, zumal die Oberlandesgerichte oft die Anforderungen an einen Klageerzwingungsantrag überspannen. Nach dem Bundesverfassungsgericht dürfen allerdings die Oberlandesgerichte die Anforderungen nicht zu hoch schrauben, weil ansonsten der Zweck des Klageerzwingungsverfahrens, also die Überprüfung der staatsanwaltschaftlichen Einstellungsentscheidung, nicht mehr erreicht und in den Hintergrund treten würde.[28] Auch ist das Oberlandesgericht unter Umständen gehalten, auf inhaltliche Unzulänglichkeiten hinzuweisen und dem Antragsteller zur Behebung eine Frist zu setzten, bevor es den Antrag aufgrund inhaltlicher Mängel zurückweist.[29]

37 Im Klageerzwingungsantrag ist grundlegend der gesamte Verfahrensgang darzustellen. Es muss daher die Strafanzeige mitgeteilt werden, der Einstellungsbescheid der Staatsanwaltschaft, die Beschwerde gegen den Einstellungsbescheid und der Bescheid der GenStA. Hierbei ist nicht ausreichend, dass lediglich die Tatsache des Verfahrensvorgangs mitgeteilt wird, sondern alles muss inhaltlich komplett wiedergegeben werden, inklusive aller Zugangs- und Zustellungsdaten, so dass das Oberlandesgericht anhand der mitgeteilten Daten jeweils lückenlos die Fristeneinhaltung nachvollziehen kann. Allerdings sei eine wörtliche Wiedergabe der Bescheide nicht erforderlich, wenn sich der Inhalt aus dem Klageerzwingungsantrag erschließt.[30] Auch brauchen weder die kompletten Zeugenaussagen, noch die des Geschädigten, noch eine Aussage eines Sachverständigen wörtlich wiedergegeben werden.[31]

26 OLG Düsseldorf MDR 1989, 377.
27 *Meyer-Goßner*, § 172 Rn 27a; OLG Stuttgart NStZ-RR 2005, 113.
28 BVerfG NJW 2000, 1027; VerfGH Berlin NJW 2004, 2728.
29 OLG Nürnberg NStZ-RR 2002, 112.
30 BVerfG NStZ 2007, 272.
31 SächsVerfGH NJW 2004, 2729; BVerfG NStZ 2007, 272.

38 Die Einstellungsbescheide der Staatsanwaltschaft und GenStA sind nicht nur inhaltlich wiederzugeben, sondern auch rechtlich zu würdigen. Hierzu ist im Klageerzwingungsverfahren nochmals die dezidierte Darlegung erforderlich, warum die Bescheide falsch oder unvollständig sein sollen und warum sich hieraus eine Verletzung des Legalitätsprinzips ergeben soll.

39 Bloße Bezugnahmen beim Klageerzwingungsantrag auf Schriftstücke oder Aktenbestandteile sind unzulässig.[32] Damit ist es auch nicht ausreichend, wenn ein Schriftstück oder eine Passage eines Schriftstücks direkt oder indirekt zitiert wird, unter Verweisung auf die Fundstelle, gleichgültig, ob sich die Fundstelle im Antragsschriftsatz oder in der Akte befindet.[33]

40 Es ist aber auch unzulässig, die Aktenbestandteile, z.B. den Text einer Zeugenaussage, in den Klageerzwingungsantrag hineinzukopieren oder einzuscannen.[34]

41 Das Oberlandesgericht soll aufgrund dieser inhaltlichen Anforderungen an den Klageerzwingungsantrag in die Lage versetzt werden, ohne Rückgriff auf die Ermittlungs- und Beiakten eine Schlüssigkeitsprüfung vorzunehmen.[35]

42 Aus der Darstellung muss sich entweder ergeben, dass der Antragsteller Verletzter ist, ansonsten ist dies darzulegen.[36]

43 Aus der Darstellung muss sich ferner bei Antragsdelikten ergeben, dass der Strafantrag innerhalb der Strafantragsfrist nach § 77b StGB von 3 Monaten gestellt worden ist.[37]

44 Da ein Klageerzwingungsverfahren gegen „unbekannt" unzulässig ist,[38] ist es erforderlich, den Beschuldigten namentlich zu bezeichnen. Sollte dieser bislang (noch) nicht bekannt sein, sind alle Umstände anzugeben, die zu seiner Identifizierung führen könnten.[39] Bei mehreren Beschuldigten muss jedem Beschuldigten eine konkrete Handlung oder Unterlassung und ein genaues Delikt zugeordnet werden. Bei Vorliegen einer Unterlassungsstraftat ist die Garantenstellung innerhalb des Klageerzwingungsantrages darzulegen.

32 OLG Düsseldorf NStZ-RR 1998, 365.
33 OLG Koblenz NJW 1977, 1461.
34 OLG Celle NStZ 1997, 406.
35 OLG Düsseldorf StV 1983, 498.
36 OLG Düsseldorf AnwBl 1986, 156.
37 OLG Karlsruhe wistra 1995, 154.
38 OLG Stuttgart NStZ 2003, 33.
39 OLG Karlsruhe StraFo 2001, 162.

45 Die den objektiven und subjektiven Tatverdacht begründenden Tatsachen sind vollständig mitzuteilen.

46 Die maßgeblichen Beweismittel sind unter der Begründung, warum diese relevant sind, zu benennen.[40] Ähnlich wie bei einem Beweisantrag, der auch die Behauptung einer bestimmten Beweistatsache erfordert, ist hier die Behauptung erforderlich, dass das Beweismittel wahrscheinlich zu einer Verurteilung des Beschuldigten führt.[41]

47 Das OLG leitet den Klageerzwingungsantrag zunächst an die GenStA zur Stellungnahme weiter. Ob der Beschuldigte eine Abschrift des Klageerzwingungsantrages mit der Gelegenheit zur Stellungnahme erhält, hängt davon ab, ob das OLG beabsichtigt, dem Antrag stattzugeben. In diesem Fall wäre dem Beschuldigten Gelegenheit zur Stellungnahme zu geben. Sind weitere Beweiserhebungen erforderlich, ordnet das OLG diese an. Ansonsten entscheidet das OLG über den Antrag.

48 Hält das OLG den Klageerzwingungsantrag für unzulässig oder unbegründet, verwirft es ihn nach § 174 StPO.

> § 174 StPO Verwerfung des Antrags
>
> (1) Ergibt sich kein genügender Anlass zur Erhebung der öffentlichen Klage, so verwirft das Gericht den Antrag und setzt den Antragsteller, die Staatsanwaltschaft und den Beschuldigten von der Verwerfung in Kenntnis.
>
> (2) Ist der Antrag verworfen, so kann die öffentliche Klage nur aufgrund neuer Tatsachen oder Beweismittel erhoben werden.

49 Hält das OLG den Klageerzwingungsantrag für zulässig und begründet, gibt es ihm nach § 175 StPO statt.

> § 175 StPO Beschluss auf Anklageerhebung
>
> Erachtet das Gericht nach Anhörung des Beschuldigten den Antrag für begründet, so beschließt es die Erhebung der öffentlichen Klage. Die Durchführung dieses Beschlusses liegt der Staatsanwaltschaft ob.

50 In Ausnahmefällen kann das OLG auch die Wiederaufnahme der Ermittlungen anordnen. Diese kommt nur in Betracht, wenn durch ein selbstständiges neues Ermittlungsverfahren der Sachverhalt einer Klärung zugeführt werden kann.[42]

40 OLG Celle NStZ 1988, 568.
41 OLG Stuttgart NStZ-RR 2005, 113.
42 OLG Köln NStZ 2003, 682; OLG Hamm StV 2002, 128.

51 Der Klageerzwingungsantrag ist insbesondere unzulässig, wenn

- der Antragsteller kein Verletzter ist[43]
- der Antragsteller nicht prozessfähig oder gesetzlich vertreten ist
- das Ermittlungsverfahren durch die Staatsanwaltschaft nicht nach § 170 Abs. 2 StPO eingestellt worden ist
- die Beschwerdefrist für die Beschwerde gegen den Einstellungsbescheid der Staatsanwaltschaft von 2 Wochen versäumt wurde[44]
- die Einlegungsfrist für den Klageerzwingungsantrag von einem Monat versäumt wurde
- der Beschuldigte nicht ausreichend benannt oder unbekannt und nicht ausreichend umschrieben ist[45]
- die Ermittlungen mittlerweile wieder aufgenommen wurden
- der Antrag weder von einem Rechtsanwalt stammt, noch von einem Rechtsanwalt unterschrieben ist

52 Der Klageerzwingungsantrag ist insbesondere unbegründet, wenn

- sich aus rechtlichen Gründen kein hinreichender Tatverdacht begründen lässt
- sich aus tatsächlichen Gründen, d.h., z.B. der Beweislage, kein hinreichender Tatverdacht begründen lässt

53 Wurde der Klageerzwingungsantrag als unzulässig abgelehnt, tritt keine Sperrwirkung ein.

54 Wurde der Klageerzwingungsantrag als unbegründet abgelehnt, tritt eine Sperrwirkung ein, d.h. solange keine neuen Tatsachen oder Beweismittel vorliegen, liegt Strafklageverbrauch vor und es kann kein neuer Klageerzwingungsantrag gestellt werden.

55 Ist der Klageerzwingungsantrag zulässig und begründet, beschließt das OLG, nach der gemäß § 175 StPO zwingend erforderlichen Anhörung des Beschuldigten, die Anklageerhebung. Die Ausführung der Anklageerhebung obliegt nunmehr der Staatsanwaltschaft. Danach ist es der Staatsanwaltschaft nicht gestattet, anstatt der Anklage einen Strafbefehlsantrag zu stellen oder das Verfahren nunmehr nach

43 *Meyer-Goßner*, § 172 Rn 34.

44 *Meyer-Goßner*, § 172 Rn 34.

45 OLG Hamburg MDR 1993, 1226; OLG Düsseldorf VRS 1983, 431, 434; OLG Karlsruhe VRS 113, 46.

§§ 153 ff. StPO einzustellen.[46] In der Hauptverhandlung ist es hingegen dem Tatgericht unbenommen, das Verfahren nach §§ 153 ff. StPO einzustellen.[47]

Übersicht: Entscheidung des OLG über den Klageerzwingungsantrag **56**

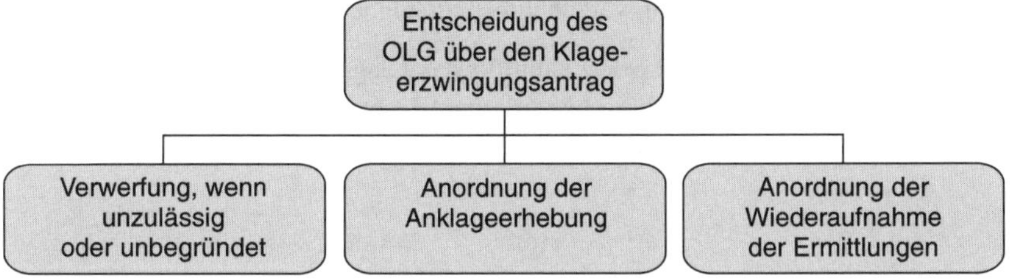

F. Kosten

57 Wird der Klageerzwingungsantrag als unzulässig verworfen, trägt der Antragsteller nach § 177 StPO die Kosten des Verfahrens.

58 Gibt das OLG dem Klageerzwingungsantrag statt oder ordnet die Wiederaufnahme der Ermittlungen an, findet keine Kostenentscheidung statt.

59 Nimmt der Antragsteller den Klageerzwingungsantrag zurück, trägt dieser die Kosten des Verfahrens.[48]

G. Prozesskostenhilfe/Beiordnung eines Rechtsanwalts

60 Nach § 172 Abs. 3 Satz 2 StPO kann für das Klageerzwingungsverfahren nach denselben Vorschriften wie in bürgerlichen Rechtsstreitigkeiten Prozesskostenhilfe gewährt und ein Rechtsanwalt beigeordnet werden. D.h., dass der Antragsteller insbesondere bedürftig sein muss.

61 *Praxistipp Klageerzwingungsverfahren*

> Die Berechtigung für die Anfechtung des das Ermittlungsverfahren nach § 170 Abs. 2 StPO einstellenden Bescheides durch die Staatsanwaltschaft steht nach § 172 Satz 1 StPO aber nur dem Antragsteller zu, der gleichzeitig Verletzter ist.

46 *Meyer-Goßner*, § 175 Rn 3.
47 *Meyer-Goßner*, § 175 Rn 3.
48 OLG Zweibrücken MDR 1985, 250.

Das Klageerzwingungsverfahren ist ein 3-stufiges Verfahren. Hier sind insbesondere die dort geltenden Fristen zu beachten. Die beim Oberlandesgericht auf der 3. Stufe einzureichende Klageerzwingungsschrift muss das Oberlandesgericht in die Lage versetzen, ohne Rückgriff auf die Ermittlungs- und Beiakten eine Schlüssigkeitsprüfung vorzunehmen zu können.

Nach § 172 Abs. 3 Satz 2 StPO kann für das Klageerzwingungsverfahren nach denselben Vorschriften wie in bürgerlichen Rechtsstreitigkeiten Prozesskostenhilfe gewährt und ein Rechtsanwalt beigeordnet werden.

§ 5 Privatklageverfahren

Das Privatklageverfahren dient dem Ziel, gegen einen Beschuldigten eine Strafe verhängen zu lassen, obwohl die Staatsanwaltschaft das Verfahren eingestellt hat. Sie kommt nur bei den in § 374 Abs. 1 StPO abschließend aufgezählten Delikten in Betracht. Es handelt sich hierbei um Delikte, die die Allgemeinheit i.d.R. wenig berühren. **1**

Nach einem erfolgreichen Privatklageverfahren wird gegen den Beklagten, wie nach einer öffentlichen Anklage, eine Strafe verhängt, die, wie nach einer öffentlichen Anklage, vollstreckt und ins Bundeszentralregister eingetragen wird. **2**

Die Privatklage hat allerdings kaum praktische Bedeutung, da die wenigsten durch eine Straftat Verletzten diesen Weg beschreiten, wenn er ihnen offen steht. **3**

Nach den Angaben des Statistischen Bundesamtes[1] wurden in 2006 lediglich 564, in 2007 lediglich 528 und in 2008 nur 638 Privatklageverfahren bundesweit eingeleitet. **4**

Für die Vertretung des Privatklägers durch einen Rechtsanwalt gilt das Mehrfachverteidigungsverbot des § 146 StPO analog, so dass ein Rechtsanwalt nicht mehrere Privatkläger gleichzeitig vertreten kann.[2] **5**

A. Voraussetzungen der Privatklage

I. Zulässigkeit/Sühneverfahren

Nach § 374 Abs. 1 StPO ist die Privatklage bei den dort – abschließend – genannten Delikten zulässig. **6**

> § 374 StPO Zulässigkeit
>
> (1) Im Wege der Privatklage können vom Verletzten verfolgt werden, ohne dass es einer vorgängigen Anrufung der Staatsanwaltschaft bedarf,
> 1. ein Hausfriedensbruch (§ 123 des Strafgesetzbuches),
> 2. eine Beleidigung (§§ 185 bis 189 des Strafgesetzbuches), wenn sie nicht gegen eine der in § 194 Abs. 4 des Strafgesetzbuches genannten politischen Körperschaften gerichtet ist,

1 Rechtspflege – Strafgerichte 2006, 2007 und 2008, Fachserie 10 Reihe 2.3.

2 KK-*Laufhütte*, § 146 Rn 4; LR-*Lüderssen/Jahn*, § 146 Rn 41; BVerfG AnwBl 1977, 223; OLG Karlsruhe Justiz 1978, 114.

3. eine Verletzung des Briefgeheimnisses (§ 202 des Strafgesetzbuches),
4. eine Körperverletzung (§§ 223 und 229 des Strafgesetzbuches),
5. eine Nachstellung (§ 238 Abs. 1 des Strafgesetzbuches) oder eine Bedrohung (§ 241 des Strafgesetzbuches),

5a. 5a. eine Bestechlichkeit oder Bestechung im geschäftlichen Verkehr (§ 299 des Strafgesetzbuches),

6. eine Sachbeschädigung (§ 303 des Strafgesetzbuches),

6a. 6a. eine Straftat nach § 323a des Strafgesetzbuches, wenn die im Rausch begangene Tat ein in den Nummern 1 bis 6 genanntes Vergehen ist,

7. eine Straftat nach den §§ 16 bis 19 des Gesetzes gegen den unlauteren Wettbewerb,
8. eine Straftat nach § 142 Abs. 1 des Patentgesetzes, § 25 Abs. 1 des Gebrauchsmustergesetzes, § 10 Abs. 1 des Halbleiterschutzgesetzes, § 39 Abs. 1 des Sortenschutzgesetzes, § 143 Abs. 1, § 143a Abs. 1 und § 144 Abs. 1 und 2 des Markengesetzes, § 51 Abs. 1 und § 65 Abs. 1 des Geschmacksmustergesetzes, den §§ 106 bis 108 sowie § 108b Abs. 1 und 2 des Urheberrechtsgesetzes und § 33 des Gesetzes betreffend das Urheberrecht an Werken der bildenden Künste und der Photographie.

(2) (...)

(3) (...)

7 Übersicht:[3] Straftaten nach § 374 StPO

§ 374 Abs. 1 Nr.	Vorschrift/ Umschreibung	Tatbezeichnung
1	123 StGB	Hausfriedensbruch
2	185 StGB	Beleidigung
2	186 StGB	Üble Nachrede
2	187 StGB	Verleumdung
2	188 StGB	Üble Nachrede und Verleumdung gegen Personen des politischen Lebens
2	189 StGB	Verunglimpfung des Andenkens Verstorbener
3	202 StGB	Verletzung des Briefgeheimnisses
4	223 StGB	Körperverletzung
4	229 StGB	Fahrlässige Körperverletzung
5	238 Abs. 1 StGB	Nachstellung
5	241 StGB	Bedrohung

3 Die Tabelle bezeichnet lediglich die in der Vorschrift genannten Tatbestände. Aufgrund der Formulierung der Vorschrift kann es zu einer eingeschränkten oder erweiterten Anwendung des Tatbestandes führen.

5a	299 StGB	Bestechlichkeit und Bestechung im geschäftlichen Verkehr
6	303 StGB	Sachbeschädigung
6a	323a StGB	Vollrausch
7	16 UWG	Strafbare Werbung
7	17 UWG	Verrat von Geschäfts- und Betriebsgeheimnissen
7	18 UWG	Verwertung von Vorlagen
7	19 UWG	Verleiten und Erbieten zum Verrat
8	142 Abs. 1 PatG	
8	25 Abs. 1 GebrMG	
8	10 Abs. 1 HalblSchG	Strafvorschriften
8	39 Abs. 1 SortenschutzG	Strafvorschriften
8	143 Abs. 1 MarkenG	Strafbare Kennzeichenverletzung
8	143a Abs. 1 MarkenG	Strafbare Verletzung der Gemeinschaftsmarke
8	144 Abs. 1 u. 2 MarkenG	Strafbare Benutzung geographischer Herkunftsangaben
8	51 Abs. 1 GeschmMG	Strafvorschriften
8	65 Abs. 1 GeschmMG	Strafbare Verletzung eines Gemeinschaftsgeschmacksmusters
8	106 UrhG	Unerlaubte Verwertung urheberrechtlich geschützter Werke
8	107 UrhG	Unzulässiges Anbringen der Urheberbezeichnung
8	108 UrhG	Unerlaubte Eingriffe in verwandte Schutzrechte
8	108b Abs. 1 u. 2 UrhG	Unerlaubte Eingriffe in technische Schutzmaßnahmen und zur Rechtswahrnehmung erforderliche Informationen
8	33 KunstUrhG	

8 Darüber hinaus muss die Staatsanwaltschaft bei diesen Delikten von der Anklageerhebung nach § 376 StPO mangels öffentlichen Interesses abgesehen haben und den Anzeigenerstatter auf den Privatklageweg verwiesen haben. Hat die Staatsanwaltschaft dagegen Anklage erhoben, weil sie das öffentliche Interesse bejaht hat, kann sich der durch die Straftat Verletzte nur dem Verfahren als Nebenkläger anschließen, wenn es sich um ein Nebenklagedelikt nach § 395 StPO handelt.

9 Trifft das Privatklagedelikt nach § 374 Abs. 1 StPO mit einem Offizialdelikt zusammen,[4] ist die Privatklage unzulässig,[5] solange das im Rahmen des Privatklageverfahrens zuständige Gericht davon ausgeht, dass auch ein Offizialdelikt mit hinreichendem Verdacht vorliegt. Die Privatklage wird aber wieder zulässig, wenn die Staatsanwaltschaft das Verfahren bezüglich des Offizialdelikts nach § 170 Abs. 2 StPO einstellt. Hier kann der Verletze auch das Klageerzwingungsverfahren betreiben.[6] Erfolgt allerdings eine Einstellung nach §§ 153 ff. StPO kann der Verletzte lediglich eine Dienstaufsichtsbeschwerde erheben.

10 Die Privatklage kann nach § 374 Abs. 1 StPO durch den Verletzten[7] erhoben werden. Dies allerdings nur, wenn er sein Privatklagerecht nicht durch einen vorherigen außergerichtlichen Vergleich, der einen Verzicht darauf enthält, verwirkt hat.

11 Die Privatklage kann ferner nach § 374 Abs. 2 Satz 1 StPO durch Personen erhoben werden, die neben dem Verletzten oder an dessen Stelle berechtigt sind, Strafantrag zu stellen. Hierunter fällt z.B. der Dienstvorgesetzte nach §§ 230 Abs. 2, 194 Abs. 3 StGB.

12 Die Privatklage kann auch nach § 374 Abs. 2 Satz 2 StPO durch die in § 77 Abs. 2 StGB bezeichneten Angehörigen nach dem Tod des Verletzten erhoben werden, wenn der Verletzte oder Berechtigte vor seinem Tod schon Strafantrag gestellt hatte.

13 Ist das Privatklagedelikt ein Antragsdelikt, was bei den meisten Privatklagedelikten der Fall ist, muss der Privatkläger oder nach § 374 Abs. 3 StPO sein gesetzlicher Vertreter innerhalb der Strafantragsfrist des § 77b Abs. 1 StGB von 3 Monaten rechtzeitig Strafantrag gestellt haben. Allerdings liegt in der Erhebung der Privatklage innerhalb der Strafantragsfrist gleichzeitig eine Strafantragsstellung.[8]

4 Tateinheit, Tatmehrheit oder Gesetzeskonkurrenz.

5 LR-*Hilger*, § 374 Rn 19.

6 LR-*Hilger*, § 374 Rn 23.

7 Zur Verletzteneigenschaft vgl. die Ausführungen zum Klageerzwingungsverfahren, siehe § 3 Rn 5f.

8 KK-*Senge*, § 374 Rn 4.

Auch muss der Privatkläger prozessfähig oder durch einen gesetzlichen Vertreter vertreten sein. **14**

Das Privatklageverfahren gegen zur Tatzeit Jugendliche ist nach § 80 Abs. 1 JGG ausgeschlossen. Jugendliche können allerdings, wenn sie gesetzlich vertreten sind, Privatkläger sein. Gegen einen jugendlichen Privatkläger ist allerdings dann nach § 80 Abs. 2 JGG die Widerklage zulässig. Das Privatklageverfahren gegen Heranwachsende ist uneingeschränkt zulässig. **15**

Das Privatklageverfahren ist ferner nach § 380 Abs. 1 StPO nur dann zulässig, wenn in den dort genannten Fällen ein sog. Sühneverfahren vor der Vergleichsbehörde[9] vorher stattgefunden hat, es sei denn das Sühneverfahren ist nach § 380 Abs. 3 bzw. nach § 380 Abs. 4 StPO, im letzteren Fall nach näherer Anordnung der Landesjustizverwaltung, entbehrlich, wenn die Parteien nicht in demselben Gerichtsbezirk wohnen. **16**

Da die Vergleichsbehörde keine Strafverfolgungsbehörde ist, besteht dort keine Belehrungspflicht nach § 136 Abs. 1 Satz 2 StPO,[10] so dass die dort getätigten Aussagen immer in einem Strafverfahren verwertbar sind. **17**

> § 380 StPO Sühneversuch
>
> (1) Wegen Hausfriedensbruchs, Beleidigung, Verletzung des Briefgeheimnisses, Körperverletzung (§§ 223 und 229 des Strafgesetzbuches), Bedrohung und Sachbeschädigung ist die Erhebung der Klage erst zulässig, nachdem von einer durch die Landesjustizverwaltung zu bezeichnenden Vergleichsbehörde die Sühne erfolglos versucht worden ist. Gleiches gilt wegen einer Straftat nach § 323a des Strafgesetzbuches, wenn die im Rausch begangene Tat ein in Satz 1 genanntes Vergehen ist. Der Kläger hat die Bescheinigung hierüber mit der Klage einzureichen.
>
> (2) Die Landesjustizverwaltung kann bestimmen, dass die Vergleichsbehörde ihre Tätigkeit von der Einzahlung eines angemessenen Kostenvorschusses abhängig machen darf.
>
> (3) Die Vorschriften der Absätze 1 und 2 gelten nicht, wenn der amtliche Vorgesetzte nach § 194 Abs. 3 oder § 230 Abs. 2 des Strafgesetzbuches befugt ist, Strafantrag zu stellen.
>
> (4) Wohnen die Parteien nicht in demselben Gemeindebezirk, so kann nach näherer Anordnung der Landesjustizverwaltung von einem Sühneversuch abgesehen werden.

9 Vergleichsbehörden sind Landesbehörden, welche von den Landesjustizverwaltungen einzurichten sind.

10 LR-*Hilger*, § 380 Rn 34.

18 Trifft eine Straftat, für die nach § 380 Abs. 1 StPO ein Sühneversuch erforderlich ist, mit einer anderen das Privatklageverfahren ebenfalls eröffnenden Straftat nach § 374 Abs. 1 StPO zusammen, wobei beide eine einheitliche Tat i.S.d. § 264 StPO bilden, ist kein Sühneversuch erforderlich.[11]

19 Endet das Sühneverfahren erfolgreich, wird ein Sühnevergleich geschlossen, der einen Verzicht auf das Privatklageverfahren enthält. Dieser gilt nur zwischen den den Vergleich schließenden Parteien und lässt die Rechte anderer eventueller Privatklageberechtigter oder der Staatsanwaltschaft unberührt.[12]

20 Scheitert der Sühneversuch, erhält der Kläger darüber eine Bescheinigung, die er mit der Privatklage nach § 380 Abs. 1 Satz 3 StPO einzureichen bzw. spätestens bis zur Entscheidung des Gerichts über die Zulässigkeit der Privatklage vorzulegen hat. Da der Sühneversuch Klagevoraussetzung und nicht Prozessvoraussetzung ist, kann er aber bis dahin nicht mehr nachgeholt werden.[13] Die Privatklage ist dann als unzulässig zu verwerfen.[14] Danach kann aber, nach einem durchgeführten und erfolglosen Sühneversuch, erneut Privatklage erhoben werden,[15] es sei denn, es ist mittlerweile Verjährung eingetreten.

21 Übersicht: Voraussetzungen des Privatklageverfahrens

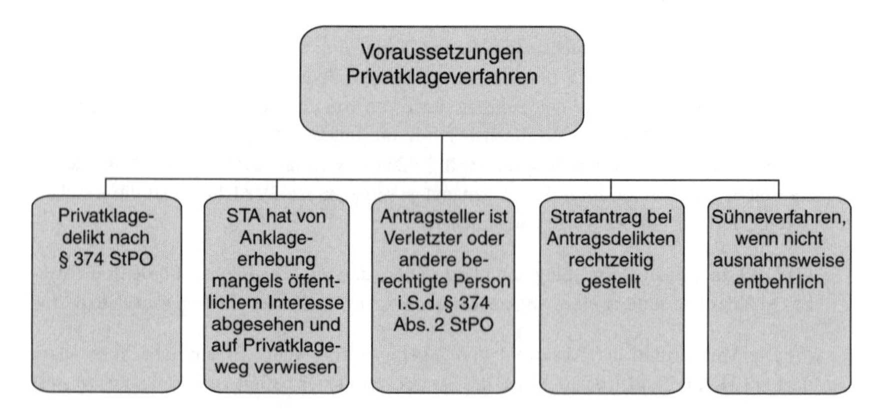

11 KMR-*Stöckel*, § 380 Rn 11.
12 *Meyer-Goßner*, § 380 Rn 8.
13 LG Hamburg NJW 1973, 382.
14 LG Hamburg NJW 1973, 382.
15 LG Hamm 1984, 249.

II. Prozesskostenhilfe

22 Der Privatkläger kann nach § 379 StPO, unter den Voraussetzungen der §§ 114 ff ZPO, auf seinen Antrag hin Prozesskostenhilfe für das Privatklageverfahren erhalten. Nach § 114 Satz 1 ZPO ist dafür erforderlich, dass der Privatkläger nach seinen persönlichen und wirtschaftlichen Verhältnissen nicht in der Lage ist, die Kosten der Prozessführung nicht oder nur teilweise oder in Raten aufzubringen und dass die Privatklage hinreichende Aussicht auf Erfolg bietet und nicht mutwillig erscheint. Die Privatklage ist nicht mutwillig, wenn der Privatkläger sie auch erheben würde, müsste er sie selbst bezahlen.[16] Die Privatklage ist Erfolg versprechend, wenn sie voraussichtlich nicht nach § 383 Abs. 2 Satz 1 StPO eingestellt werden wird.[17]

III. Kostenvorschuss

23 Der Privatkläger hat nach § 379a StPO einen Gerichtskostenvorschuss zu leisten, wenn ihm keine Prozesskostenhilfe bewilligt worden ist oder Gerichtskostenfreiheit besteht. Wird der Gerichtskostenvorschuss nicht rechtzeitig geleistet, kann die Privatklage durch das Gericht nach § 379a Abs. 3 StPO zurückgewiesen werden. Gegen den Zurückweisungsbeschluss steht dem Privatkläger nach § 379a Abs. 3 Satz 2 StPO die sofortige Beschwerde offen. Stellt sich heraus, dass der Gerichtskostenvorschuss noch innerhalb der Frist geleistet worden ist, ist der die Privatklage zurückweisende Beschluss von Amts wegen nach § 379a Abs. 3 Satz 3 StPO aufzuheben.

24 Der Privatkläger muss auch noch für den Privatbeklagten nach § 379 Abs. 1 StPO bei Gericht eine Sicherheitsleistung in Höhe der voraussichtlich entstehenden Kosten leisten. Nach § 379 Abs. 1 Satz 2 StPO richtet sich dies nach den Vorschriften für zivilrechtliche Streitigkeiten, also nach §§ 108–115 ZPO.

B. Privatklageschrift

25 Nach § 381 Satz 1 StPO ist die Privatklage zu Protokoll der Geschäftsstelle oder durch Einreichung einer Anklageschrift zu erheben, wobei die Privatklage den in § 200 Abs. 1 StPO bezeichneten Erfordernissen entsprechen muss.

16 LR-*Hilger*, § 379 Rn 17.
17 LR-*Hilger*, § 379 Rn 16.

§ 200 StPO Inhalt der Anklageschrift

(1) Die Anklageschrift hat den Angeschuldigten, die Tat, die ihm zur Last gelegt wird, Zeit und Ort ihrer Begehung, die gesetzlichen Merkmale der Straftat und die anzuwendenden Strafvorschriften zu bezeichnen (Anklagesatz). In ihr sind ferner die Beweismittel, das Gericht, vor dem die Hauptverhandlung stattfinden soll, und der Verteidiger anzugeben. Bei der Benennung von Zeugen ist deren Wohn- oder Aufenthaltsort anzugeben, wobei es jedoch der Angabe der vollständigen Anschrift nicht bedarf. In den Fällen des § 68 Absatz 1 Satz 2, Absatz 2 Satz 1 genügt die Angabe des Namens des Zeugen. Wird ein Zeuge benannt, dessen Identität ganz oder teilweise nicht offenbart werden soll, so ist dies anzugeben; für die Geheimhaltung des Wohn- oder Aufenthaltsortes des Zeugen gilt dies entsprechend.

(2) In der Anklageschrift wird auch das wesentliche Ergebnis der Ermittlungen dargestellt. Davon kann abgesehen werden, wenn Anklage beim Strafrichter erhoben wird.

26 Nach § 200 Abs. 1 StPO hat die Anklageschrift den Angeschuldigten, die Tat, die ihm zur Last gelegt wird, Zeit und Ort ihrer Begehung, die gesetzlichen Merkmale der Straftat und die anzuwendenden Strafvorschriften zu bezeichnen (Anklagesatz). In ihr sind ferner die Beweismittel, das Gericht, vor dem die Hauptverhandlung stattfinden soll, anzugeben. Bei der Benennung von Zeugen ist deren Wohn- oder Aufenthaltsort anzugeben, wobei es jedoch der Angabe der vollständigen Anschrift nicht bedarf. In den Fällen des § 68 Abs. 1 Satz 2, Abs. 2 Satz 1 StPO genügt die Angabe des Namens des Zeugen. Wird ein Zeuge benannt, dessen Identität ganz oder teilweise nicht offenbart werden soll, so ist dies anzugeben; für die Geheimhaltung des Wohn- oder Aufenthaltsortes des Zeugen gilt dies entsprechend.

27 Da § 381 Satz 1 StPO lediglich auf § 200 Abs. 1 StPO und nicht § 200 Abs. 2 StPO verweist, muss das wesentliche Ergebnis der Ermittlungen nicht mitgeteilt werden.

28 Nach § 381 Satz 2 StPO sind mit der Anklageschrift zwei Abschriften einzureichen.

29 Wird die Privatklage unvorschriftsmäßig, d.h. mangelhaft erhoben, ist der Privatkläger durch das Gericht darauf hinzuweisen, falls der Mangel noch behoben werden kann, und ihm zur Behebung der Mängel eine Frist zu setzen, bevor die Privatklageschrift nach § 382 StPO dem Beschuldigten zur Kenntnis übersandt wird. Gegen diese Zurückweisung der Privatklageschrift, also wegen unvorschriftsmäßiger Erhebung, steht dem Privatkläger die (einfache) Beschwerde offen.

30 Wird die Privatklage vorschriftsmäßig erhoben, ist sie dem Beschuldigten oder seinem Verteidiger zuzustellen, wobei ihm entsprechend § 201 StPO eine Erklärungsfrist zur Mitteilung von Einwendungen gegen die Eröffnung oder zur Beantragung von Beweiserhebungen zu setzten ist.

31 Das Gericht entscheidet gemäß § 383 Abs. 1 Satz 1 StPO nach der Erklärung des Beschuldigten oder Ablauf der Frist, ob das Verfahren eröffnet wird oder die Privatklageschrift zurückgewiesen wird. Auch kann das Gericht nach § 383 Abs. 2 StPO das Verfahren wegen geringer Schuld gleich ohne Anberaumung einer Hauptverhandlung einstellen.

32 Wird das Verfahren eröffnet, ist der Eröffnungsbeschluss nach §§ 383 Abs. 1 Satz 1, 210 Abs. 1 StPO unanfechtbar. Mit dem Eröffnungsbeschluss formuliert das Gericht den Anklagesatz und legt somit den Verfahrensstoff für die Hauptverhandlung fest.

33 Erfolgt die Zurückweisung eines ordnungsgemäß erhobenen Privatklageantrages, steht dem Privatkläger nach §§ 390 Abs. 1 Satz 1, 210 Abs. 2 StPO die sofortige Beschwerde gegen den Zurückweisungsbeschluss zu. Eine Zurückweisung kann hier erfolgen, wenn z.B. eine Voraussetzung für die Privatklage fehlt oder das Gericht einen hinreichenden Tatverdacht für ein Offizialdelikt für gegeben erachtet und die Staatsanwaltschaft das Verfahren nicht nach § 377 StPO übernimmt.

34 Nach § 383 Abs. 2 Satz 1 StPO kann das Gericht auch anstatt das Verfahren zu eröffnen, das Verfahren wegen geringer Schuld einstellen. § 383 Abs. 2 StPO tritt hierbei an die Stelle des § 153 StPO und nicht an die des § 153a StPO, da die Funktion des § 153a StPO vom gerichtlichen Vergleich übernommen wird.[18] Eine Einstellung des Gerichts wegen geringer Schuld gegen eine Auflage scheidet damit hier aus. Von einer geringen Schuld ist auszugehen, wenn sie im Vergleich zu Vergehen gleicher Art nicht unerheblich unter dem Durchschnitt liegt.[19] Nach § 383 Abs. 2 Satz 2 StPO kann das Gericht auch noch nach Eröffnung des Verfahrens, also in jeder Lage des Verfahrens, das Verfahren wegen geringer Schuld einstellen, nicht jedoch vor Ablauf der Erklärungspflicht nach § 383 StPO.[20] Wurde das Privatklageverfahren nach § 383 Abs. 2 StPO eingestellt, kommt eine Wiederaufnahme nicht mehr in Betracht.[21]

18 *Meyer-Goßner*, § 383 Rn 11.

19 LR-*Beulke*, § 153 Rn 24.

20 KMR-*Stöckel*, § 383 Rn 23.

21 OLG Bremen NJW 1959, 353.

35 Nach der Eröffnung des Verfahrens richtet sich dieses gemäß § 384 Abs. 1 Satz 1 StPO nach den Vorschriften, die für das Verfahren nach normaler Anklageerhebung gelten, jedoch mit den Besonderheiten des § 384 Abs. 1 Satz 2, Abs. 2 bis 5 StPO.

36 Nach § 384 Abs. 1 Satz 2 StPO dürfen jedoch Maßregeln der Besserung und Sicherung, z.B. Entziehung der Fahrerlaubnis oder Berufsverbot, im Privatklageverfahren nicht angeordnet werden. Hält das Gericht solche für erforderlich, muss es die Privatklage entweder vor der Zulassung nach § 383 Abs. 1 StPO zurückweisen oder nach Eröffnung des Privatklageverfahrens nach § 206a StPO oder in der Hauptverhandlung nach § 389 Abs. 1 StPO einstellen.

37 Nach § 384 Abs. 2 StPO ist § 243 StPO mit der Maßgabe anzuwenden, dass der Vorsitzende den Beschluss über die Eröffnung des Hauptverfahrens verliest. Insofern findet keine „Anklageverlesung" durch die Staatsanwaltschaft statt.

38 Nach § 384 Abs. 3 StPO bestimmt das Gericht unbeschadet des § 244 Abs. 2 StPO den Umfang der Beweisaufnahme. Damit können die Verfahrensbeteiligten zwar immer noch Beweisanträge stellen. Diese unterliegen aber nicht ausschließlich den in § 244 Abs. 3 bis Abs. 5 StPO genannten Ablehnungsgründen. Vielmehr sind diese lediglich Beweisanregungen, denen das Gericht lediglich im Rahmen seiner Aufklärungspflicht nach § 244 Abs. 2 StPO nachkommen muss.

39 Nach § 384 Abs. 4 StPO ist § 265 Abs. 3 StPO (das Recht, die Aussetzung der Hauptverhandlung zu verlangen) nicht anzuwenden. Die Hinweispflicht des Gerichts nach § 265 Abs. 4 StPO besteht uneingeschränkt.

40 Nach § 384 Abs. 5 StPO kann vor dem Schwurgericht eine Privatklagesache nicht gleichzeitig mit einer auf öffentliche Klage anhängig gemachten Sache verhandelt werden. Eine Verbindung dieser beiden Verfahren ist damit unzulässig, solange die Staatsanwaltschaft das Privatklageverfahren nicht nach §§ 376, 377 StPO übernommen hat.

41 **Muster: Privatklageschrift**

An das

Amtsgericht ( )

Privatklage

In Sachen

( ) -Privatkläger-

Pb.: Rechtsanwälte ( )

gegen

( ) -Privatbeklagter-

wegen: ( )

erhebe ich Namens und in Vollmacht des Privatklägers

Privatklage.

Der Privatbeklagte wird angeklagt, am ( ), in ( ) den Privatkläger ( )

Der Privatbeklagte hat ( )

Dies stellt ein Vergehen nach § ( ) StGB dar. Dabei handelt es sich nach § ( ) um ein Privatklagedelikt.

Der erforderliche Strafantrag wurde fristgerecht am ( ) gestellt. Die Staatsanwaltschaft hat mangels öffentlichen Interesses das Verfahren gegen den Privatbeklagten eingestellt und auf den Privatklageweg verwiesen. Der Sühnetermin wurde durchgeführt, verlief aber erfolglos. Eine entsprechende Bescheinigung ist beigefügt.

Beweismittel:

Einlassung des Privatbeklagten

Zeuge 1

Zeuge 2

Es wird daher beantragt,

das Hauptverfahren zu eröffnen

Hauptverhandlungstermin zu bestimmen.

Rechtsanwalt

▲
▼

Muster: Privatklageschrift mit Prozesskostenhilfeantrag **42**

An das

Amtsgericht ( )

Privatklage

In Sachen

( ) -Privatkläger-

Pb.: Rechtsanwälte ( )

gegen

( ) -Privatbeklagter-

wegen: ( )

erhebe ich Namens und in Vollmacht des Privatklägers

Privatklage.

Der Privatbeklagte wird angeklagt, am ( ), in ( ) den Privatkläger ( )

Der Privatbeklagte hat ( )

Dies stellt ein Vergehen nach § ( ) StGB dar. Dabei handelt es sich nach § ( ) um ein Privatklagedelikt.

Der erforderliche Strafantrag wurde fristgerecht am ( ) gestellt. Die Staatsanwaltschaft hat mangels öffentlichen Interesses das Verfahren gegen den Privatbeklagten eingestellt und auf den Privatklageweg verwiesen. Der Sühnetermin wurde durchgeführt, verlief aber erfolglos. Eine entsprechende Bescheinigung ist beigefügt.

Beweismittel:

Einlassung des Privatbeklagten

Zeuge 1

Zeuge 2

Es wird daher beantragt,

das Hauptverfahren zu eröffnen

Hauptverhandlungstermin zu bestimmen.

Namens und in Vollmacht meines Mandanten beantrage ich ferner, dem Privatkläger für die I. Instanz Prozesskostenhilfe für das Privatklageverfahren, unter Beiordnung des Unterzeichners zu bewilligen.

Begründung:

Die vom Privatkläger eingereichte Privatklage ist nicht mutwillig und hat hinreichende Aussicht auf Erfolg.

Der Privatkläger ist nach seinen persönlichen und wirtschaftlichen Verhältnissen nicht in der Lage die Kosten der Prozessführung aufzubringen. Insoweit wird auf die beigefügte Erklärung des Privatklägers über die persönlichen und wirtschaftlichen Verhältnisse im amtlichen Vordruck nebst den dazugehörigen Belegen verwiesen.

Rechtsanwalt

C. Rechte des Privatklägers

43 Der Privatkläger nimmt im Verfahren – mehr oder weniger – die Stellung eines Staatsanwaltes ein.[22] Er kommt daher selbst als Zeuge nicht in Betracht.

44 Im Verfahren stehen ihm daher nach § 385 StPO ein Anwesenheitsrecht in der Hauptverhandlung und an vorverlegten Beweiserhebungen, ein Ablehnungsrecht von Richtern und Sachverständigen (Befangenheitsrecht), ein Antragsrecht für die Stellung von Beweisanträgen,[23] ein Beanstandungsrecht des Vorsitzenden nach § 238 Abs. 2 StPO, ein Erklärungsrecht nach § 257 StPO und bzgl. Einstellungen nach §§ 153 ff. StPO, ein Fragerecht nach § 240 StPO, das Recht einen Schlussvortrag zu halten, das Recht Nachtragsprivatanklage zu erheben, das Recht bei Nichterscheinen des Privatbeklagten Vorführbefehl und bei Nichterscheinen von Zeugen oder Sachverständigen Zwangsmittel zu beantragen und nach § 385 Abs. 3 StPO ein Akteneinsichtsrecht durch seinen Rechtsanwalt zu.

> § 385 StPO Stellung des Privatklägers; Ladungen; Akteneinsicht
>
> (1) Soweit in dem Verfahren auf erhobene öffentliche Klage die Staatsanwaltschaft zuzuziehen und zu hören ist, wird in dem Verfahren auf erhobene Privatklage der Privatkläger zugezogen und gehört. Alle Entscheidungen, die dort der Staatsanwaltschaft bekannt gemacht werden, sind hier dem Privatkläger bekannt zu geben.
>
> (2) Zwischen der Zustellung der Ladung des Privatklägers zur Hauptverhandlung und dem Tag der letzteren muss eine Frist von mindestens einer Woche liegen.
>
> (3) Das Recht der Akteneinsicht kann der Privatkläger nur durch einen Anwalt ausüben. § 147 Abs. 4 und 7 sowie § 477 Abs. 5 gelten entsprechend.
>
> (4) In den Fällen der §§ 154a und 430 ist deren Absatz 3 Satz 2 nicht anzuwenden.
>
> (5) Im Revisionsverfahren ist ein Antrag des Privatklägers nach § 349 Abs. 2 nicht erforderlich. § 349 Abs. 3 ist nicht anzuwenden.

22 KMR-*Stöckel*, § 385 Rn 1.

23 Mit den bereits dargestellten Besonderheiten auf die Ablehnungsmöglichkeiten des Gerichts, welches ihnen im Rahmen seiner Aufklärungspflicht nach § 244 Abs. 2 StPO nachkommen muss

D. Widerklagebefugnis des Privatklagebeklagten

45 Nach § 388 Abs. 1 StPO kann der Privatbeklagte bis zur Beendigung seines letzten Wortes in der Hauptverhandlung erster Privatklage-Instanz Widerklage erheben und damit die Bestrafung des Privatklägers beantragen, wenn er von diesem gleichfalls durch eine Straftat verletzt worden ist, die im Wege der Privatklage verfolgt werden kann und mit der den Gegenstand der Klage bildenden Straftat in Zusammenhang steht, wobei nicht der gleiche Lebenssachverhalt dafür erforderlich ist.[24] Dem Privatbeklagten steht damit die Möglichkeit einer aktiven Verteidigung offen.

46 Die Widerklage ist nur zulässig, wenn auch die Privatklage zulässig ist. Wird die Privatklage erst nach Erhebung der Widerklage unzulässig, bleibt die Widerklage dagegen zulässig und wird als selbstständige Privatklage behandelt.[25]

47 Nach § 388 Abs. 2 StPO kann auch Widerklage erhoben werden, wenn der Privatkläger nicht der Verletzte (§ 374 Abs. 2) ist. In diesem Fall kann der Beschuldigte die Widerklage gegen den Verletzten erheben. Es bedarf dann der Zustellung der Widerklage an den Verletzten und dessen Ladung zur Hauptverhandlung, sofern die Widerklage nicht in der Hauptverhandlung in Anwesenheit des Verletzten erhoben wird.

48 Nach § 388 Abs. 3 StPO ist über die Privatklage und Widerklage gleichzeitig zu erkennen.

49 Nach § 388 Abs. 4 StPO wirkt sich die Zurücknahme der Privatklage auf das Verfahren über die Widerklage nicht aus, d.h. sie bleibt weiter bestehen und wird nun zu einer selbstständigen Privatklage.

> § 388 StPO Widerklage
>
> (1) Hat der Verletzte die Privatklage erhoben, so kann der Beschuldigte bis zur Beendigung des letzten Wortes (§ 258 Abs. 2 Halbsatz 2) im ersten Rechtszug mittels einer Widerklage die Bestrafung des Klägers beantragen, wenn er von diesem gleichfalls durch eine Straftat verletzt worden ist, die im Wege der Privatklage verfolgt werden kann und mit der den Gegenstand der Klage bildenden Straftat in Zusammenhang steht.
>
> (2) Ist der Kläger nicht der Verletzte (§ 374 Abs. 2), so kann der Beschuldigte die Widerklage gegen den Verletzten erheben. In diesem Falle bedarf es der Zustellung der Wider-

24 BGHSt 17, 194, 197.
25 KMR-*Stöckel*, § 388 Rn 4.

klage an den Verletzten und dessen Ladung zur Hauptverhandlung, sofern die Widerklage nicht in der Hauptverhandlung in Anwesenheit des Verletzten erhoben wird.

(3) Über Klage und Widerklage ist gleichzeitig zu erkennen.

(4) Die Zurücknahme der Klage ist auf das Verfahren über die Widerklage ohne Einfluss.

E. Entscheidung über die Privatklage

50 Stellt das Gericht nach der Verhandlung im Privatklageverfahren fest, dass der Verfahrensgegenstand ein Offizialdelikt darstellt, so hat es gemäß § 389 Abs. 1 StPO das Privatklageverfahren durch Urteil einzustellen und dies gemäß § 389 Abs. 2 StPO der Staatsanwaltschaft mitzuteilen, damit diese die Einleitung eines Offizialverfahrens prüfen kann.

51 Anderenfalls, wenn der Privatkläger mit der Privatklage durchdringt, spricht es eine normale strafrechtliche Sanktion aus, die wie eine Strafe vollstreckt wird, die auf eine öffentliche Anklage erfolgte und auch in das Bundeszentralregister einzutragen ist.[26] In diesem Fall trägt der verurteilte Privatbeklagte die Kosten des Verfahrens und die notwendigen Auslagen des Privatklägers.

52 Wird die Privatklage abgelehnt, ist der Privatbeklagte freizusprechen. In diesem Fall trägt der Privatkläger die Kosten des Verfahrens und die notwendigen Auslagen des Privatbeklagten.

§ 389 StPO Einstellungsurteil

(1) Findet das Gericht nach verhandelter Sache, dass die für festgestellt zu erachtenden Tatsachen eine Straftat darstellen, auf die das in diesem Abschnitt vorgeschriebene Verfahren nicht anzuwenden ist, so hat es durch Urteil, das diese Tatsachen hervorheben muss, die Einstellung des Verfahrens auszusprechen.

(2) Die Verhandlungen sind in diesem Falle der Staatsanwaltschaft mitzuteilen.

F. Rechtsmittel

53 Nach § 390 Abs. 1 Satz 1 StPO stehen dem Privatkläger, wenn er mit seiner Privatklage nicht durchgedrungen ist, die Rechtsmittel zu, die ihm auch in einem Verfahren auf erhobene öffentliche Klage der Staatsanwaltschaft zustehen würden. Er

26 *Meyer-Goßner*, Rn 1 vor § 374.

kann damit Berufung oder Revision gegen das Urteil nach allgemeinen Grundsätzen einlegen.

54 Nach § 390 Abs. 1 S. 2 StPO gilt dies auch für einen Antrag auf Wiederaufnahme des Verfahrens in den Fällen des § 362 StPO, also nur zu Ungunsten des Privatbeklagten.

55 Auch ist nach § 390 Abs. 1 Satz 3 StPO die Vorschrift des § 301 StPO auf das Rechtsmittel des Privatklägers anzuwenden, d.h. das durch den Privatkläger angefochtene Urteil kann immer auch zugunsten des Privatbeklagten abgeändert werden.

56 Wurde der Privatbeklagte verurteilt, stehen ihm ebenfalls die Rechtsmittel zu, die ihm auch in dem Verfahren auf erhobene öffentliche Klage der Staatsanwaltschaft zustehen würden. Er kann damit Berufung oder Revision gegen das Urteil nach allgemeinen Grundsätzen einlegen.

> § 390 StPO Rechtsmittel des Privatklägers
>
> (1) Dem Privatkläger stehen die Rechtsmittel zu, die in dem Verfahren auf erhobene öffentliche Klage der Staatsanwaltschaft zustehen. Dasselbe gilt von dem Antrag auf Wiederaufnahme des Verfahrens in den Fällen des § 362. Die Vorschrift des § 301 ist auf das Rechtsmittel des Privatklägers anzuwenden.
>
> (2) Revisionsanträge und Anträge auf Wiederaufnahme des durch ein rechtskräftiges Urteil abgeschlossenen Verfahrens kann der Privatkläger nur mittels einer von einem Rechtsanwalt unterzeichneten Schrift anbringen.
>
> (3) Die in den §§ 320, 321 und 347 angeordnete Vorlage und Einsendung der Akten erfolgt wie im Verfahren auf erhobene öffentliche Klage an und durch die Staatsanwaltschaft. Die Zustellung der Berufungs- und Revisionsschriften an den Gegner des Beschwerdeführers wird durch die Geschäftsstelle bewirkt.
>
> (4) Die Vorschrift des § 379a über die Zahlung des Gebührenvorschusses und die Folgen nicht rechtzeitiger Zahlung gilt entsprechend.
>
> (5) Die Vorschrift des § 383 Abs. 2 Satz 1 und 2 über die Einstellung wegen Geringfügigkeit gilt auch im Berufungsverfahren. Der Beschluss ist nicht anfechtbar.

57 *Praxistipp: Privatklage*

Die Privatklage kann nach § 374 StPO nur durch die dort genannten Personen erhoben werden. Sie ist nach § 374 Abs. 1 StPO bei den dort – abschließend – genannten Delikten zulässig. Ist das Privatklagedelikt ein Antragsdelikt, was bei den meisten Privatklagedelikten der Fall ist, muss innerhalb der Strafantragsfrist von 3 Monaten rechtzeitig Strafantrag gestellt worden sein.

Das Privatklageverfahren ist erst nach einem sog. Sühneverfahren zulässig, es sei denn, das Sühneverfahren ist ausnahmsweise entbehrlich.

Die Privatklage ist zu Protokoll der Geschäftsstelle oder durch Einreichung einer Anklageschrift zu erheben, wobei die Privatklage den in § 200 Abs. 1 StPO bezeichneten Erfordernissen entsprechen muss.

Für die Privatklage kann Prozesskostenhilfe bewilligt werden.

§6 Nebenklage

A. Allgemeines

Im Rahmen der Nebenklage können die Opfer bestimmter Straftaten, die dem Gesetzgeber besonders schutzwürdig erscheinen, an einem Strafverfahren gegen den Täter aktiv teilnehmen und somit das Verfahrensergebnis beeinflussen. Ihnen werden dazu bestimmte Rechte im Verfahren eingeräumt. Den Opfern wird hierzu die Gelegenheit geschaffen, ihre persönlichen Interessen auf Genugtuung zu verfolgen.[1] Er kann dazu beitragen, dass das Verfahren nicht unbemerkt bzw. ungewollt täterfreundliche Tendenzen annimmt.[2] **1**

Der Nebenkläger ist ein Verfahrensbeteiligter, welcher mit besonderen Rechten ausgestattet ist, die ansonsten nur der Staatsanwaltschaft zustehen.[3] Er ist aber nicht Gehilfe der Staatsanwaltschaft.[4] Der Nebenkläger übt die ihm zustehenden Rechte damit völlig unabhängig von der Staatsanwaltschaft aus;[5] es besteht keine Weisungsgebundenheit. **2**

Die Rechte des Nebenklägers hat der Gesetzgeber immer wieder erweitert. Insbesondere sei hier auf das Opferrechtsreformgesetz von 2004 und das 2. Opferrechtsreformgesetz von 2009 hingewiesen. **3**

Der Nebenkläger, als Opfer einer Straftat, befindet sich meist in mindestens zwei Prozessrollen. Er ist zum Einen meist Zeuge und zum Anderen Nebenkläger. Als Zeuge ist er strafprozessuales Beweismittel. Hat er den Täter nicht gesehen, wird er als Zeuge immer noch über Art und Umfang seiner Verletzungen bzw. der Straftat berichten können. **4**

Als Nebenkläger stehen ihm z.B. ein eigenes Beweisantragsrecht, Fragerecht, Rechtsmittelrecht u.s.w. zu. **5**

Der Rechtsbeistand des Nebenklägers, der Nebenklägervertreter, muss seinen Mandanten auf diese beiden Rollen vorbereiten. Dies gilt insbesondere auch für mögliche Angriffe der Verteidigung des Täters auf den Nebenkläger, die dem Nebenkläger in der Zeugenrolle vorwerfen wird, die Zeugenaussage sei aufgrund ei- **6**

1 BGHSt 28, 272; OLG Karlsruhe NJW 1974, 658.
2 *Haupt/Weber*, Rn 273.
3 *Meyer-Goßner*, Vor § 395 Rn 2.
4 OLG Nürnberg AnwBl 1983, 466.
5 *Gollwitzer*, Festschrift für Schäfer, S. 66.

gener Interessen nicht unbeeinflusst. Dieses Problem stellt sich noch mehr, wenn das Opfer noch seinen Schaden gegenüber dem Täter in einem Adhäsionsverfahren geltend macht, da sich hier der Vorwurf der Verteidigung des Täters auch noch im Hinblick auf finanzielle Interessen des Opfers richten kann.

7 Die Interessen des Opfers selbst in einem Strafverfahren, an das es sich als Nebenkläger anschließt, können dabei sehr unterschiedlich sein. Manche Opfer möchten lediglich an dem Strafverfahren gegen den Täter teilnehmen, um so das Geschehene besser verarbeiten zu können, ohne weitere Interessen zu haben. Manche Opfer möchten erreichen, dass der Täter möglichst hart bestraft wird und für möglichst lange Zeit weggeschlossen wird. Manchen Opfern kommt es auch daneben oder auch insbesondere auf eine Entschädigung an, so dass das Adhäsionsverfahren für diese auch noch wichtig ist.

8 Die Kenntnis der Interessen des Opfers sind für den Nebenklägervertreter/Opferanwalt von entscheidender Bedeutung, um es adäquat vertreten zu können.

9 Dies gilt insbesondere, wenn die verschiedenen Interessen miteinander kollidieren können.

10 So dürfte häufig der Wunsch des Opfers auf eine möglichst lange Freiheitsstrafe (ohne Bewährung) mit dem Wunsch auf finanzielle Entschädigung kollidieren, da bei vielen Tätern der Schadensersatzanspruch des Opfers, mangels Leistungsfähigkeit beim Täter, nicht zu vollstrecken ist. Würde der Täter dagegen nur zu einer Bewährungsstrafe verurteilt, oder würde das Strafverfahren gegen den Täter nach § 153a StPO vorläufig eingestellt, könnte beides mit einer Schadensersatzzahlung an das Opfer verknüpft und davon abhängig gemacht werden. Leistet hier der Täter nicht, wird die Bewährungsstrafe widerrufen oder das Strafverfahren im Falle der Verfahrenseinstellung nach § 153a StPO fortgesetzt werden. Diese Überlegungen bieten sich allerdings lediglich an, wenn die zu verhängende Strafe sich in einem Bereich bewegt, in dem diese alternativen Möglichkeiten überhaupt bestehen.

11 Für die Vertretung des Nebenklägers gilt das Mehrfachverteidigungsverbot des § 146 StPO nicht, so dass ein Rechtsanwalt mehrere Nebenkläger gleichzeitig vertreten kann.[6]

6 LR-*Hilger*, § 397 Rn 6; *Meyer-Goßner*, § 397 Rn 5; OLG Düsseldorf, Beschl. v. 10.8.1999 – 3 Ws 393/99.

B. Nebenklage und andere Prozessrollen des Nebenklägers

Dass der Nebenkläger üblicherweise auch Zeuge ist, versteht sich von selbst. Ein Opfer einer Straftat wird zumindest über die erlittene Straftat und deren Folgen bekunden können. Dies gilt natürlich nur eingeschränkt, wenn die Nebenklage von den Eltern, Kindern, Geschwistern oder dem Ehegatten eines getöteten Opfers geführt wird. Der Zeuge kann damit, wie sich bereits aus § 397 Abs. 1 S. 1 StPO ergibt, Nebenkläger sein. **12**

Darüber hinaus ist es sogar zulässig, dass ein Mitangeklagter als Nebenkläger gegen den anderen Mitangeklagten auftritt,[7] es sei denn, die ihn zum Anschluss berechtigende Tat ist eine Tat, weswegen er auch angeklagt und die Anklage gegen ihn noch nicht erledigt ist.[8] Auch, dass der Nebenkläger selbst Tatverdächtiger ist oder war, ohne dass gegen ihn Anklage erhoben ist, steht der Nebenklage nicht entgegen.[9] **13**

Auch kann der Nebenkläger Sachverständiger sein.[10] Dies wird aber üblicherweise dazu führen, dass der Sachverständige, berechtigterweise, nach § 74 StPO wegen der Besorgnis der Befangenheit abgelehnt werden wird. Der Nebenkläger ist darauf hinzuweisen, dass er in seiner Rolle des Nebenklägers und seinem daraus resultierenden Anwesenheitsrecht eine Ladung zum Prozess erhält und dass diese Ladung aber nicht bedeutet, dass er am Prozess teilnehmen oder als Zeuge aussagen muss. Letzteres nur, wenn er auch als Zeuge vorgesehen und geladen wird. Dies ist insbesondere dann von Bedeutung, wenn das Opfer eigentlich nicht in der Hauptverhandlung aussagen muss, weil es z.B. schon vorher im Rahmen einer die Aussage in der Hauptverhandlung ersetzenden Bild-Ton-Aufzeichnung, die nunmehr in den Prozess eingeführt wird, vernommen worden ist, oder weil der Täter geständig ist. Oft denken und befürchten aber die Opfer, dass sie aufgrund einer Ladung des Gerichts als Nebenkläger auch erscheinen oder sogar aussagen müssen. Eine gute und umfassende Vorbereitung des Opfers auf den Prozess sollte daher eine diesbezügliche frühzeitige, d.h. vor Zugang der Ladung, Aufklärung des Opfers mit umfassen. **14**

7 BGH NJW 1978, 330.
8 BGH NJW 1978, 330.
9 *Meyer-Goßner*, Vor § 395 Rn 9.
10 BGH bei *Kirchhof*, GA 1954, 368.

C. Zulässigkeit der Nebenklage

15 Die Nebenklage ist selbstverständlich nach § 395 Abs. 1 StPO im normalen Strafverfahren zulässig.

> § 395 StPO Befugnis zum Anschluss als Nebenkläger
>
> (1) Der erhobenen öffentlichen Klage oder dem Antrag im Sicherungsverfahren kann sich mit der Nebenklage anschließen, wer ...

16 Im Verfahren gegen Jugendliche ist die Nebenklage seit dem Inkrafttreten des 2. Opferrechtsreformgesetzes zulässig, wenn die Tat ein in § 80 Abs. 3 JGG genanntes Verbrechen ist. § 80 Abs. 3 JGG gilt nur für den Anschluss als Nebenkläger bei Taten durch einen Jugendlichen, nicht jedoch für den Anschluss eines Jugendlichen.[11]

> § 80 JGG Privatklage und Nebenklage
>
> (1) (...)
>
> (2) (...)
>
> (3) Der erhobenen öffentlichen Klage kann sich als Nebenkläger nur anschließen, wer durch ein Verbrechen gegen das Leben, die körperliche Unversehrtheit oder die sexuelle Selbstbestimmung oder nach § 239 Abs. 3, § 239a oder § 239b des Strafgesetzbuchs, durch welches das Opfer seelisch oder körperlich schwer geschädigt oder einer solchen Gefahr ausgesetzt worden ist, oder durch ein Verbrechen nach § 251 des Strafgesetzbuchs, auch in Verbindung mit § 252 oder § 255 des Strafgesetzbuchs, verletzt worden ist. Im Übrigen gelten § 395 Absatz 2 Nummer 1, Absatz 4 und 5 und §§ 396 bis 402 der Strafprozessordnung entsprechend.

17 Sollte nicht feststehen, ob die Tat erfolgte als der Täter noch Jugendlicher war, ist der Anschluss statthaft.[12]

18 Gegen Heranwachsende ist die Nebenklage uneingeschränkt zulässig.

19 Trifft prozessual eine Jugend- mit einer Heranwachsendentat, welche nicht zum Katalog des § 80 Abs. 3 JGG gehört,[13] zusammen, ist die Nebenklage insgesamt unzulässig.[14]

11 *Brunner/Dölling*, § 80 JGG Rn 6.
12 BGH StraFo 2007, 502.
13 Hier besteht automatisch die Zulässigkeit der Nebenklage.
14 KG 2007, 44; OLG Hamburg StraFo 2006, 117.

20 In Verfahren gegen einen Erwachsenen oder Heranwachsenden, welche mit einem Verfahren gegen einen Jugendlichen verbunden sind, ist die Nebenklage zulässig.[15]

21 Die Nebenklage ist ferner nach § 395 Abs. 1 StPO zulässig im Sicherungsverfahren.[16] Nach dem Gesetzeswortlaut des § 80 Abs. 3 JGG besteht im Sicherungsverfahren gegen Jugendliche keine Anschlussmöglichkeit. Hier dürfte aber ein Redaktionsversehen des Gesetzgebers vorliegen, da es keinen sachlichen Grund für eine Differenzierung gibt.[17]

22 Übersicht: Zulässigkeit der Nebenklage

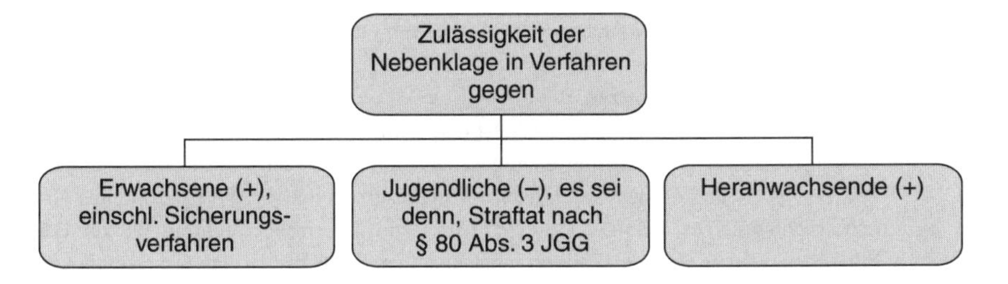

D. Prozessfähigkeit des Nebenklägers

23 Der Nebenkläger muss prozessfähig sein.

24 Ist der Nebenkläger nicht prozessfähig, benötigt er einen gesetzlichen Vertreter, der für ihn den Anschluss zur Nebenklage erklärt und die sich daraus ergebenden Rechte wahrnimmt.[18] Als Nebenkläger wird aber der Prozessunfähige und nicht der Vertreter zugelassen.[19]

25 Richtet sich das Nebenklageverfahren eines Kindes gegen einen Elternteil, muss ein Ergänzungspfleger bestellt werden.[20]

15 BGHSt 41, 288; BGH NJW 2003, 150, 152; BGH NJW 1995, 343; OLG Düsseldorf NStZ 1994, 299; LG Saarbrücken StraFo 2003, 172.
16 BGHSt 47, 202.
17 *Hinz*, JR 2007, 141.
18 BayObLG NJW 1956, 681.
19 BayObLG NJW 1956, 681.
20 OLG Stuttgart Justiz 1999, 348.

E. Anschlussberechtigung

26 Wer zum Anschluss zur Nebenklage berechtigt ist, ist in § 395 StPO geregelt. Danach sind die Opfer/Verletzte folgender Straftaten bzw. deren dort genannte nahe Angehörige zum Anschluss berechtigt:

> § 395 StPO Befugnis zum Anschluss
>
> (1) Der erhobenen öffentlichen Klage oder dem Antrag im Sicherungsverfahren kann sich mit der Nebenklage anschließen, wer verletzt ist durch eine rechtswidrige Tat nach
> 1. den §§ 174 bis 182 des Strafgesetzbuches,
> 2. den §§ 211 und 212 des Strafgesetzbuches, die versucht wurde,
> 3. den §§ 221, 223 bis 226 und 340 des Strafgesetzbuches,
> 4. den §§ 232 bis 238, 239 Absatz 3, §§ 239a, 239b und 240 Absatz 4 des Strafgesetzbuches,
> 5. § 4 des Gewaltschutzgesetzes,
> 6. § 142 des Patentgesetzes, § 25 des Gebrauchsmustergesetzes, § 10 des Halbleiterschutzgesetzes, § 39 des Sortenschutzgesetzes, den §§ 143 bis 144 des Markengesetzes, den §§ 51 und 65 des Geschmacksmustergesetzes, den §§ 106 bis 108b des Urheberrechtsgesetzes, § 33 des Gesetzes betreffend das Urheberrecht an Werken der bildenden Künste und der Photographie und den §§ 16 bis 19 des Gesetzes gegen den unlauteren Wettbewerb.
>
> (2) Die gleiche Befugnis steht Personen zu,
> 1. deren Kinder, Eltern, Geschwister, Ehegatten oder Lebenspartner durch eine rechtswidrige Tat getötet wurden oder
> 2. die durch einen Antrag auf gerichtliche Entscheidung (§ 172) die Erhebung der öffentlichen Klage herbeigeführt haben.
>
> (3) Wer durch eine andere rechtswidrige Tat, insbesondere nach den §§ 185 bis 189, 229, 244 Absatz 1 Nummer 3, §§ 249 bis 255 und 316a des Strafgesetzbuches, verletzt ist, kann sich der erhobenen öffentlichen Klage mit der Nebenklage anschließen, wenn dies aus besonderen Gründen, insbesondere wegen der schweren Folgen der Tat, zur Wahrnehmung seiner Interessen geboten erscheint.
>
> (4) Der Anschluss ist in jeder Lage des Verfahrens zulässig. Er kann nach ergangenem Urteil auch zur Einlegung von Rechtsmitteln geschehen.
>
> (5) Wird die Verfolgung nach § 154a beschränkt, so berührt dies nicht das Recht, sich der erhobenen öffentlichen Klage als Nebenkläger anzuschließen. Wird der Nebenkläger zum Verfahren zugelassen, entfällt eine Beschränkung nach § 154a Absatz 1 oder 2, soweit sie die Nebenklage betrifft.

27 Das Recht zum Anschluss als Nebenkläger steht zunächst dem durch die Straftat Verletzten zu. Verletzter ist, wer durch die Straftat in einem seiner Rechtsgüter beeinträchtigt worden ist.[21] Die Straftat muss – für die Anschlussberechtigung – lediglich tatbestandsmäßig und rechtswidrig begangen worden sein. Ob dies schuldhaft erfolgte, ist für die Anschlussberechtigung gleichgültig, da dies erst im Prozess festgestellt werden kann.

28 Ob bezüglich der Tat Täterschaft oder Teilnahme vorliegt, oder diese lediglich versucht ist, ist unbeachtlich.

29 Auch besteht die Anschlussbefugnis als Nebenkläger, wenn das Nebenklagedelikt in Tateinheit (§ 52 StGB) oder in Gesetzeskonkurrenz mit einer anderen Tat begangen wurde, die an sich nicht zum Anschluss berechtigt.[22] Hierbei ist auch unbeachtlich, wenn die Staatsanwaltschaft bei ihrer rechtlichen Beurteilung den Schwerpunkt der Vorwerfbarkeit auf das Delikt legt, welches an sich nicht zum Anschluss berechtigt.

30 Liegt ein Delikt vor, welches einen Strafantrag erfordert, bedarf es eines Strafantrages nicht, wenn die Staatsanwaltschaft unabhängig vom Strafantrag das öffentliche Interesse bejaht hat.[23]

31 Kann ein Delikt nur auf Antrag verfolgt werden, ist der Strafantrag auch für den Anschluss als Nebenkläger erforderlich.[24]

32 Der Antragsteller im Klageerzwingungsverfahren, d.h. wenn die Staatsanwaltschaft die Erhebung der öffentlichen Klage abgelehnt und nunmehr nach erfolgloser Beschwerde beim zuständigen Staatsanwalt und der Generalstaatsanwaltschaft beim Oberlandesgericht das Klagerzwingungsverfahren geführt wird, hat ein eigenständiges Anschlussrecht. Hierdurch soll der Gefahr entgegengewirkt werden, dass die Staatsanwaltschaft, in einem von ihr sowieso nicht gewollten gerichtlichen Verfahren, nur nachlässig agiert. Er kann den Anschluss schon im Verfahren erklären. Nach der Anordnung der Anklageerhebung durch das Oberlandesgericht ist die Anschlussberechtigung unproblematisch gegeben. Hat allerdings die Generalstaatsanwaltschaft die Anklage erhoben oder diese veranlasst, ist strittig, ob eine Anschlussberechtigung besteht.[25]

21 *Graf*, § 395 Rn 12.
22 BGHSt 33, 114, 115.
23 BGH NStZ 1992, 452.
24 OLG Frankfurt NJW 1991, 2036.
25 OLG München NStZ 1986, 376; OLG Frankfurt NJW 1979, 994.

33 Das Recht zum Anschluss besteht nur dann, wenn der Nebenkläger die Verurteilung des Täters erstrebt.[26]

34 Der Verletzte ist gemäß § 406h StPO von der Polizei, der Staatsanwaltschaft und durch das Gericht auf sein Recht zum Anschluss, wenn dieses nach § 395 StPO besteht, hinzuweisen. Dies gilt auch für die Möglichkeit auf Heranziehung und Bestellung eines Beistandes nach § 397a StPO.

35 Übersicht:[27] Straftaten nach 395 Abs. 1 StPO

§ 395 Abs. 1 Nr.	Vorschrift/ Umschreibung	Tatbezeichnung
1	174 StGB	Sexueller Missbrauch von Schutzbefohlenen
1	174a StGB	Sexueller Missbrauch von Gefangenen, behördlich Verwahrten oder Kranken und Hilfsbedürftigen in Einrichtungen
1	174b StGB	Sexueller Missbrauch unter Ausnutzung einer Amtsstellung
1	174c StGB	Sexueller Missbrauch unter Ausnutzung eines Beratungs-, Behandlungs- oder Betreuungsverhältnisses
1	176 StGB	Sexueller Missbrauch von Kindern
1	176a StGB	Schwerer sexueller Missbrauch von Kindern
1	176b StGB	Sexueller Missbrauch von Kindern mit Todesfolge
1	177 StGB	Sexuelle Nötigung; Vergewaltigung
1	178 StGB	Sexuelle Nötigung und Vergewaltigung mit Todesfolge
1	179 StGB	Sexueller Missbrauch widerstandsunfähiger Personen
1	180 StGB	Förderung sexueller Handlungen Minderjähriger
1	180a StGB	Ausbeutung von Prostituierten

26 OLG Schleswig NStZ-RR 2000, 270.

27 Die Tabelle bezeichnet lediglich die in der Vorschrift genannten Tatbestände. Aufgrund der Formulierung der Vorschrift kann es zu einer eingeschränkten oder erweiterten Anwendung des Tatbestandes führen.

§ 395 Abs. 1 Nr.	Vorschrift/ Umschreibung	Tatbezeichnung
1	181a StGB	Zuhälterei
1	182 StGB	Sexueller Missbrauch von Jugendlichen
2	211 StGB	Mord
2	212 StGB	Totschlag
3	221 StGB	Aussetzung
3	223 StGB	Körperverletzung
3	224 StGB	Gefährliche Körperverletzung
3	225 StGB	Misshandlung von Schutzbefohlenen
3	226 StGB	Schwere Körperverletzung
3	340 StGB	Körperverletzung im Amt
4	232 StGB	Menschenhandel zum Zweck der sexuellen Ausbeutung
4	233 StGB	Menschenhandel zum Zweck der Ausbeutung der Arbeitskraft
4	233a StGB	Förderung des Menschenhandels
4	234 StGB	Menschenraub
4	234a StGB	Verschleppung
4	235 StGB	Entziehung Minderjähriger
4	236 StGB	Kinderhandel
4	238 StGB	Nachstellung
4	239 Abs. 3 StGB	Freiheitsberaubung
4	239a StGB	Erpresserischer Menschenraub
4	239b StGB	Geiselnahme
4	240 Abs. 4 StGB	Nötigung
5	4 GewSchG	Strafvorschriften
6	142 PatG	
6	25 GebrMG	
6	10 HalblSchG	Strafvorschriften
6	39 SortenschutzG	Strafvorschriften
6	143 MarkenG	Strafbare Kennzeichenverletzung
6	143a MarkenG	Strafbare Verletzung der Gemeinschaftsmarke
6	144 MarkenG	Strafbare Benutzung geographischer Herkunftsangaben
6	51 GeschmMG	Strafvorschriften

§ 395 Abs. 1 Nr.	Vorschrift/ Umschreibung	Tatbezeichnung
6	65 GeschmMG	Strafbare Verletzung eines Gemeinschaftsgeschmacksmusters
6	106 UrhG	Unerlaubte Verwertung urheberrechtlich geschützter Werke
6	107 UrhG	Unzulässiges Anbringen der Urheberbezeichnung
6	108 UrhG	Unerlaubte Eingriffe in verwandte Schutzrechte
6	108a UrhG	Gewerbsmäßige unerlaubte Verwertung
6	108b UrhG	Unerlaubte Eingriffe in technische Schutzmaßnahmen und zur Rechtewahrnehmung erforderliche Informationen
6	33 KunstUrhG	
6	16 UWG	Strafbare Werbung
6	17 UWG	Verrat von Geschäfts- und Betriebsgeheimnissen
6	18 UWG	Verwertung von Vorlagen
6	19 UWG	Verleiten und Erbieten zum Verrat

36 Nach § 395 Abs. 2 Nr. 1 StPO steht die Anschlussbefugnis auch Personen zu, deren Kinder, Eltern, Geschwister, Ehegatten oder Lebenspartner durch eine rechtswidrige Tat getötet wurden. Die rechtswidrige Tat, durch die das Opfer getötet wurde, muss nicht lediglich eine Straftat gegen das Leben nach §§ 211, 212 StGB sein. Unter § 395 Abs. 2 Nr. 1 StPO fallen auch Taten, die den Tötungserfolg qualifizieren,[28] wenn die Voraussetzungen des § 18 StGB vorliegen,[29] ohne dass es darauf ankäme, dass der Tötungserfolg vorsätzlich oder fahrlässig herbeigeführt worden ist. Damit kommt eine Nebenklageberechtigung von Hinterbliebenen eines durch eine Straftat nach §§ 176b, 178, 221 Abs. 2, 227, 239 Abs. 2, 251, 306c StGB in Betracht.[30]

37 Nach § 395 Abs. 2 Nr. 2 StPO steht die Anschlussbefugnis Personen zu, die durch einen Antrag auf gerichtliche Entscheidung (§ 172 StPO) die Erhebung der öffentlichen Klage herbeigeführt haben.

28 BGHSt 44, 97, 99; BGH NJW 2008, 2199.

29 *Meyer-Goßner*, § 395 Rn 7.

30 *Graf*, § 395 Rn 14.

38 Nach § 395 Abs. 3 StPO steht die Anschlussberechtigung Personen zu, die durch folgende Straftaten verletzt wurden und wenn dies aus besonderen Gründen, insbesondere wegen der schweren Folgen der Tat, zur Wahrnehmung ihrer Interessen geboten erscheint:

39 Übersicht:[31] Straftaten nach 395 Abs. 3 StPO

Vorschrift/Umschreibung	Tatbezeichnung
185 StGB	Beleidigung
186 StGB	Üble Nachrede
187 StGB	Verleumdung
188 StGB	Üble Nachrede und Verleumdung gegen Personen des politischen Lebens
189 StGB	Verunglimpfung des Andenkens Verstorbener
229 StGB	Fahrlässige Körperverletzung
244 Abs. 1 Nr. 3 StGB	Diebstahl mit Waffen; Bandendiebstahl; Wohnungseinbruchdiebstahl
249 StGB	Raub
250 StGB	Schwerer Raub
251 StGB	Raub mit Todesfolge
252 StGB	Räuberischer Diebstahl
253 StGB	Erpressung
255 StGB	Räuberische Erpressung
316a StGB	Räuberischer Angriff auf Kraftfahrer

40 Bei der Frage, ob besondere Gründe vorliegen, ist maßgeblich auf die Schwere der Tatfolgen für das Opfer abzustellen.

41 Besondere Gründe liegen hier vor, wenn schwere Folgen der Tat vorliegen, also beim Verletzten der körperliche oder seelische Schaden mit einer gewissen Erheblichkeit eingetreten oder zu erwarten ist. Hier kommen u.a. besondere Gesundheitsschädigungen, Traumatisierungen oder Schockerlebnisse in Betracht. Auch können die besonderen Gründe in der Abwehr besonderer Schuldzuweisungen liegen.[32] Bei der Frage, ob besondere Gründe vorliegen, ist allerdings die Gesamtsituation des Opfers maßgebend.

31 Die Tabelle bezeichnet lediglich die in der Vorschrift genannten Tatbestände. Aufgrund der Formulierung der Vorschrift kann es zu einer eingeschränkten oder erweiterten Anwendung des Tatbestandes führen.

32 LR-*Hilger*, § 395 Rn 18.

F. Anschlusserklärung

I. Form

42 Nach § 396 Abs. 1 Satz 1 StPO ist die Anschlusserklärung schriftlich abzugeben. Wirksam ist aber auch eine Anschlusserklärung zu Protokoll der Geschäftsstelle oder per Telefax. Sie kann auch in der Hauptverhandlung zu Protokoll erklärt werden.[33]

43 Für die Anschlusserklärung ist die Vertretung nach allgemeinen Grundsätzen zulässig. Allein eine Vertretungsanzeige eines Rechtsanwalts, dass er einen Nebenklageberechtigten vertritt, stellt noch keine Anschlusserklärung i.S.d. § 396 StPO dar.[34]

> § 396 StPO Anschlusserklärung
>
> (1) Die Anschlusserklärung ist bei dem Gericht schriftlich einzureichen. Eine vor Erhebung der öffentlichen Klage bei der Staatsanwaltschaft oder dem Gericht eingegangene Anschlusserklärung wird mit der Erhebung der öffentlichen Klage wirksam. Im Verfahren bei Strafbefehlen wird der Anschluss wirksam, wenn Termin zur Hauptverhandlung anberaumt (§ 408 Abs. 3 Satz 2, § 411 Abs. 1) oder der Antrag auf Erlass eines Strafbefehls abgelehnt worden ist.
>
> (2) Das Gericht entscheidet über die Berechtigung zum Anschluss als Nebenkläger nach Anhörung der Staatsanwaltschaft. In den Fällen des § 395 Abs. 3 entscheidet es nach Anhörung auch des Angeschuldigten darüber, ob der Anschluss aus den dort genannten Gründen geboten ist; diese Entscheidung ist unanfechtbar.
>
> (3) Erwägt das Gericht, das Verfahren nach § 153 Abs. 2, § 153a Abs. 2, § 153b Abs. 2 oder § 154 Abs. 2 einzustellen, so entscheidet es zunächst über die Berechtigung zum Anschluss.

II. Frist

44 Dem Antragsteller steht es grundsätzlich frei, wann er die Anschlusserklärung abgibt. Sie kann auch noch im Rechtsmittelverfahren abgegeben werden. Nach Rechtskraft des Urteils kann die Nebenklage nicht mehr zugelassen werden.[35] Dies gilt selbst, wenn die Anschlusserklärung früher erfolgt ist.[36]

33 *Meyer-Goßner*, § 396 Rn 2.
34 OLG Celle NdsRpfl 1959, 165.
35 BGH NStZ-RR 1997, 136.
36 OLG Hamm NStZ-RR 2003, 335.

III. Inhalt

45 Der Nebenklageberechtigte muss in seiner Anschlusserklärung deutlich zum Ausdruck bringen, dass er einen Anschluss als Nebenkläger, im Hinblick auf entweder den kompletten Inhalt der Anklageschrift oder bezüglich welcher Delikte und Tatkomplexe, begehrt. Letzteres gilt insbesondere, wenn die Anklage auch nicht-nebenklagefähige Delikte oder mehrere Angeklagte enthält oder wegen § 80 Abs. 3 JGG[37] sich auch gegen einen Jugendlichen und einen Heranwachsenden oder Erwachsenen richtet.

46 Der Anschlussberechtigte muss klar zum Ausdruck bringen, dass er sich dem Verfahren als Nebenkläger anschließt. Bloße Meldungen zur Akte als Nebenkläger oder ein Akteneinsichtsgesuch im Hinblick auf die Nebenklage reicht nicht. Es sollte daher immer die Formulierung „Anschluss als Nebenkläger" verwendet werden.

Muster: Anschlusserklärung und Zulassungsantrag 47

An das

Amtsgericht/Landgericht ( )

In dem Strafverfahren

gegen ( )

AZ: ( )

zeige ich die Vertretung von ( ) an.

Dieser schließt sich dem Verfahren als Nebenkläger an.

Es wird beantragt, die Nebenklage zuzulassen.

Rechtsanwalt

▲

▼

Muster: Anschlusserklärung, Zulassungsantrag und Beiordnungsantrag 48

An die/das

Staatsanwaltschaft/Gericht ( )

In dem Ermittlungsverfahren/Strafverfahren

37 Vgl. oben Rn 16.

gegen ( )

AZ: ( )

schließt sich die durch die Straftat Verletzte ( ) dem Strafverfahren als Nebenklägerin an.

Es wird beantragt,

die Nebenklage zuzulassen

den Unterzeichner Frau ( ) als Beistand gemäß § 397a Abs. 1 StPO beizuordnen.

Begründung:

Ausweislich der Ermittlungsakte/Anklageschrift wurde Frau ( ) durch den Beschuldigten/Angeschuldigten am ( ) in ( ) vergewaltigt. Gemäß § 395 Abs. 1 Nr. 1 StPO berechtigt dies zur Nebenklage. Außerdem ist Frau ( )nach § 397a Abs. 1 Nr. 1 StPO ein Beistand – ohne Prüfung ihrer finanziellen Verhältnisse – beizuordnen.

Rechtsanwalt

▲
▼

49 Muster: Anschlusserklärung durch Einlegen eines Rechtsmittels

An das

Amtsgericht/Landgericht ( )

In der Strafsache

gegen ( )

AZ: ( )

zeige ich unter Vorlage auf mich lautender Vollmacht an, dass ich ( ) vertrete.

( ) schließt sich dem Verfahren gegen ( ) als

Nebenkläger

an.

Es wird beantragt, die Nebenklage zuzulassen.

Gegen das am ( ) verkündete Urteil des Landgerichtes ( ) wird hiermit namens und in Vollmacht meines Mandanten

Revision

eingelegt.

Es wird beantragt, mir das Protokoll der Hauptverhandlung noch vor Zustellung des Urteils, spätestens aber gemeinsam mit diesem, zu übersenden und mir umfassende Akteneinsicht zu gewähren.

Außerdem wird beantragt, mich der Nebenklägerin als Beistand gemäß § 397a Abs. 1 Nr. 2 StPO beizuordnen.

Rechtsanwalt

IV. Adressat

Die Anschlusserklärung ist nach § 396 Abs. 1 Satz 1 StPO gegenüber dem Gericht abzugeben. Das Gericht ist das Gericht, welches über die Anschlusserklärung zu entscheiden hat oder mit der Sache befasst ist, z.B. das Rechtsmittelgericht im Falle eines Berufungsverfahrens. Die Anschlusserklärung kann auch schon im Ermittlungsverfahren gegenüber der Staatsanwaltschaft abgegeben werden, vgl. § 396 Abs. 1 Satz 2 StPO. Hier entfaltet sie aber noch keine Wirkung. **50**

V. Wirksamkeit

Die Wirksamkeit der Anschlusserklärung hängt davon ab, wann sie erklärt worden ist. Wurde sie bereits im Ermittlungsverfahren gegenüber der Staatsanwaltschaft erklärt, hatte sie zunächst keine Wirksamkeit entfaltet. Hier wird die Anschlusserklärung nach § 396 Abs. 1 Satz 2 StPO mit Erhebung der öffentlichen Klage, also wenn die Akten mit Anklage und Anschlusserklärung bei Gericht eingehen, wirksam.[38] **51**

Erhebt bei einer im Ermittlungsverfahren abgegebenen Anschlusserklärung die Staatsanwaltschaft keine Anklage, sondern beantragt einen Strafbefehl, der dann vom Gericht erlassen wird, wird die Anschlusserklärung nach § 396 Abs. 1 Satz 3 StPO wirksam, wenn, bzw. sobald das Gericht nach einem eventuellen Einspruch gegen den Strafbefehl Termin zur Hauptverhandlung bestimmt. **52**

Wird der Strafbefehl antragsgemäß erlassen und nicht mit dem Einspruch angefochten, ist die Anschlusserklärung gegenstandslos, ohne dass es einer weiteren gerichtlichen Entscheidung darüber bedarf.[39] **53**

38 OLG Hamm JMBlNW 1963, 165.

39 LG Heidelberg NJW 1967, 2420.

54 Erhebt bei einer im Ermittlungsverfahren abgegebenen Anschlusserklärung die Staatsanwaltschaft keine Anklage, sondern beantragt einen Strafbefehl, wird die Anschlusserklärung nach § 396 Abs. 1 Satz 3 StPO wirksam, wenn, bzw. sobald das Gericht den Antrag auf Erlass eines Strafbefehls ablehnt.

55 Will das Gericht nach einem Einspruch gegen den Strafbefehl das Verfahren nach §§ 153 Abs. 2 StPO oder 153a Abs. 2 StPO einstellen, hat es zuerst über den Anschluss zu entscheiden.[40]

56 Eine gegenüber dem Gericht abgegebene Anschlusserklärung wird sofort wirksam.

G. Zulassung der Nebenklage

I. Entscheidung des Gerichts

57 Nach § 396 Abs. 2 Satz 1 StPO entscheidet das Gericht nach Anhörung der Staatsanwaltschaft über die Zulassung des Nebenklägers. Nach § 396 Abs. 2 Satz 2 StPO ist der Angeklagte nur in den Fällen der § 395 Abs. 3 StPO, d.h. wenn die Berechtigung zum Anschluss als Nebenkläger aus besonderen Gründen, insbesondere wegen der schweren Folgen der Tat, zur Wahrnehmung seiner Interessen geboten erscheint, vorher anzuhören.

58 Über den Zulassungsantrag entscheidet das Gericht, bei dem sich das Verfahren befindet, also ggf., auch das Rechtsmittelgericht. Erfolgte der Anschluss als Nebenkläger zur Einlegung eines Rechtsmittels, so ist für die Zulassung der Nebenklage lediglich das Rechtsmittelgericht zuständig.[41] Eine Zulassung durch das Gericht, welches die angefochtene Entscheidung erlassen hat, ist unbeachtlich.[42]

59 Da das Gericht entscheidet, entscheidet nicht der Vorsitzende alleine. Entscheidet dieser dennoch alleine, ist seine Entscheidung zwar anfechtbar, aber nicht von vornherein nichtig.[43]

60 Für die durch das Gericht zu treffende Entscheidung über die Zulassung der Nebenklage, prüft das Gericht im Rahmen der Zulässigkeit des Zulassungsantrags, ob der Antragsteller zum Personenkreis des § 395 StPO gehört. Zudem prüft das Gericht, ob der Antragsteller prozessfähig ist oder eines Vertreters bedarf. Auch ist zu

40 AnwK-StPO/*Böttger*, § 396 Rn 4; LG Köln DAR 1984, 776.
41 BayObLG GA 1971, 22.
42 BayObLG GA 1971, 22.
43 BGH MDR 1969, 360.

prüfen, ob der Antrag begründet ist, also ob eine gewisse rechtliche Möglichkeit besteht, dass der Angeklagte wegen des Nebenklagedelikts später verurteilt wird.[44] Ergibt sich das Nebenklagedelikt aus § 395 Abs. 3 StPO, hat das Gericht ferner zu prüfen, ob die besonderen Gründe, insbesondere wegen der schweren Folgen der Tat, die zur Wahrnehmung der Interessen des Nebenklägers vorliegen müssen, gegeben sind.

61 Hält das Gericht die Nebenklagevoraussetzungen für gegeben, erlässt es den Zulassungsbeschluss. Dieser erwächst nicht in Rechtskraft, so dass er jederzeit aufgrund veränderter Sach- oder Rechtslage angepasst werden kann, insbesondere, wenn die Voraussetzungen für die Nebenklage entfallen oder hinzutreten.

62 Der Zulassungsbeschluss hat nur deklaratorische Bedeutung, d.h. die besondere Stellung als Nebenkläger wird nicht erst durch den Zulassungsbeschluss, sondern bereits durch die Anschlusserklärung selbst, begründet.[45] Dies hat zur Folge, dass ein fehlerhafter Beschluss einen an sich nicht zur Nebenklage Berechtigten nicht zum Nebenkläger macht.[46]

63 Die Zulassung kann auch ohne Zulassungsbeschluss stillschweigend erfolgen, wenn der Nebenklageberechtigte, nach seiner Anschlusserklärung im Verfahren durch das Gericht, als Nebenkläger behandelt wird.[47]

64 Wurde der Anschluss als Nebenkläger rechtzeitig erklärt, erfolgte aber keine Zulassung, kann ein Zulassungsbeschluss auch noch nach endgültiger Einstellung des Verfahrens,[48] z.B. nach § 153a StPO, oder nach rechtskräftigem Abschluss des Verfahrens,[49] ergehen, sofern sich die Anschlussberechtigung nicht aus § 395 Abs. 3 StPO ergibt, da hier eine nachträgliche Prüfung der besonderen Zulassungsvoraussetzungen nicht mehr möglich ist.[50]

65 Verneint das Gericht die Zulassungsvoraussetzungen der Nebenklage, lässt es sie nicht zu. Die Nichtzulassung erwächst auch nicht in Bestandskraft,[51] so dass der Nebenklageberechtigte nicht daran gehindert ist, erneut einen Antrag auf Zulassung, ggf. mit neuem Vorbringen, zu stellen.

44 BGH NStZ-RR 2002, 340.
45 BGHSt 41, 288, 289.
46 BGH NStZ-RR 2001, 135.
47 OLG DüsseldorfE Nr. 5 zu § 379a.
48 LG Hanau JurBüro 1987, 393.
49 LG Kaiserslautern NJW 1957, 1120.
50 OLG Düsseldorf NStZ-RR 1997, 11.
51 BGHSt 41, 288, 289.

II. Rechtsmittel gegen die Nichtzulassung

66 Hat das Gericht die Zulassung der Nebenklage abgelehnt, kann der Antragsteller die Nichtzulassung mit der Beschwerde nach § 304 StPO anfechten, es sei denn, die Nichtzulassung betrifft die Fälle des § 395 Abs. 3 StPO. Die Anfechtung mit der Beschwerde ist auch nicht nach § 305 Abs. 1 StPO ausgeschlossen, da die Zulassungsentscheidung keine Entscheidung ist, die der Urteilsfällung vorausgeht.[52]

67 Mit der gleichen Begründung steht dem Angeklagten das Rechtsmittel der Beschwerde gegen die Zulassung der Nebenklage zu.

68 Die Beschwerde ist bei dem Gericht einzulegen, dessen Entscheidung angefochten wird. Sie muss nicht innerhalb einer bestimmten Frist erhoben werden.

69 Im Falle einer Anschlussbefugnis nach § 395 Abs. 3 StPO ist die gerichtliche Entscheidung über die Zulassung der Nebenklage nach § 396 Abs. 2 Satz 2 StPO unanfechtbar.

70 Der nicht zugelassene Nebenkläger kann auch Revision gegen das Urteil gegen den Angeklagten einlegen, mit der Begründung, die Nebenklage sei nicht zugelassen worden. Hier prüft das Revisionsgericht eigenständig die Anschlussbefugnis. Das Urteil ist im Falle einer gegebenen Anschlussbefugnis nur rechtsfehlerhaft, wenn es auf der fehlerhaften Nichtzulassung beruht. Dies ist anzunehmen, wenn nicht auszuschließen ist, dass der zugelassene Nebenkläger weitere Tatsachen oder Beweismittel hätte zum Verfahren beisteuern können, die für den Verfahrensausgang, insbesondere den Schuldspruch, wesentliche Bedeutung gehabt hätten.[53] Wurde die Nebenklage im Hinblick auf eine Anschlussbefugnis aus § 395 Abs. 3 StPO nicht zugelassen, ist dies revisionsrechtlich nicht überprüfbar.[54] Ein erneuter Antrag auf Zulassung im Hinblick auf § 395 Abs. 3 StPO ist im Revisionsverfahren nicht möglich.[55]

71 **Muster: Beschwerde gegen die Nichtzulassung der Nebenklage**

An das

Amtsgericht/Landgericht ( )

52 BayObLGSt 1953, 64; OLG Frankfurt NJW 1967, 2075.
53 BGH NStZ 1999, 259.
54 Vgl. § 336 S. 2 StPO.
55 OLG Düsseldorf NStZ 1994, 49.

In der Strafsache

gegen ( )

AZ: ( )

wird gegen den Beschluss des Amtsgerichtes ( ) vom ( ), mit dem die Zulassung der Nebenklage meines Mandanten abgelehnt wurde,

Beschwerde

eingelegt.

Es wird beantragt, die Nebenklage zuzulassen.

Begründung:

Der Beschwerdeführer wurde durch den Beschuldigten verletzt. Dem Beschuldigten wird daher eine Körperverletzung nach § 223 StGB zur Last gelegt.

Das Amtsgericht ( ) hat in seinem Nichtzulassungsbeschluss die Zulassung der Nebenklage unzutreffend abgelehnt, mit der Begründung, bei § 223 StGB handele es sich nicht um ein Nebenklagedelikt.

Dies ist unzutreffend.

Bei dem angeklagten Delikt handelt es sich um ein Delikt i.S.d. § 395 Abs. 1 Nr. 3 StPO.

Rechtsanwalt

▲

III. Widerruf, Verzicht, Erlöschen durch Tod

72 Der Nebenkläger kann jederzeit seine Anschlusserklärung rückgängig machen, d.h. widerrufen. Dieser hat in derselben Form zu erfolgen, wie der Anschluss. Da der Widerruf bedingungsfeindlich ist, kann er nicht an Bedingungen geknüpft werden.

73 Nach einem Widerruf kann der Nebenklageberechtigte wieder erneut den Anschluss als Nebenkläger erklären.[56] Der Widerruf entfaltet insofern keine Sperrwirkung.

74 Vom Widerruf ist der Verzicht zu unterscheiden. Wird auf den Anschluss als Nebenkläger, ggf. auch schon vor einer Anschlusserklärung, verzichtet, kann der Ne-

56 OLG Hamm NJW 1971, 394.

benklageberechtigte später sich nicht mehr erneut als Nebenkläger dem Verfahren anschließen.[57] Damit ist, für den Fall, dass nur der Widerruf einer bereits erfolgten Anschlusserklärung gewünscht ist, auf die genaue Formulierung des Widerrufs zu achten, nicht dass dieser als Verzicht ausgelegt werden könnte.

75 Der Widerruf braucht nicht die Zustimmung eines anderen Verfahrensbeteiligten.

76 Stirbt der Nebenkläger, wird seine abgegebene Anschlusserklärung nach § 402 StPO unwirksam. Die Erben des Nebenklägers sind nicht berechtigt, das Verfahren fortzuführen. § 393 Abs. 2 StPO soll nicht entsprechend gelten, auch nicht, wenn der Tod des Nebenklägers Folge der zur Nebenklage berechtigten Tat ist.[58] Der Bundesgerichtshof hat allerdings diese Frage bislang offen gelassen.[59]

77 Hatte ein Nebenkläger vor seinem Tod noch ein Rechtsmittel eingelegt, wird das Rechtsmittel damit hinfällig.[60]

H. Rechte des Nebenklägers

78 Die Rechte des Nebenklägers ergeben sich aus §§ 397 ff., 406d, 406e und 406g StPO. Nach § 406g StPO stehen dem an sich Nebenklageberechtigten, der sich aber nicht dem Verfahren als Nebenkläger angeschlossen hat, ebenfalls erweiterte Rechte zu. Der nicht nebenklageberechtigte Verletze einer Straftat hat hingegen nur die Rechte aus den §§ 406d, 406e, 406f und 406h StPO.

> § 397 StPO Rechte des Nebenklägers
>
> (1) Der Nebenkläger ist, auch wenn er als Zeuge vernommen werden soll, zur Anwesenheit in der Hauptverhandlung berechtigt. Er ist zur Hauptverhandlung zu laden; § 145a Absatz 2 Satz 1 und § 217 Absatz 1 und 3 gelten entsprechend. Die Befugnis zur Ablehnung eines Richters (§§ 24, 31) oder Sachverständigen (§ 74), das Fragerecht (§ 240 Absatz 2), das Recht zur Beanstandung von Anordnungen des Vorsitzenden (§ 238 Absatz 2) und von Fragen (§ 242), das Beweisantragsrecht (§ 244 Absatz 3 bis 6) sowie das Recht zur Abgabe von Erklärungen (§§ 257, 258) stehen auch dem Nebenkläger zu. Dieser ist, soweit gesetzlich nichts anderes bestimmt ist, im selben Umfang zuzuziehen und zu hören wie die Staatsanwaltschaft. Entscheidungen, die der Staatsanwaltschaft bekannt gemacht werden, sind auch dem Nebenkläger bekannt zu geben; § 145a Absatz 1 und 3 gilt entsprechend.

57 BGH NStZ-RR 1998, 305 f.

58 OLG Stuttgart NJW 1970, 822.

59 BGH NStZ 1997, 200.

60 BGH NStZ 1997, 49.

(2) Der Nebenkläger kann sich des Beistands eines Rechtsanwalts bedienen oder sich durch einen solchen vertreten lassen. Der Rechtsanwalt ist zur Anwesenheit in der Hauptverhandlung berechtigt. Er ist vom Termin der Hauptverhandlung zu benachrichtigen, wenn seine Wahl dem Gericht angezeigt oder er als Beistand bestellt wurde.

Übersicht: Rechte des Nebenklägers **79**

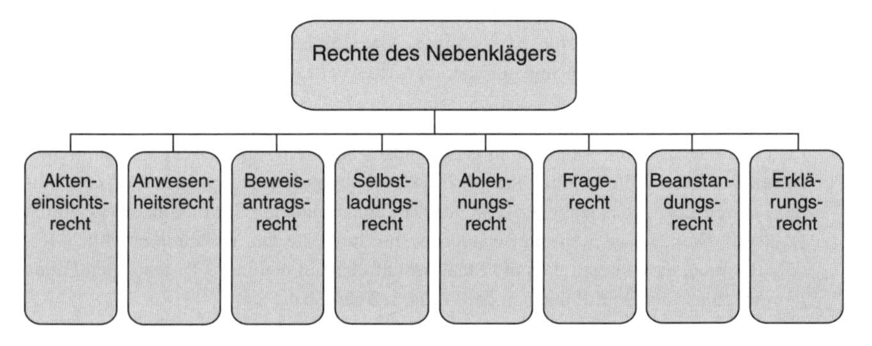

I. Akteneinsichtsrecht

80 Früher leitete sich das Akteneinsichtsrecht des Nebenklägers aus § 397 Abs. 1 Satz 2 i.V.m. § 385 Abs. 3 StPO ab.

81 Da nunmehr dieser Verweis in § 397 StPO gestrichen wurde, ergibt sich das Akteneinsichtsrecht des Nebenklägers, wie bei jedem Verletzten einer Straftat aus § 406e StPO. Nach § 406e Abs. 1 StPO muss er allerdings nicht wie ein normaler, d.h. nicht nebenklageberechtigter Verletzter, sein berechtigtes Interesse darlegen.

82 Dem nach § 395 StPO Nebenklageberechtigten, aber nicht beigetretenen Verletzten, steht ebenfalls, wie jedem Verletzten einer Straftat, nach § 406e StPO ein Akteneinsichtrecht zu. Er muss ebenfalls nicht wie ein normaler, d.h. nicht nebenklageberechtigter Verletzter, sein berechtigtes Interesse darlegen, § 406e StPO.

83 Das Akteneinsichtsrecht besteht im selben Umfang, wie das des Beschuldigten. Es umfasst damit den gesamten Akteninhalt.[61] Lediglich Umstände des Einzelfalls können Einschränkungen des Umfangs des Akteneinsichtsrechts begründen. Diese können sich zum Einen aus dem nur eingeschränkten berechtigten Interesse des Opfers selbst, oder aus den schutzwürdigen Interessen des Täters ergeben.[62] Der Nebenkläger kann sein Akteneinsichtsrecht allerdings nach § 406e Abs. 1 StPO nur

61 *Meyer-Goßner*, § 406e Rn 4.
62 *Hoffmann*, StRR 2007, 249, 252.

durch einen Rechtsanwalt ausüben. Dies gilt auch, wenn der Nebenkläger selbst Rechtsanwalt ist.[63]

§ 406e StPO Akteneinsicht

(1) Für den Verletzten kann ein Rechtsanwalt die Akten, die dem Gericht vorliegen oder diesem im Falle der Erhebung der öffentlichen Klage vorzulegen wären, einsehen sowie amtlich verwahrte Beweisstücke besichtigen, soweit er hierfür ein berechtigtes Interesse darlegt. In den in § 395 genannten Fällen bedarf es der Darlegung eines berechtigten Interesses nicht.

(2) Die Einsicht in die Akten ist zu versagen, soweit überwiegende schutzwürdige Interessen des Beschuldigten oder anderer Personen entgegenstehen. Sie kann versagt werden, soweit der Untersuchungszweck, auch in einem anderen Strafverfahren, gefährdet erscheint. Sie kann auch versagt werden, wenn durch sie das Verfahren erheblich verzögert würde, es sei denn, dass die Staatsanwaltschaft in den in § 395 genannten Fällen den Abschluss der Ermittlungen in den Akten vermerkt hat.

(3) Auf Antrag können dem Rechtsanwalt, soweit nicht wichtige Gründe entgegenstehen, die Akten mit Ausnahme der Beweisstücke in seine Geschäftsräume oder seine Wohnung mitgegeben werden. Die Entscheidung ist nicht anfechtbar.

(4) Über die Gewährung der Akteneinsicht entscheidet im vorbereitenden Verfahren und nach rechtskräftigem Abschluss des Verfahrens die Staatsanwaltschaft, im übrigen der Vorsitzende des mit der Sache befassten Gerichts. Gegen die Entscheidung der Staatsanwaltschaft nach Satz 1 kann gerichtliche Entscheidung durch das nach § 162 zuständige Gericht beantragt werden. Die §§ 297 bis 300, 302, 306 bis 309, 311a und 473a gelten entsprechend. Die Entscheidung des Gerichts ist unanfechtbar, solange die Ermittlungen noch nicht abgeschlossen sind. Diese Entscheidungen werden nicht mit Gründen versehen, soweit durch deren Offenlegung der Untersuchungszweck gefährdet werden könnte.

84 Damit hat der Nebenkläger Anspruch auf Akteneinsicht in die Akte(n), die auch dem Gericht vorliegt,[64] oder mit der Anklageerhebung durch die Staatsanwaltschaft vorzulegen ist. Insbesondere sei darauf hingewiesen, dass hierzu selbstverständlich auch der Bundeszentralregisterauszug des Angeklagten (BZR) gehört.[65] Bei der Vertretung eines Opfers, welches Opfer eines Täters wurde, der mehrere Taten zum Nachteil verschiedener Opfer begangen hat, die nunmehr alle in einem einheitlichen Verfahren nach Verbindung der Verfahren verhandelt werden sollen,

63 *Meyer-Goßner*, § 385 Rn 9.
64 OLG Schleswig SchlHA 1998, 175.
65 BVerfGE 62, 338.

stellt sich die Frage, ob das Opfer Anspruch auf Akteneinsicht in die gesamte Akte hat oder nur in die Verfahrensakte mit den Taten zu seinem Nachteil.

85 Dieses Problem stellt sich in der Praxis immer insbesondere dann, wenn das Verfahren nicht von Anfang an als ein einheitliches Verfahren geführt worden ist, sondern erst nach Verbindung der verschiedenen Verfahren zu Nachteil der jeweiligen Opfer zu einem Gesamtverfahren wurde.

86 Die Praxis zeigt, dass dies relativ oft vorkommt, wobei die Verbindung auch oft erst nach den Anklageerhebungen erfolgt.

87 In diesen Fällen muss auch die Grundregel gelten, wonach das Opfer im selben Umfang Anspruch auf Akteneinsicht wie der Beschuldigte hat. Bei einem einheitlichen Verfahren gegen mehrere Beschuldigte ist für die Akteneinsicht des einzelnen Beschuldigten anerkannt, dass der Beschuldigte ein Akteneinsichtsrecht in die gesamte Akte hat und dass einzelne Aktenteile, die nur einen Beschuldigten betreffen nicht davon ausgenommen sind. Dieser Grundsatz ist schon deswegen beim Akteneinsichtsrecht des Opfers anzuwenden, da sich z.B. in der Verfahrensakte gegen die Täter zum Nachteil eines anderen Opfers ein Gutachten befinden kann, welches nicht in dem anderen Verfahren eingeholt wurde und damit auch nicht in die diesbezügliche Ermittlungsakte gelangt ist. Auch können sich aus der/den Akte(n) zum Nachteil anderer Opfer Zusammenhänge ergeben, die in einer Gesamtschau für den Nachweis der einzelnen Taten oder für die Strafzumessung beachtlich sind. Der Nebenkläger kann ohne diese Informationen seine Rechte nicht vollständig und adäquat wahrnehmen. Auch hier können lediglich Umstände des Einzelfalls Einschränkungen des Umfangs des Akteneinsichtsrechts in die Ermittlungsakte des verbundenen Verfahrens begründen, die sich wiederum zum Einen aus dem dann nur eingeschränkten berechtigten Interesse des Opfers selbst, oder aus den schutzwürdigen Interessen des Täters ergeben können.

88 Wie lange Akteneinsicht zu gewähren ist, ist gesetzlich nicht geregelt. Es muss eine angemessene Frist zur Akteneinsicht gewährt werden. Diese hängt von den Umständen des Einzelfalls, insbesondere vom Umfang der Verfahrensakten ab.[66] Der Nebenkläger hat über seinen Rechtsanwalt das Recht, sämtliche dem Gericht vorliegenden Akten im Rahmen der Akteneinsicht zur Kenntnis zu nehmen. Vom Akteneinsichtsrecht werden somit auch Sonderbände, vom Gericht oder der Ermittlungsbehörde beigezogene Akten, Beweismittelordner, Tonbandaufnahmen und Videobänder umfasst. Bei umfangreich gewordenem Akteninhalt durch wei-

66 BGH wistra 2006, 24, 25.

tere Ermittlungen, muss die Akteneinsicht nochmals, d.h. also mehrmals, gewährt werden.[67]

89 Übersicht: Aktenbestandteile, die vom Akteneinsichtsrecht umfasst sind

- beigezogene Akten anderer Ermittlungsverfahren,[68]
- beigezogene Akten von Behörden,[69]
- Bundeszentralregisterauszug,[70]
- Computerausdrucke,
- Dateien,
- Datenprogramme,
- Ermittlungsakte,
- Haftvorgänge,[71]
- Spurenakten, soweit sie dem Gericht zur Kenntnis gebracht werden,[72]
- sonstige Aufzeichnungen, soweit nicht nur technische Hilfsmittel oder Arbeitsmittel.

II. Anwesenheitsrecht

90 Nach § 397 Abs. 1 Satz 1 StPO hat der Nebenkläger ein Anwesenheitsrecht während der gesamten Hauptverhandlung. Dies gilt selbst dann, wenn er noch als Zeuge vernommen werden soll. Damit gelten die Vorschriften, die die Anwesenheit von Zeugen beschränken (§§ 58 Abs. 1, 243 Abs. 2 StPO), für ihn nicht. Er muss also insbesondere der Hauptverhandlung nicht fern bleiben, solange er als Zeuge noch nicht vernommen worden ist.

91 Der Nebenkläger hat damit also auch das Recht während der Einlassung des Angeklagten zu Sache anwesend zu sein. In Verfahren, in denen es gerade auf die Glaubwürdigkeit des Nebenklägers als Zeugen ankommt, ist zu raten, dass der Nebenkläger während der Einlassung des Angeklagten den Sitzungssaal freiwillig verlässt, da sonst seine Anwesenheit und die Möglichkeit seine Aussage der Einlassung des Angeklagten anzupassen, im Rahmen der Glaubwürdigkeitsbeurteilung des Nebenklägers, als negativer Umstand gewertet werden kann.

67 OLG Hamburg JR 1966, 274.
68 OLG Schleswig StV 1989, 95.
69 BGHSt 30, 131.
70 BVerfGE 62, 338.
71 BGH NStZ 1991, 94.
72 OLG Koblenz NJW 1981, 1570.

92 Der Nebenkläger kann auch nicht nach § 247 StPO aus dem Gerichtssaal entfernt werden.[73]

93 Dagegen besteht für den Nebenkläger, in seiner Rolle als Nebenkläger, keine Anwesenheitspflicht, es sei denn, er soll als Zeuge vernommen werden und wurde zugleich als Zeuge geladen. In einer Berufungshauptverhandlung, die aufgrund der durch den Nebenkläger ausschließlich eingelegten Berufung stattfindet, kann allerdings das Gericht nach § 401 Abs. 3 Satz 1 StPO die Berufung verwerfen, wenn weder Nebenkläger, noch sein Rechtsanwalt erschienen ist.

III. Beweisantragsrecht

94 Nach § 397 Abs. 1 Satz 2 StPO steht dem Nebenkläger auch das Beweisantragsrecht nach § 244 Abs. 3–6 StPO zu, allerdings nur im Rahmen seiner Anschlussberechtigung. Er kann also selbst Beweisanträge stellen, welche allerdings in einem Zusammenhang mit dem Nebenklagedelikt stehen müssen. Dies ist nicht mehr der Fall, wenn der Angeklagte wegen mehrerer Taten angeklagt ist, darunter auch wegen eines oder mehreren Nicht-Nebenklagedelikten und der Beweisantrag des Nebenklägers gerade bezüglich der Nicht-Nebenklagedelikte gestellt wird.

§ 244 StPO Beweisaufnahme

(1) (...)

(2) (...)

(3) Ein Beweisantrag ist abzulehnen, wenn die Erhebung des Beweises unzulässig ist. Im übrigen darf ein Beweisantrag nur abgelehnt werden, wenn eine Beweiserhebung wegen Offenkundigkeit überflüssig ist, wenn die Tatsache, die bewiesen werden soll, für die Entscheidung ohne Bedeutung oder schon erwiesen ist, wenn das Beweismittel völlig ungeeignet oder wenn es unerreichbar ist, wenn der Antrag zum Zweck der Prozessverschleppung gestellt ist oder wenn eine erhebliche Behauptung, die zur Entlastung des Angeklagten bewiesen werden soll, so behandelt werden kann, als wäre die behauptete Tatsache wahr.

(4) Ein Beweisantrag auf Vernehmung eines Sachverständigen kann, soweit nichts anderes bestimmt ist, auch abgelehnt werden, wenn das Gericht selbst die erforderliche Sachkunde besitzt. Die Anhörung eines weiteren Sachverständigen kann auch dann abgelehnt werden, wenn durch das frühere Gutachten das Gegenteil der behaupteten Tatsache bereits erwiesen ist; dies gilt nicht, wenn die Sachkunde des früheren Gutachters zweifelhaft ist, wenn sein Gutachten von unzutreffenden tatsächlichen Voraussetzungen ausgeht,

73 *Gollwitzer*, Festschrift für Schäfer, S. 78.

wenn das Gutachten Widersprüche enthält oder wenn der neue Sachverständige über Forschungsmittel verfügt, die denen eines früheren Gutachters überlegen erscheinen.

(5) Ein Beweisantrag auf Einnahme eines Augenscheins kann abgelehnt werden, wenn der Augenschein nach dem pflichtgemäßen Ermessen des Gerichts zur Erforschung der Wahrheit nicht erforderlich ist. Unter derselben Voraussetzung kann auch ein Beweisantrag auf Vernehmung eines Zeugen abgelehnt werden, dessen Ladung im Ausland zu bewirken wäre.

(6) Die Ablehnung eines Beweisantrages bedarf eines Gerichtsbeschlusses.

95 Ein Beweisantrag ist immer mündlich in der Hauptverhandlung zu stellen, selbst wenn er außerhalb der Hauptverhandlung bereits mündlich oder schriftlich gestellt worden ist. Ein Beweisantrag ist nach § 273 Abs. 1 StPO durch den Protokollführer zu protokollieren.[74] Dies gilt allerdings nicht für die (mündliche) Begründung des Beweisantrages.[75] Dies bedeutet, dass das Gericht grundsätzlich den Nebenkläger nicht zwingen kann, den Beweisantrag in schriftlicher Form zu stellen.

96 Beweisanträge können bis zum Beginn der Urteilsverkündung noch gestellt werden.

97 Ein (zulässiger) Beweisantrag muss eine Beweisbehauptung und ein Beweismittel enthalten.

98 Übersicht: Beweisantrag

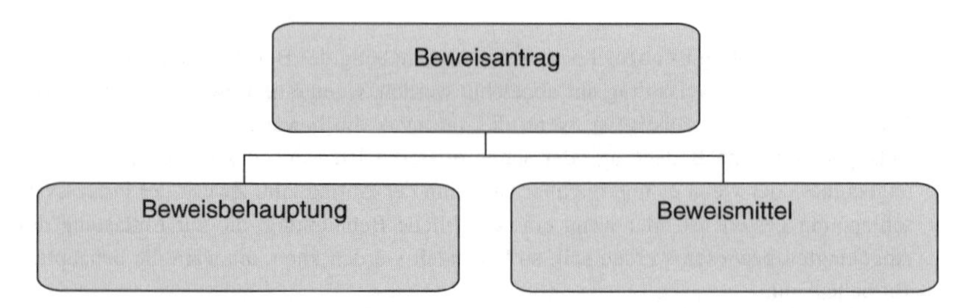

99 Als Beweisbehauptung kommt nur eine (oder mehrere) bestimmte Tatsache(n) in Betracht. Diese muss derart konkret dargestellt werden, dass das Gericht prüfen kann, ob ggf. ein Ablehnungsgrund vorliegt, so dass unter Umständen sogar auch eine schlagwortartige Umschreibung der unter Beweis zu stellenden Tatsache aus-

74 BGH MDR 1968, 552.
75 OLG Nürnberg MDR 1984, 74.

reichend ist.[76] Wertungen und Meinungen sind dagegen keine bestimmten Tatsachen, so dass hierüber eine Beweiserhebung nicht erfolgen kann.[77] Um doch Wertungen und Meinungen eines Zeugen einführen zu können, muss der Nebenkläger die entsprechenden Anknüpfungstatsachen benennen, die den Zeugen zu der von ihm dargetanen Wertung oder Meinung kommen ließen.[78] Gleiches gilt für von Zeugen vorzunehmende rechtliche Beurteilungen und Schlussfolgerungen. Auch hier hat der Nebenkläger, im Rahmen des Beweisantrages, die Anknüpfungstatsachen mitzuteilen. Die Fürsorgepflicht des Gerichtes kann es unter Umständen gebieten, dass es auf die Darlegung bzw. Substantiierung dieser Anknüpfungstatsachen hinwirkt.[79]

100 Im Rahmen eines Beweisantrages ist von einer Formulierung abzusehen, die beim Gericht Zweifel aufkommen lässt, ob sich der vorgetragene Sachverhalt nur möglicherweise ereignet haben kann, also „ob sich ein Sachverhalt ereignet hat“. Der unter Beweis gestellte Sachverhalt ist konkret vorzutragen, d.h. also, „dass sich der Sachverhalt so ereignet hat“.

101 Der Nebenkläger muss die von ihm vorgetragene Beweistatsache nicht positiv kennen. Hierzu ist er natürlich auch vielfach nicht in der Lage. Das sichere Wissen über die Beweisbehauptung ist nicht Voraussetzung für den Vortrag einer konkreten Beweistatsache. Ausreichend ist vielmehr, dass die unter Beweis gestellte Tatsache nur für möglich gehalten und im Rahmen der Beweiserhebung deren Bestätigung erhofft wird.[80] In Anlehnung hieran ist es selbstverständlich zulässig, dass im Rahmen des Beweisantrages die erhoffte Beweistatsache als sicher unter Beweis gestellt wird. Dies ist sogar gerade für den Vortrag einer konkreten Beweistatsache erforderlich. Unzulässig ist aber eine Beweisbehauptung ins „Blaue“ hinein. Hierbei handelt es sich nach der höchstrichterlichen Rechtsprechung um einen Scheinbeweisantrag, dem das Gericht, auch im Rahmen seiner Aufklärungspflicht, nicht nachgehen muss.[81] Vor Ablehnung des (Schein-)Beweisantrages muss das Gericht allerdings dem Nebenkläger einen entsprechenden Hinweis geben.[82]

102 Nach der herrschenden Meinung sind Fragen des Gerichts nach der Quelle des Wissens zulässig. Verweigert der Nebenkläger hierauf die Antwort, ist der Beweis-

76 BGHSt 1, 137.
77 BGH StV 1997, 77, 78.
78 BGH MDR 1979, 807.
79 BGH StV 1977, 77, 78.
80 BGHSt 21, 118, 121; OLG Köln StV 1999, 82 f.
81 BGH NJW 1997, 2762, 2764.
82 BGH NStZ 1996, 562.

antrag als Beweisermittlungsantrag durch das Gericht behandelbar.[83] Ausnahmen sollen nur zulässig sein, wenn sich die Beweisbehauptung auf einen Umstand bezieht, den der Nebenkläger nicht kennen kann.[84]

103 Neben der Angabe der Beweisbehauptung muss das Beweismittel, z.B. der Zeuge angegeben werden. Ausreichend für die Benennung des Zeugen ist, wenn er der Person nach individualisiert werden kann, also von anderen Personen eindeutig zu unterscheiden ist. Es genügt daher, wenn der konkrete Aufenthaltsort des Zeugen oder zumindest konkrete Tatsachen zu dessen Ermittlung mitgeteilt werden.[85] Es reicht z.B. schon aus, wenn eine weitere Kontaktperson benannt wird.[86]

104 Wird ein Auslandszeuge benannt, besteht für das Gericht eine Aufklärungspflicht, zumindest darüber, ob der Zeuge existiert und einen verfahrensrelevanten Beitrag leisten kann, wenn im Verfahren eine Aussage-gegen-Aussage-Situation besteht und mit dem benannten Auslandszeugen die Glaubhaftigkeit der Angaben des einzigen Entlastungszeugen widerlegt werden soll.[87] Bei Auslandszeugen i.S.d. § 244 Abs. 5 Satz 2 StPO kann das Gericht, vor einer Ladung des Zeugen, zunächst im Freibeweisverfahren klären, ob vom benannten Zeugen überhaupt eine sachdienliche Aussage zu erwarten ist.[88]

105 Zwischen Beweisbehauptung und Beweismittel muss eine Konnexität bestehen.[89]

106 Bei einem Beweisantrag auf Einholung eines Sachverständigengutachtens braucht kein bestimmtes Beweismittel, d.h. kein bestimmter Sachverständiger nach § 73 Abs. 1 StPO benannt zu werden.

107 Ein Sachverständigengutachten kann auch zu der Frage der Glaubwürdigkeit eines Zeugen in Frage kommen.

108 Die Beantwortung der Frage, ob ein Zeuge glaubwürdig ist oder nicht, ist die „ureigenste Aufgabe" des Gerichts.[90] Die Einholung eines Glaubwürdigkeitsgutachtens ist daher die Ausnahme und kommt nur in Betracht, wenn die Eigenart und besondere Gestaltung des Einzelfalles eine besondere Sachkunde vom Gericht ver-

83 BGH StV 1985, 311.
84 OLG Hamburg StV 1999, 81 f.
85 BGH-R StPO § 244 Abs. 6 Beweisantrag 40.
86 BGH StV 1989, 379.
87 LG Darmstadt StV 2007, 227 für den einzigen Belastungszeugen.
88 BGH NStZ 1995, 244.
89 BGH NStZ 1998, 97; BGHSt 40, 3.
90 BGH NJW 2005, 1671.

langt, die ein Richter normalerweise selbst auch dann nicht hat, wenn das Gericht über besondere forensische Erfahrung verfügt.[91] Ein derartiger Ausnahmefall, der die Einholung eines Glaubwürdigkeitsgutachtens gebietet, kann u.a. gegeben sein, wenn psychische Probleme beim Zeugen bestehen,[92] bei kindlichen Zeugen,[93] wenn die Frage der Auswirkung von Alkohol auf die Erinnerungsfähigkeit des Zeugen zu beurteilen ist,[94] unter Umständen bei wechselndem Aussageverhalten des Zeugen,[95] unter Umständen bei einer Aussage-gegen-Aussage-Situation,[96] bei einem hochgradig medikamentenabhängigen Zeugen[97] oder wenn die Erinnerungsfähigkeit des Zeugen, z.B. durch ein Schädel-Hirn-Trauma, eingeschränkt ist.[98] Der BGH legt in seinen Entscheidungen Altersgrenzen für kindliche Zeugen von 7 bis 13 Jahren[99] bzw. von 5 bis 13 Jahren[100] zu Grunde.

109 Bei der Einholung eines Glaubwürdigkeitsgutachtens ist wegen § 81c StPO die Einwilligung des Zeugen erforderlich.[101] Wird gegen die Belehrungspflicht in Bezug auf die Einwilligung verstoßen, kann dies zu einem Beweisverwertungsverbot führen.[102] Ein Beweisverwertungsverbot besteht allerdings dann nicht (mehr), wenn der Zeuge später in der Hauptverhandlung seine nachträgliche Einwilligung erteilt hat. Stimmt der Zeuge einer Exploration nicht zu, kann der Sachverständige sein Gutachten aus dem Inbegriff der Hauptverhandlung, also aufgrund dessen, was und wie der Zeuge in der Hauptverhandlung bekundet, erstatten.[103]

110 Der Bundesgerichtshof hat bereits 1999 für das Glaubwürdigkeitsgutachten Mindeststandards festgelegt.[104] 2004 hat das Bundesverfassungsgericht diese Mindeststandards für Prognosegutachten betreffend die Sicherungsverwahrung übertragen.[105] Diese müssen aber für alle Prognosegutachten gelten.[106] Sachverständigen-

91 BVerfG NJW 2003, 1443; BGH NStZ 2001, 105; BGHSt 45, 164.
92 BGH StV 1990, 8; BGH NStZ 1995, 558.
93 BGH NStZ 2001, 105; BGH NStZ 2005, 394.
94 BGH StV 2000, 665.
95 BGH NStZ 1992, 347.
96 BGH StV 1998, 116.
97 BGH NStZ 1991, 47.
98 BGH StV 1994, 634.
99 BGH NStZ 1990, 228.
100 BGH StV 1994, 173.
101 BGHSt 14, 21, 23.
102 BGH NStZ 1996, 275.
103 BGHSt 40, 336.
104 BGH NJW 1999, 2746.
105 BVerfG NJW 2004, 739.
106 *Tondorf*, Rn 201.

gutachten müssen demgemäß transparent und nachvollziehbar sein. Dies ergibt sich schon daraus, dass der vom Gericht bestellte Sachverständige nur Gehilfe des Gerichts ist. Das Gericht hat eine eigenständige Beurteilung des Sachverständigenbeweises auf Grundlage der vom Sachverständigen festgestellten Befundtatsachen vorzunehmen. Dazu müssen dem Gericht – und damit auch den übrigen Prozessbeteiligten – die Beurteilungsgrundlagen und Schlussfolgerungsregeln und die diesen zugrunde liegenden wissenschaftlichen Forschungsergebnisse vollständig, verständlich und nachprüfbar mitgeteilt werden.[107] Auch aus dem verfassungsrechtlich verbürgten Grundsatz auf rechtliches Gehör lässt sich das Transparenz- und Nachvollziehbarkeitsgebot herleiten. Rechtliches Gehör kann nur sinnvoll wahrgenommen werden, wenn das Gutachten überprüfbar ist.

111 **Muster: Beweisantrag auf Vernehmung eines Zeugen**

An das

Amtsgericht/Landgericht ( )

In dem Strafverfahren

gegen ( )

AZ: ( )

wird zum Beweis der Tatsache, dass ( ), beantragt, Herrn ( ) als Zeugen zu vernehmen.

Begründung:

Der Zeuge wird bekunden, dass der Angeklagte am ( ) am Tatort war und den Nebenkläger in sein Auto gezerrt hat. ( )

Rechtsanwalt

▲

IV. Selbstladungsrecht

112 Dem Nebenkläger steht auch das Recht zu, selbst Zeugen und Sachverständige nach §§ 220, 245 StPO zu laden.[108]

107 *Boetticher*, S. 8, 11.
108 *Meyer-Goßner*, § 397 Rn 10.

§ 220 StPO Ladung durch den Angeklagten

(1) Lehnt der Vorsitzende den Antrag auf Ladung einer Person ab, so kann der Angeklagte sie unmittelbar laden lassen. Hierzu ist er auch ohne vorgängigen Antrag befugt.

(2) Eine unmittelbar geladene Person ist nur dann zum Erscheinen verpflichtet, wenn ihr bei der Ladung die gesetzliche Entschädigung für Reisekosten und Versäumnis bar dargeboten oder deren Hinterlegung bei der Geschäftsstelle nachgewiesen wird.

(3) Ergibt sich in der Hauptverhandlung, dass die Vernehmung einer unmittelbar geladenen Person zur Aufklärung der Sache dienlich war, so hat das Gericht auf Antrag anzuordnen, dass ihr die gesetzliche Entschädigung aus der Staatskasse zu gewähren ist.

§ 245 StPO Umfang der Beweisaufnahme

(1) Die Beweisaufnahme ist auf alle vom Gericht vorgeladenen und auch erschienenen Zeugen und Sachverständigen sowie auf die sonstigen nach § 214 Abs. 4 vom Gericht oder der Staatsanwaltschaft herbeigeschafften Beweismittel zu erstrecken, es sei denn, dass die Beweiserhebung unzulässig ist. Von der Erhebung einzelner Beweise kann abgesehen werden, wenn die Staatsanwaltschaft, der Verteidiger und der Angeklagte damit einverstanden sind.

(2) Zu einer Erstreckung der Beweisaufnahme auf die vom Angeklagten oder der Staatsanwaltschaft vorgeladenen und auch erschienenen Zeugen und Sachverständigen sowie auf die sonstigen herbeigeschafften Beweismittel ist das Gericht nur verpflichtet, wenn ein Beweisantrag gestellt wird. Der Antrag ist abzulehnen, wenn die Beweiserhebung unzulässig ist. Im Übrigen darf er nur abgelehnt werden, wenn die Tatsache, die bewiesen werden soll, schon erwiesen oder offenkundig ist, wenn zwischen ihr und dem Gegenstand der Urteilsfindung kein Zusammenhang besteht, wenn das Beweismittel völlig ungeeignet ist oder wenn der Antrag zum Zwecke der Prozessverschleppung gestellt ist.

113 Das Selbstladungsrecht hat allerdings durch das Strafverfahrensänderungsgesetz vom 5.10.1978 an Bedeutung verloren, da der Nebenklägervertreter nunmehr in der Hauptverhandlung einen Beweisantrag auf Vernehmung eines präsenten Zeugen stellen kann, der nur unter den Voraussetzungen des § 245 Abs. 2 StPO zurückgewiesen werden kann, ohne dass das Gericht hierbei die Ablehnung der Vernehmung des präsenten Beweismittels auf die Ablehnungsgründe nach § 244 Abs. 3 bis 5 StPO stützen könnte. Eine praktische Bedeutung hat das Selbstladungsrecht aber immer noch bei der Beantragung der Vernehmung eines weiteren Sachverständigen. Eine Ablehnung kommt hier nur mit der Begründung in Betracht, der präsente Sachverständige sei völlig ungeeignet.

114 Im Rahmen der Selbstladung von Zeugen und auch Sachverständigen sind die Ablehnungsgründe des § 244 Abs. 3 bis 5 StPO nicht anwendbar, so dass insbesondere der selbstgeladene Sachverständige nicht abgelehnt werden kann, weil das Gegenteil erwiesen sei (§ 244 Abs. 4 Satz 2 StPO) oder das Gericht über eigene Sachkunde verfügt (§ 244 Abs. 4 Satz 1 StPO). Im Rahmen der Selbstladung von Zeugen liegt der Vorteil meistens darin, dass das Gericht die Zeugenvernehmung nicht dadurch unterbinden kann, dass sie den Beweisantrag wegen Bedeutungslosigkeit i.S.d. § 244 Abs. 3 Satz 2 StPO ablehnt, da § 244 StPO für das Selbstladungsrecht nicht gilt und § 245 StPO eine dementsprechende Regelung nicht vorsieht.

115 Das Selbstladungsverfahren stellt ein förmliches Verfahren dar, so dass die hierfür erforderlichen Voraussetzungen zwingend einzuhalten sind. Die Zustellung der Ladung erfolgt regelmäßig durch den Gerichtsvollzieher (§ 38 StPO). Hierfür ist üblicherweise der Gerichtsvollzieher am Wohnort des Zeugen zu beauftragen. In der Ladung braucht der Nebenkläger das Beweisthema nicht anzugeben. Der Nebenkläger hat zudem den Nachweis einer ordnungsgemäßen Ladung zu erbringen, da dies Voraussetzung des Selbstladungsrechtes ist.[109] Behauptet der Nebenkläger die ordnungsgemäße Ladung des Zeugen, besteht für das Gericht insoweit eine Aufklärungspflicht.

116 Für den geladenen Zeugen besteht eine Erscheinungspflicht, wenn bei der Ladung die gesetzliche Aufwandsentschädigung in bar erbracht wurde oder ihre Hinterlegung nachgewiesen ist (§§ 48, 77, 220 Abs. 2 StPO). Die voraussichtliche Höhe bestimmt sich nach den Vorschriften des JVEG. Sollte der Zeuge trotz ordnungsgemäßer Ladung und Erbringung der Aufwandsentschädigung nicht erscheinen, sind Zwangsmaßnahmen durch das Gericht statthaft, wenn bei der Ladung darauf hingewiesen wurde (§§ 51, 57, 58 StPO). Letztendlich muss der Nebenkläger den von ihm selbst geladenen Zeugen rechtzeitig namhaft machen (§ 222 Abs. 2 StPO), da ansonsten die Staatsanwaltschaft berechtigt ist, einen Aussetzungsantrag nach § 246 Abs. 2 StPO zu stellen. Die verspätete Namhaftmachung hat darüber hinaus auf die Anwendbarkeit des § 245 StPO und damit für die Wirksamkeit der Selbstladung keinerlei Auswirkungen.

117 Wird der selbstgeladene Zeuge sodann vom Gericht vernommen, entsteht für diesen ein Entschädigungsanspruch gegen die Staatskasse nach § 220 Abs. 3 StPO, wenn seine Vernehmung sachdienlich war. Sachdienlichkeit dürfte immer dann anzunehmen sein, wenn seine Zeugenaussage in die Beweiswürdigung des Gerichts eingeflossen ist. Nach der derzeitigen herrschenden Meinung erlischt aber der Entschädigungsanspruch des Zeugen gegen die Staatskasse dann, wenn der Zeuge be-

109 BGH NJW 1992, 836.

reits vom Angeklagten voll (in bar) entschädigt wurde.[110] Dagegen soll nach Stimmen in der Literatur bei Hinterlegung der Anspruch gegen die Staatskasse nicht erlöschen.[111] Da im Falle der Erbringung der Aufwandsentschädigung in bar der Entschädigungsanspruch des Zeugen gegen die Staatskasse erlischt, bei Hinterlegung jedoch nur nach strittiger Meinung, sollte derzeit von der Möglichkeit der Hinterlegung des Entschädigungsbetrages immer Gebrauch gemacht werden, da insofern doch zumindest die Möglichkeit besteht, dass der Entschädigungsanspruch des Zeugen gegen die Staatskasse nicht erlischt.

V. Ablehnungsrecht

118 Wie sich ferner aus § 397 Abs. 1 Satz 2 StPO ergibt, steht dem Nebenkläger das Recht zu, einen Richter oder Sachverständigen abzulehnen.

119 Ein Richter kann nach § 24 StPO abgelehnt werden, wenn er kraft Gesetzes nach § 22 StPO ausgeschlossen ist oder die Befürchtung der Befangenheit besteht. Nach § 31 StPO gilt dies auch für die Schöffen und Urkundsbeamte. § 74 StPO verweist für die Ablehnung von Sachverständigen auf die Vorschriften über die Richterablehnung, allerdings mit der Maßgabe, dass die enge zeitliche Grenze für die Richterablehnung hier nicht gilt.

> § 24 StPO Ablehnung eines Richters
>
> (1) Ein Richter kann sowohl in den Fällen, in denen er von der Ausübung des Richteramtes kraft Gesetzes ausgeschlossen ist, als auch wegen Besorgnis der Befangenheit abgelehnt werden.
>
> (2) Wegen Besorgnis der Befangenheit findet die Ablehnung statt, wenn ein Grund vorliegt, der geeignet ist, Misstrauen gegen die Unparteilichkeit eines Richters zu rechtfertigen.
>
> (3) Das Ablehnungsrecht steht der Staatsanwaltschaft, dem Privatkläger und dem Beschuldigten zu. Den zur Ablehnung Berechtigten sind auf Verlangen die zur Mitwirkung bei der Entscheidung berufenen Gerichtspersonen namhaft zu machen.
>
> § 22 StPO Ausschließung eines RichtersEin Richter ist von der Ausübung des Richteramtes kraft Gesetzes ausgeschlossen,
> 1. wenn er selbst durch die Straftat verletzt ist;
> 2. wenn er Ehegatte, Lebenspartner, Vormund oder Betreuer des Beschuldigten oder des Verletzten ist oder gewesen ist;

110 OLG Düsseldorf StV 1994, 492.

111 KK-*Tolksdorf*, § 220 Rn 15.

3. wenn er mit dem Beschuldigten oder mit dem Verletzten in gerader Linie verwandt oder verschwägert, in der Seitenlinie bis zum dritten Grad verwandt oder bis zum zweiten Grad verschwägert ist oder war;
4. wenn er in der Sache als Beamter der Staatsanwaltschaft, als Polizeibeamter, als Anwalt des Verletzten oder als Verteidiger tätig gewesen ist;
5. wenn er in der Sache als Zeuge oder Sachverständiger vernommen ist.

120 Nach § 22 StPO bestimmt sich, wann ein Richter kraft Gesetzes ausgeschlossen ist und abgelehnt werden kann. Es handelt sich bei § 22 StPO um eine eng auszulegende Vorschrift,[112] in der die Ausschließungsgründe abschließend aufgezählt sind.[113]

121 Nach § 22 Nr. 1 StPO ist ein Richter ausgeschlossen, wenn er Verletzter der Straftat ist; nach Nr. 2, wenn er Ehegatte, Lebenspartner, Vormund oder Betreuer des Beschuldigten oder Verletzten ist oder gewesen ist; nach Nr. 3, wenn er mit dem Beschuldigten oder mit dem Verletzten in gerader Linie verwandt oder verschwägert ist, in der Seitenlinie bis zum dritten Grad verwandt oder bis zum zweiten Grad verschwägert ist oder war; nach Nr. 4, wenn er in der Sache als Beamter der Staatsanwaltschaft, als Polizeibeamter, als Anwalt des Verletzten oder als Verteidiger tätig gewesen ist und nach Nr. 5, wenn er in der Sache als Zeuge oder Sachverständiger vernommen ist. Der Ausschließungsgrund des § 22 Nr. 5 StPO liegt aber nicht schon dann vor, wenn die Verteidigung in der Hauptverhandlung die Vernehmung des erkennenden Richters als Zeugen beantragt, dieser darauf im Rahmen einer dienstlichen Erklärung erklärt, er könne zur behaupteten Beweistatsache keine Angaben machen.[114] Der Richter ist dann noch nicht als Zeuge i.S.d. § 22 Nr. 5 StPO vernommen. Insofern kann die Nebenklage diesen nicht, über einen lediglich „taktischen" Beweisantrag auf Vernehmung eines erkennenden Richters, aus dem Verfahren drängen.

122 Darüber hinaus kann ein Richter nach § 24 Abs. 1 StPO wegen der Besorgnis der Befangenheit abgelehnt werden.

123 Insbesondere bei bestimmten Äußerungen des Vorsitzenden oder bei absolut prozessordnungswidrigem Verhalten des Vorsitzenden, also bei einem massiven Verstoß gegen einen fundamentalen Grundsatz des Strafverfahrens,[115] besteht das Be-

112 BVerfGE 46, 34, 38.
113 BGHSt 44, 4, 7.
114 BGHSt 44, 4.
115 BGH StV 1985, 2 f.

dürfnis, den vorsitzenden Richter bzw. die Richter wegen Besorgnis der Befangenheit abzulehnen.

124 Stellt der Nebenklägervertreter das Vorliegen eines möglichen Ablehnungsgrundes fest, sollte er umgehend die Unterbrechung der Hauptverhandlung beantragen, damit ein möglicher Ablehnungsgrund und damit der Befangenheitsantrag mit dem Nebenkläger besprochen werden kann. Schließlich lehnt der Rechtsanwalt im Namen des Nebenklägers den Richter bzw. die Gerichtsperson(en) ab.

125 Der Befangenheitsantrag ist bei dem Gericht zu stellen, das, bzw. dessen Richter abgelehnt werden sollen.[116] Der Nebenkläger ist hierbei nicht verpflichtet, den Befangenheitsantrag in einer bestimmten Form zu stellen. Dies obliegt alleine seiner freien Entscheidung.[117] Außerhalb der Hauptverhandlung kann der Befangenheitsantrag schriftlich oder zu Protokoll der Geschäftsstelle gestellt werden. In der Hauptverhandlung kann er schriftlich oder mündlich gestellt werden.[118] Der Antrag ist immer im Namen des Nebenklägers zu stellen. Es sind im Rahmen des Antrages immer die Gründe aufzuführen, die bei einem verständigen Nebenkläger (und nicht beim Rechtsanwalt) die Besorgnis der Befangenheit begründen. Wird nicht nur ein einzelner Richter abgelehnt, der selbstverständlich namentlich genau zu bezeichnen ist, sondern mehrere Teile eines Kollegialgerichts oder das gesamte Kollegialgericht, sind sämtliche Richter (Berufs- und Laienrichter) ebenfalls namentlich zu bezeichnen.

126 Der Nebenkläger muss von seinem anwaltlichen Vertreter darauf hingewiesen werden, dass ein möglicher Befangenheitsgrund nicht fortwährt. Die StPO sieht enge zeitliche Grenzen zur Stellung eines Befangenheitsantrages vor. Zwar kann ein kraft Gesetzes ausgeschlossener Richter ohne zeitliche Schranken abgelehnt werden. Ansonsten ist aber für die Ablehnung wegen Besorgnis der Befangenheit § 25 StPO zu beachten. Bei einem bereits vor Beginn der Hauptverhandlung bekannten Ablehnungsgrund ist im erstinstanzlichen Verfahren der Zeitpunkt des § 243 Abs. 2 Satz 2 StPO – Vernehmung des ersten Angeklagten über seine persönlichen Verhältnisse – als letzter möglicher Zeitpunkt der Stellung des Befangenheitsantrages zu beachten, im Berufungs- und Revisionsverfahren der Beginn des Vortrags des Berichterstatters nach §§ 324 Abs. 1, 351 Abs. 1 StPO. Für im Laufe der Hauptverhandlung eintretende oder später bekannt werdende Befangenheitsgründe bestimmt § 25 Abs. 2 StPO, dass die Ablehnung unverzüglich erfolgen muss. Alle bis

116 RGSt 19, 333, 336.
117 BGH StV 2005, 531.
118 *Meyer-Goßner*, § 26 Rn 2.

zum Zeitpunkt der Stellung des Ablehnungsantrages bekannten Ablehnungsgründe sind nach § 25 Abs. 1 Satz 2 StPO gleichzeitig vorzubringen. Ein Nachschieben von Ablehnungsgründen ist daher unzulässig.

127 Bei neu bekannt werdenden Ablehnungsgründen kommt es maßgeblich darauf an, wann der Nebenkläger selbst, nicht aber der Rechtsanwalt, hiervon Kenntnis erlangt. Unverzüglich ist i.S.d. § 121 BGB als „ohne schuldhaftes Zögern" zu verstehen. Es werden von der Rechtsprechung sehr enge Maßstäbe angelegt.[119] Trotz dieser engen Maßstäbe ist dem Nebenkläger eine ausreichende Überlegungsfrist einzuräumen, in der er eine Besprechung mit seinem Rechtsanwalt führen und der Befangenheitsantrag abgefasst werden kann.[120] Auch muss der Nebenkläger nicht auf die Unterbrechung einer laufenden Beweiserhebung hinwirken, wenn sich dort der Befangenheitsgrund ergeben hat. Er kann zunächst die Beendigung der Zeugenvernehmung abwarten.[121] Des Weiteren muss ein Befangenheitsantrag nicht am Wochenende, an dem kein anwaltlicher Bürobetrieb stattfindet, abgefasst werden.[122]

128 Neben der rechtzeitigen Anbringung des Befangenheitsantrages ist der Befangenheitsgrund glaubhaft zu machen. Hierzu können eidesstattliche Versicherungen von Zeugen, die anwaltliche Versicherung des Rechtsanwaltes[123] und die dienstliche Äußerung der abgelehnten Gerichtsperson herangezogen werden. Teilt der anwaltliche Nebenklägervertreter im Befangenheitsantrag schon seine eigenen Wahrnehmungen mit, bedarf es keiner zusätzlichen Glaubhaftmachung durch eine anwaltliche Versicherung.[124] Die abgelehnte Gerichtsperson hat gemäß § 26 Abs. 3 StPO eine Erklärung abzugeben. Die Bezugnahme auf diese abzugebende Erklärung der abgelehnten Gerichtsperson(en) reicht regelmäßig zur Glaubhaftmachung aus, wenn sich der die Befangenheit begründende Sachverhalt in der Hauptverhandlung ereignet hat. Im Rahmen der Glaubhaftmachung ist eine Zeugenbenennung grundsätzlich unzulässig. Ausnahmsweise kann eine Zeugenbenennung zulässig sein, wenn der Zeuge nicht unverzüglich erreicht werden kann oder sich weigert, eine eidesstattliche Versicherung abzugeben.[125]

119 BGHSt 21, 334, 339, 344 f.
120 BGH NStZ 1992, 290.
121 BGH NStZ 1996, 47.
122 OLG Düsseldorf NJW 1992, 2243.
123 OLG Köln NJW 1964, 1038.
124 BGH NStZ 2007, 161.
125 BGHSt 21, 334, 337.

129 Im Befangenheitsantrag sollte der Nebenkläger zugleich die Namhaftmachung der zur Mitwirkung bei der Entscheidung über den Befangenheitsantrag berufenen Gerichtspersonen nach § 24 Abs. 3 Satz 2 StPO verlangen. Nur so ist es ihm möglich zu prüfen, ob bzgl. dieser Personen auch Ablehnungsgründe vorliegen oder ob diese überhaupt zur Entscheidung über den Befangenheitsantrag berufen sind.

130 Außerdem sollte der Nebenkläger, im Rahmen des Befangenheitsantrages, noch beantragen, ihm die vom abgelehnten Richter zu fertigende dienstliche Äußerung vor der Entscheidung über das Ablehnungsgesuch zugänglich zu machen und ihm eine angemessene Frist zur Stellungnahme zu geben. Der Nebenkläger hat einen Anspruch auf Überlassung der dienstlichen Äußerung der/des abgelehnten Richter(s) und auf Stellungnahme.[126] Erhält der Nebenkläger die dienstliche Äußerung der/des abgelehnten Richter(s) nicht oder ohne die Möglichkeit zur Stellungnahme, ist unverzüglich nach Bekanntgabe des den Befangenheitsantrag ablehnenden Beschlusses der Befangenheitsantrag zu wiederholen. Die Überlassung der dienstlichen Erklärung, mit der Möglichkeit zur Stellungnahme, ist auch dann erforderlich, wenn der abgelehnte Richter erklärt, er fühle sich nicht befangen.[127] Darüber hinaus ist die dem anwaltlichen Vertreter des Nebenklägers überlassene dienstliche Äußerung des abgelehnten Richters sorgfältig zu prüfen, da diese unter Umständen einen neuen Ablehnungsantrag begründen kann, der möglicherweise den Verdacht mangelnder Sorgfalt rechtfertigt. Letzteres gilt auch, wenn sich der abgelehnte Richter gänzlich weigert, eine dienstliche Äußerung abzugeben.[128]

131 Wurde ein Richter wegen der Besorgnis der Befangenheit abgelehnt und ist über das Ablehnungsgesuch noch nicht entschieden, darf der Richter gemäß § 29 Abs. 1 StPO nur noch unaufschiebbare Handlungen vornehmen. Hier ist insbesondere an einen drohenden Beweisverlust oder an einen Fristablauf zu denken.[129] Ein Beweisverlust droht beispielsweise dann, wenn ein Zeuge todkrank ist; nicht allerdings schon dann, wenn der Zeuge eine weite Anreise hat.[130] Weiter ist noch anzumerken, dass nach § 29 Abs. 2 Satz 1 StPO für den Fall, dass der Befangenheitsantrag innerhalb der Hauptverhandlung gestellt wird, die Hauptverhandlung nicht sofort unterbrochen werden muss, sondern solange fortgeführt werden darf, bis die Entscheidung über das Ablehnungsgesuch, ohne eine Verzögerung der Hauptverhandlung, getroffen werden kann. Hiermit soll dem entgegengewirkt werden, dass

126 BGH NStZ 1983, 354.

127 OLG Hamm StV 1996, 11.

128 OLG Frankfurt MDR 1978, 409; BGHSt 21, 85.

129 KK-*Pfeiffer*, § 29 Rn 3.

130 BGH NStZ 2002, 429.

das Befangenheitsrecht missbraucht wird, um eine Unterbrechung der Hauptverhandlung zu erreichen.[131] Dies ermöglicht dem Gericht, die Entscheidung über den Befangenheitsantrag noch eine gewisse Zeit zurückzustellen. Nach § 29 Abs. 2 Satz 2 Hs. 2 StPO ist aber eine Entscheidung über die Ablehnung spätestens bis zum Beginn des übernächsten Verhandlungstages bzw. stets vor Beginn der Schlussvorträge zu treffen. Entscheidet der Vorsitzende, nach einem Befangenheitsantrag, dass die Hauptverhandlung zunächst fortgesetzt und das Ablehnungsgesuch zurückgestellt wird, muss der Verteidiger diese Vorgehensweise nach § 238 StPO beanstanden und ggf. einen Gerichtsbeschluss herbeiführen. Die Herbeiführung eines Gerichtsbeschlusses ist auch Voraussetzung, wenn später hierauf eine Revision gestützt werden soll.[132]

132 **Muster: Befangenheitsantrag (Richter)**

An das

Amtsgericht/Landgericht ( )

In dem Strafverfahren

gegen ( )

AZ: ( )

lehnt der Nebenkläger den Richter ( ) am Amtsgericht/Landgericht ( ) wegen Besorgnis der Befangenheit ab.

Begründung:

( )

Der abgelehnte Richter hat danach derart massiv gegen das Strafverfahrensrecht verstoßen, dass bei verständiger Würdigung der Sache beim Angeklagten der Eindruck erweckt wird, der abgelehnte Richter nehme ihm gegenüber eine innere Haltung ein, die dessen Unparteilichkeit und Unvoreingenommenheit störend beeinflussen werde. Dies begründet nach der Rechtsprechung die Besorgnis der Befangenheit (BGH wistra 1985, 27).

Abschließend sei darauf hingewiesen, dass ein Misstrauen in die Unparteilichkeit des abgelehnten Richters bereits dann gerechtfertigt ist, wenn der Nebenkläger bei verständiger Würdigung des Sachverhaltes Grund zu der Annahme hat, dass der abgelehnte Richter ihm gegenüber eine innere Haltung eingenommen hat, die sei-

131 KK-*Pfeiffer*, § 29 Rn 6.
132 BGH NStZ 2002, 429.

ne Unparteilichkeit und Unvoreingenommenheit störend beeinflussen können (BVerfGE 32, 288, 290; BGHSt 24, 336, 338; BGH StV 1988, 417).

Es kommt hierbei nicht darauf an, ob der abgelehnte Richter tatsächlich parteiisch oder befangen ist (BVerfGE 20, 9, 14). Genauso wenig kommt es darauf an, ob sich der abgelehnte Richter für befangen hält oder nicht (BVerfGE 32, 288, 290).

Zur Glaubhaftmachung wird Bezug genommen auf die abzugebende dienstliche Äußerung des abgelehnten Richters, sowie das Sitzungsprotokoll.

Es wird beantragt, meinem Mandanten die abzugebende dienstliche Äußerung vor Entscheidung über den Ablehnungsantrag zugänglich zu machen sowie die zur Entscheidung berufenen Gerichtspersonen namhaft zu machen und ihm Gelegenheit zur Stellungnahme zu geben.

Rechtsanwalt

133 Nach § 74 Abs. 1 Satz 1 StPO kann ein Sachverständiger aus den gleichen Gründen wie ein Richter abgelehnt werden.

134 Eine Ablehnung des Sachverständigen nach § 74 Abs. 1 Satz 2 StPO ist allerdings nicht möglich, nur weil der Sachverständige bereits als Zeuge vernommen worden ist. Bei Befangenheitsgründen gegen einen Sachverständigen ist zwischen zwingenden und sonstigen Gründen zu unterscheiden. Zwingende Befangenheitsgründe führen dazu, dass dem Ablehnungsgesuch ohne weitere Prüfung stattzugeben ist. Bei den sonstigen Ablehnungsgründen ist, ähnlich wie bei einem Ablehnungsantrag gegen einen Richter, im Wege einer Einzelfallentscheidung zu prüfen, ob tatsächlich eine Befangenheit des Sachverständigen zu besorgen ist.

135 Unter die zwingenden Befangenheitsgründe eines Sachverständigen fallen insbesondere Gründe, bei denen auch ein Richter nach §§ 22, 23 StPO vom Verfahren ausgeschlossen wäre. Hier ist besonders auf § 22 Nr. 4 StPO hinzuweisen, wonach die vorherige Tätigkeit des Sachverständigen als Polizeibeamter im konkreten Verfahren gegen den Angeklagten, die Befangenheit des Sachverständigen begründet.[133]

136 Ein sonstiger Ablehnungsgrund gegen einen Sachverständigen liegt vor, wenn bei einem verständigen Dritten Misstrauen gegen die Unparteilichkeit des Sachverständigen, ähnlich wie bei einem Richter, gegenüber dem Nebenkläger zu befürchten ist.

133 BGHSt 18, 214, 216; BGH NJW 1958, 1308.

137 Da nach § 74 Abs. 2 Satz 1 StPO nur der Nebenkläger ablehnungsberichtigt ist, hat der Nebenklagevertreter den Ablehnungsantrag immer namens und in Vollmacht des Nebenklägers zu stellen.[134] Der Ablehnungsantrag muss zwingend in der Hauptverhandlung gestellt werden. Wurde er vor bzw. außerhalb der Hauptverhandlung gestellt, ist er in der Hauptverhandlung zu wiederholen.[135] Wird ein vor der Hauptverhandlung gestellter Ablehnungsantrag gegen einen Sachverständigen in der Hauptverhandlung nicht wiederholt, kann hierauf die Revision nicht gestützt werden.[136] Wie bei der Ablehnung eines Richters ist der Sachverständige namhaft zu machen. Der die Befangenheit begründende Sachverhalt ist glaubhaft zu machen, insofern ergeben sich auch hier keine Besonderheiten zu einer Ablehnung eines Richters.

138 Nach einer erfolgreichen Ablehnung des Sachverständigen darf dieser nicht weiter als Sachverständiger vernommen werden. Ein durch ihn bereits erstattetes Gutachten ist nicht mehr verwertbar[137] und es ist danach auch nicht mehr möglich, den Sachverständigen nunmehr als sachverständigen Zeugen zu vernehmen.[138] Zulässig ist es allerdings, ihn als Zeugen über Tatsachen zu vernehmen, die dieser selbst wahrgenommen hat. Dies gilt auch für die von ihm recherchierten Befundtatsachen.[139]

139 Die Ablehnung eines Sachverständigen kann, anders als die Ablehnung eines Richters, noch bis zum Ende der Beweisaufnahme erfolgen, ist daher nicht an enge zeitliche Voraussetzungen geknüpft. Es ist daher regelmäßig zu empfehlen, sich das Sachverständigengutachten ganz anzuhören, um so die Frage der Ablehnung vom Ergebnis des Gutachtens abhängig zu machen.

140 **Muster: Befangenheitsantrag (Sachverständige)**

An das

Amtsgericht/Landgericht (   )

In dem Strafverfahren

gegen (   )

134 OLG Hamm NJW 1951, 731.
135 OLG Hamm VRS 39, 217.
136 BGH StV 2002, 350.
137 OLG Düsseldorf MDR 1984, 71.
138 BGHSt 20, 222.
139 BGHSt 20, 222.

AZ: ( )

wird der Sachverständige ( ) namens und in Vollmacht des Nebenklägers wegen Besorgnis der Befangenheit abgelehnt.

Begründung:

( )

Rechtsanwalt

▲

VI. Fragerecht

141 Auch steht dem Nebenkläger nach § 397 Abs. 1 Satz 3 StPO das Recht zu, Zeugen nach § 240 Abs. 2 StPO zu befragen.

> § 240 StPO Fragerecht
>
> (1) Der Vorsitzende hat den beisitzenden Richtern auf Verlangen zu gestatten, Fragen an den Angeklagten, die Zeugen und die Sachverständigen zu stellen.
>
> (2) Dasselbe hat der Vorsitzende der Staatsanwaltschaft, dem Angeklagten und dem Verteidiger sowie den Schöffen zu gestatten. Die unmittelbare Befragung eines Angeklagten durch einen Mitangeklagten ist unzulässig.

142 Den Zeitpunkt, wann der Nebenkläger neben den anderen Prozessbeteiligten mit seinem Fragerecht an der Reihe ist, bestimmt der Vorsitzende im Rahmen seiner Verhandlungsleitung.[140]

143 Im Rahmen der Ausübung des Fragerechts ist es auch gestattet, kurze Vorhalte,[141] z.B. aus Aussagen anderer Zeugen oder von früheren Aussagen des Befragten, zu machen.

144 Hat der Vorsitzende dem Nebenkläger das Fragerecht erteilt, steht diesem ein ununterbrochenes Fragerecht zu. Der Vorsitzende darf aber nicht das Fragerecht wieder an sich ziehen, es sei denn, er macht von seinem Beanstandungsrecht nach § 241 Abs. 2 StPO Gebrauch.[142] Dem Vorsitzenden ist es daher auch verwehrt, Zwischenfragen zu stellen. Versucht der Vorsitzende das Fragerecht wieder an sich zu ziehen, nachdem der Nebenklagevertreter neue, bisher unentdeckte Aspekte

140 BGHSt 16, 67, 70.
141 KK-*Tolksdorf*, § 240 Rn 5.
142 OLG Hamm StV 1993, 462.

aufgedeckt hat, ist der Vorsitzende höflich darauf hinzuweisen, dass auch der Nebenklage ein ununterbrochenes Fragerecht zusteht.

VII. Beanstandungsrecht

145 Nach § 397 Abs. 1 Satz 3 StPO steht dem Nebenkläger auch das Recht zu, Anordnungen des Vorsitzenden nach § 238 Abs. 2 StPO zu beanstanden. Im Hinblick auf die sog. Widerspruchslösung des BGH besteht sogar die Pflicht, dies zu tun, um sich eventuelle Revisionsrügen zu erhalten.

> § 238 StPO Verhandlungsleitung
>
> (1) Die Leitung der Verhandlung, die Vernehmung des Angeklagten und die Aufnahme des Beweises erfolgt durch den Vorsitzenden.
>
> (2) Wird eine auf die Sachleitung bezügliche Anordnung des Vorsitzenden von einer bei der Verhandlung beteiligten Person als unzulässig beanstandet, so entscheidet das Gericht.

146 Nach der so genannten Widerspruchslösung des BGH[143] wurde es der Verteidigung auferlegt, bei Vorliegen von Verfahrensfehlern diese noch im Erkenntnisverfahren zu beanstanden, um sich später revisionsrechtliche Rügen offen zu halten. Die Widerspruchslösung wurde vom BGH geschaffen, um eine Ausuferung von Revisionen zu verhindern. Begründet wurde die Entscheidung vom Bundesgerichtshof aber – für die Rechtsanwaltschaft sehr schmeichelhaft – damit, dass es Aufgabe des Verteidigers sei, darüber zu befinden, ob die Berufung auf ein Verwertungsverbot einer sinnvollen Verteidigung diene;[144] die von der Verletzung der Beschuldigtenrechte betroffene ursprüngliche Vernehmung könne ja durchaus Entlastendes enthalten. Da das Beanstandungsrecht auch für die Nebenklage gilt, muss auch der Nebenkläger oder sein Vertreter im Sinne der Widerspruchslösung des BGH eine Beanstandung des Vorsitzenden vornehmen und einen Gerichtsbeschluss herbeiführen.

147 Es ist daher im Hinblick auf eine spätere Revision auch noch darauf zu achten, dass der Widerspruch im Protokoll festgehalten wird oder in die Akten gelangt, wenn ein entsprechender schriftlicher Widerspruch überreicht wird. Der Bundesgerichtshof hat zwar in wenigen Entscheidungen[145] den Anwendungsbereich der Widerspruchslösung eingeschränkt, dies ändert aber nichts an der grundlegenden

143 BGHSt 38, 214.
144 BGHSt 38, 214, 226.
145 BGHSt 38, 260, 261.

Verpflichtung der Verteidigung, bestimmte Verfahrensfehler des Gerichts zur Erhaltung von Revisionsrügen bereits in der Hauptverhandlung zu beanstanden.

148 Der Widerspruch gegen eine Verfügung des Vorsitzenden nach § 238 Abs. 2 StPO und die damit verbundene Anrufung des gesamten Gerichts, gibt dem Gericht die Möglichkeit, vorliegende Verfahrensfehler hauptverhandlungsintern zu korrigieren. Voraussetzung für eine spätere Revisionsrüge ist somit die Erschöpfung des „hauptverhandlungsinternen Rechtsweges“.

149 Da ein unterbliebener Widerspruch immer zu einem Rügeverlust im Revisionsverfahren führt, ist zu raten, auch bei bloßen Zweifeln über die Rechtmäßigkeit der Beweiserhebung präventiv Widerspruch zu erheben. Dieser kann dann immer noch später wieder zurückgenommen werden.[146]

150 Der Widerspruch hat in der Hauptverhandlung in unmittelbarem Zusammenhang mit der Beweiserhebung zu erfolgen und muss spätestens im Rahmen der Erklärungsfrist nach § 257 StPO angebracht werden.[147] Hierbei handelt es sich nur um den letztmöglichen Zeitpunkt, um sich eine Revisionsrüge zu erhalten.

151 Ein verspätet erhobener Widerspruch oder unterlassener Widerspruch ist nicht mehr nachholbar. Dies gilt auch, wenn der Widerspruch, nach Zurückweisung der Sache, in einer neuen Hauptverhandlung oder im Berufungsverfahren geltend gemacht werden würde.[148] Will der Vorsitzende trotz des Widerspruchs die Beweiserhebung durchführen, ist dessen Vorgehensweise nach § 238 Abs. 2 StPO zu beanstanden und ein Gerichtsbeschluss herbeizuführen, der für die Revision erforderlich ist.

152 Der Widerspruch ist zwar nicht ausführlich zu begründen, es muss lediglich zum Ausdruck gebracht werden, was beanstandet wird. Dies gilt auch für eine Verhandlung beim Strafrichter, obwohl die Entscheidung des Vorsitzenden und des Gerichts identisch sind. Nach der Rechtsprechung des Bundesgerichtshofs ändert dies trotzdem nichts an dem Widerspruchserfordernis.

153 Neben dem Widerspruchserfordernis für den Bereich von Verwertungsverboten gibt es noch zahlreiche Beanstandungsobliegenheiten nach § 238 Abs. 2 StPO, die Voraussetzung für eine zulässige Revisionsrüge sind. Der absolute Revisionsgrund des § 338 Nr. 8 StPO setzt voraus, dass die Verteidigung in einem wesentlichen

146 BGHSt 42, 15.
147 BGHSt 38, 214, 226.
148 BGHSt 50, 272.

Punkt durch das Gericht unzulässig beschränkt worden ist. Da hier die Beschränkung nicht durch eine Verfügung des Vorsitzenden, sondern nach dem eindeutigen Wortlaut der Vorschrift durch das Gericht erfolgen muss, ist selbstverständlich ein Gerichtsbeschluss nach § 238 Abs. 2 StPO herbeizuführen, um sich den absoluten Revisionsgrund des § 338 Nr. 8 StPO sichern zu können. Der Bundesgerichtshof[149] hat hierzu ausgeführt:

> *„Für Sachleitungsanordnungen, zu denen auch Hinweise und Belehrungen gehören (...), sind dem Vorsitzenden vielfach Freiräume in der Gestaltung eingeräumt; dem entspricht es, dass der Angeklagte, der sich durch solche Anordnungen in seinen prozessualen Rechten beeinträchtigt fühlt, hierüber zunächst gemäß § 238 Abs. 2 StPO die Entscheidung des erkennenden Gerichts herbeiführen kann und zum Erhalt der Rügebefugnis in der Revision auch herbeiführen muss. Hat sich der Vorsitzende aber über Verfahrensvorschriften hinweggesetzt, die keinerlei Entscheidungsspielraum zulassen, so scheidet eine Präklusion der Verfahrensrüge bei Verzicht auf den in § 238 Abs. 2 StPO vorgesehenen Zwischenrechtsbehelf aus".*

154 Hieraus folgt, dass es, wenn der Vorsitzende bei einer sachleitenden Anordnung einen Ermessensspielraum hat, immer erst der Beanstandung und Herbeiführung eines Gerichtsbeschlusses nach § 238 Abs. 2 StPO bedarf, um sich die Revisionsrüge zulässig zu erhalten.[150]

155 Weiter sollte das Gericht in den Fällen angerufen werden, in denen der Vorsitzende, nach Auffassung der Nebenklage, einen Zeugen oder Sachverständigen zu früh entlässt, um z.B. weitere Fragen der Nebenklage an einen Hauptbelastungszeugen, zur Aufdeckung von Widersprüchen, zu unterbinden.[151]

156 **Muster: Widerspruch**

An das

Amtsgericht/Landgericht ( )

In dem Strafverfahren

gegen ( )

AZ: ( )

149 BGHSt 42, 77, 78.
150 BGH StV 2007, 59.
151 BGH StV 1996, 248.

wird der Verwertung der Zeugenaussage des Zeugen XY widersprochen und ein Gerichtsbeschluss nach §238 Abs. 2 StPO beantragt.

Begründung:

( )

Rechtsanwalt

VIII. Erklärungsrecht

157 Auch steht dem Nebenkläger nach § 397 Abs. 1 Satz 3 StPO das Recht zur Abgabe von Erklärungen nach §§ 257, 258 StPO zu.

> § 257 StPO Befragung des Angeklagten, des Staatsanwaltes und des Verteidigers
>
> (1) Nach der Vernehmung eines jeden Mitangeklagten und nach jeder einzelnen Beweiserhebung soll der Angeklagte befragt werden, ob er dazu etwas zu erklären habe.
>
> (2) Auf Verlangen ist auch dem Staatsanwalt und dem Verteidiger nach der Vernehmung des Angeklagten und nach jeder einzelnen Beweiserhebung Gelegenheit zu geben, sich dazu zu erklären.
>
> (3) Die Erklärungen dürfen den Schlussvortrag nicht vorwegnehmen.
>
> § 258 StPO Schlussvorträge
>
> (1) Nach dem Schluss der Beweisaufnahme erhalten der Staatsanwalt und sodann der Angeklagte zu ihren Ausführungen und Anträgen das Wort.
>
> (2) Dem Staatsanwalt steht das Recht der Erwiderung zu; dem Angeklagten gebührt das letzte Wort.
>
> (3) Der Angeklagte ist, auch wenn ein Verteidiger für ihn gesprochen hat, zu befragen, ob er selbst noch etwas zu seiner Verteidigung anzuführen habe.

158 Der Nebenkläger kann mit Zustimmung des Vorsitzenden in jeder Prozesssituation eine Erklärung abgeben. Gesetzlich geregelt ist allerdings nur ein Erklärungsrecht in § 397 i.V.m. § 257 StPO, wonach der Nebenkläger lediglich einen Anspruch auf die Abgabe einer Erklärung im Anschluss an eine Beweiserhebung hat. Hierbei handelt es sich um eine gesetzlich vorgesehene, sehr gute Möglichkeit der Nebenklage, direkt auf das gerade erlangte Beweisergebnis zu reagieren. Es können hier z.B. belastende Umstände vorgetragen werden, die sich aus der gerade erfolgten Zeugenvernehmung nicht ergeben haben, Hinweise auf anders lautende, belastende Zeugenaussagen, Widersprüche in der Zeugenaussage, Widersprüche der Zeugenaussage zu früheren Vernehmungen des Zeugen oder anderen Zeugen oder aber Hinweise auf ein anders lautendes Gutachtenergebnis.

159 Damit kann insbesondere auf Schöffen dahingehend eingewirkt werden, dass sie sich nach der erfolgten Beweiserhebung nicht sofort ein falsches Bild vom Angeklagten oder Nebenkläger machen. Dies ist insofern wichtig, als diese, aufgrund der ihnen nicht zustehenden Vorbereitung des Verfahrens und der fehlenden Aktenkenntnis, keinen Gesamtüberblick über die Aktenlage und sämtliche Beweise haben.

160 Das Erklärungsrecht muss der Nebenklägervertreter kennen. Es ist ihm nur auf Verlangen zu gewähren. Er ist hierüber nicht zu belehren.[152] Das Erklärungsrecht nach § 257 StPO gestattet es dem Nebenkläger oder seinem Vertreter nicht, eine vollständige Würdigung des Verfahrens vorzunehmen. Das Erklärungsrecht bezieht sich immer nur auf die gerade abgeschlossene, vorhergehende Beweiserhebung. Wie sich aus dem Wortlaut des § 257 StPO ergibt, besteht das Erklärungsrecht nach der Beweiserhebung. Die Beweiserhebung muss also nicht für die Abgabe einer Erklärung unterbrochen werden. Inhaltlich muss sich die Erklärung des Nebenklägers direkt auf die gerade abgeschlossene Beweiserhebung beziehen.

IX. Ausschluss der Öffentlichkeit

161 Der Nebenkläger kann den Ausschluss der Öffentlichkeit nach § 171b GVG[153] beantragen.

> § 171b GVG Ausschluss der Öffentlichkeit zum Schutz von Persönlichkeitsrechten
>
> (1) Die Öffentlichkeit kann ausgeschlossen werden, soweit Umstände aus dem persönlichen Lebensbereich eines Prozessbeteiligten, Zeugen oder durch eine rechtswidrige Tat (§ 11 Abs. 1 Nr. 5 des Strafgesetzbuches) Verletzten zur Sprache kommen, deren öffentliche Erörterung schutzwürdige Interessen verletzen würde, soweit nicht das Interesse an der öffentlichen Erörterung dieser Umstände überwiegt. Dies gilt nicht, soweit die Personen, deren Lebensbereiche betroffen sind, in der Hauptverhandlung dem Ausschluss der Öffentlichkeit widersprechen.
>
> (2) Die Öffentlichkeit ist auszuschließen, wenn die Voraussetzungen des Absatzes 1 Satz 1 vorliegen und der Ausschluss von der Person, deren Lebensbereich betroffen ist, beantragt wird.
>
> (3) Die Entscheidungen nach den Absätzen 1 und 2 sind unanfechtbar.

152 *Burkhardt*, StV 2004, 390 f.

153 Vgl. oben § 2 Rn 58 ff.

X. Entfernung des Angeklagten

162 Der Nebenkläger kann die Entfernung des Angeklagten nach § 247 StPO[154] beantragen.

§ 247 StPO Entfernung des Angeklagten

Das Gericht kann anordnen, dass sich der Angeklagte während einer Vernehmung aus dem Sitzungszimmer entfernt, wenn zu befürchten ist, ein Mitangeklagter oder ein Zeuge werde bei seiner Vernehmung in Gegenwart des Angeklagten die Wahrheit nicht sagen. Das gleiche gilt, wenn bei der Vernehmung einer Person unter 18 Jahren als Zeuge in Gegenwart des Angeklagten ein erheblicher Nachteil für das Wohl des Zeugen zu befürchten ist oder wenn bei einer Vernehmung einer anderen Person als Zeuge in Gegenwart des Angeklagten die dringende Gefahr eines schwerwiegenden Nachteils für ihre Gesundheit besteht. Die Entfernung des Angeklagten kann für die Dauer von Erörterungen über den Zustand des Angeklagten und die Behandlungsaussichten angeordnet werden, wenn ein erheblicher Nachteil für seine Gesundheit zu befürchten ist. Der Vorsitzende hat den Angeklagten, sobald dieser wieder anwesend ist, von dem wesentlichen Inhalt dessen zu unterrichten, was während seiner Abwesenheit ausgesagt oder sonst verhandelt worden ist.

XI. Videovernehmung

163 Der Nebenkläger kann die audio-visuelle Zeugenvernehmung nach § 247a StPO[155] beantragen.

§ 247a StPO Audiovisuelle Zeugenvernehmung

Besteht die dringende Gefahr eines schwerwiegenden Nachteils für das Wohl des Zeugen, wenn er in Gegenwart der in der Hauptverhandlung Anwesenden vernommen wird, so kann das Gericht anordnen, dass der Zeuge sich während der Vernehmung an einem anderen Ort aufhält; eine solche Anordnung ist auch unter den Voraussetzungen des § 251 Abs. 2 zulässig, soweit dies zur Erforschung der Wahrheit erforderlich ist. Die Entscheidung ist unanfechtbar. Die Aussage wird zeitgleich in Bild und Ton in das Sitzungszimmer übertragen. Sie soll aufgezeichnet werden, wenn zu besorgen ist, dass der Zeuge in einer weiteren Hauptverhandlung nicht vernommen werden kann und die Aufzeichnung zur Erforschung der Wahrheit erforderlich ist. § 58a Abs. 2 findet entsprechende Anwendung.

154 Vgl. oben § 2 Rn 50 ff.
155 Vgl. oben § 2 Rn 36 ff.

XII. Plädoyer

164 Dem Nebenkläger steht das Recht nach § 397 Abs. 1 Satz 3 StPO i.V.m. § 258 StPO zu, einen Schlussvortrag zu halten.

> § 258 StPO Schlussvorträge
>
> (1) Nach dem Schluss der Beweisaufnahme erhalten der Staatsanwalt und sodann der Angeklagte zu ihren Ausführungen und Anträgen das Wort.
>
> (2) Dem Staatsanwalt steht das Recht der Erwiderung zu; dem Angeklagten gebührt das letzte Wort.
>
> (3) Der Angeklagte ist, auch wenn ein Verteidiger für ihn gesprochen hat, zu befragen, ob er selbst noch etwas zu seiner Verteidigung anzuführen habe.

XIII. Rechtsmittel

165 Der Nebenkläger kann im Rahmen seiner eingeschränkten Rechtsmittelbefugnis, Rechtsmittel einlegen und führen.[156]

I. Fehlende Rechte

166 Da der Katalog des § 397 StPO abschließend ist, hat der Nebenkläger kein Zustimmungs- bzw. Ablehnungsrecht für das Verlesen früherer Vernehmungen nach § 251 Abs. 1 Satz 1 StPO, für die Durchführung einer audiovisuellen Zeugenvernehmung nach § 247a Satz 1, 2. Alt. StPO, für den Beweisverzicht nach § 245 Abs. 1 Satz 2 StPO, für die Durchführung des Selbstleseverfahrens nach § 249 Abs. 2 StPO, für die Verlesung des erstinstanzlichen Urteils in der Berufungshauptverhandlung nach § 324 Abs. 1 Satz 2 StPO, für die Verlesung der Vernehmungsniederschriften in der Berufungshauptverhandlung nach § 325 Satz 2 StPO und für die Berufungsrücknahme des Angeklagten nach § 303 Satz 2 StPO.

167 Auch hat der Nebenkläger keinen Anspruch auf Aussetzung der Hauptverhandlung nach §§ 246 Abs. 2, 265 Abs. 4 StPO, auf Vereidigung eines Sachverständigen nach § 79 Abs. 1 Satz 2 StPO, Protokollierung von Vorgängen und Bekundungen in der Hauptverhandlung nach § 273 Abs. 3 StPO und Protokollierung der Gründe für die Verlesung von Urkunden nach § 255 StPO.

156 Vgl. unten § 6 Rn 167 ff.

Ungeachtet dieser beim Nebenkläger nicht vorhandenen Rechte, wird dieser in der Hauptverhandlung oft um eine Stellungnahme gebeten. **168**

Übersicht: Wesentliche Vorgänge in der Hauptverhandlung ohne Rechte des Nebenklägers **169**

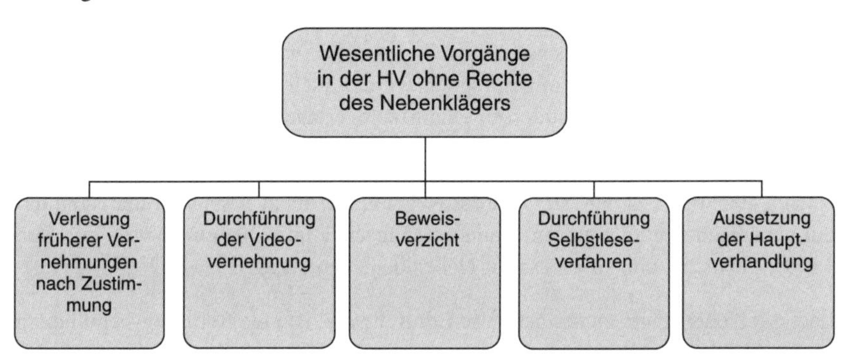

J. Anfechtung des Urteils

Nach § 400 Abs. 1, 1. HS1 StPO kann der Nebenkläger das Urteil nur bezüglich der Schuldfrage anfechten, nicht jedoch wegen der verhängten Rechtsfolge oder der erfolgten Strafzumessung. **170**

Nach § 400 Abs. 1, 2. HS StPO kann der Nebenkläger darüber hinaus das Urteil nur anfechten, wenn er erreichen möchte, dass der Angeklagte wegen einer Tat verurteilt wird, die zum Anschluss zur Nebenklage berechtigen würde. **171**

> § 400 StPO Beschränktes Anfechtungsrecht
>
> (1) Der Nebenkläger kann das Urteil nicht mit dem Ziel anfechten, dass eine andere Rechtsfolge der Tat verhängt wird oder dass der Angeklagte wegen einer Gesetzesverletzung verurteilt wird, die nicht zum Anschluss des Nebenklägers berechtigt.
>
> (2) Dem Nebenkläger steht die sofortige Beschwerde gegen den Beschluss zu, durch den die Eröffnung des Hauptverfahrens abgelehnt oder das Verfahren nach den §§ 206a und 206b eingestellt wird, soweit er die Tat betrifft, aufgrund deren der Nebenkläger zum Anschluss befugt ist. Im Übrigen ist der Beschluss, durch den das Verfahren eingestellt wird, für den Nebenkläger unanfechtbar.

Unzulässig ist daher die Rechtsmitteleinlegung mit dem Ziel oder der Begründung, der Rechtsfolgenausspruch sei zu ändern. Dies gilt auch für das auf den Rechtsmittelausspruch beschränkte Rechtsmittel des Nebenklägers. **172**

173 Auch kann die Nichtanwendung des § 177 Abs. 2 StGB bei einer Verurteilung nach § 177 Abs. 1 StGB,[157] das Anwenden des § 105 Abs. 1 JGG[158] oder das Nichtfeststellen der besonderen schweren Schuld nach § 57a Abs. 1 Satz 1 Nr. 2 StGB[159] oder das Nichtverhängen der Sicherungsverwahrung[160] nicht mit einem Rechtsmittel angegriffen werden.

174 Es kann aber immer Rechtsmittel eingelegt werden, wenn der Angeklagte wegen eines Nebenklagedeliktes freigesprochen wurde, auch wenn dies wegen Schuldunfähigkeit erfolgte und stattdessen eine Maßregel nach § 63 StGB verhängt worden ist.[161]

175 Nach § 400 Abs. 1, 2. HS StPO ist der Nebenkläger nicht beschwert und kann damit kein Rechtsmittel einlegen, wenn eine Entscheidung über eine Norm getroffen wurde, die nicht zum Anschluss zur Nebenklage berechtigt.[162]

176 Legt der Nebenkläger zulässigerweise Berufung ein, ist eine Berufungsbegründung nach § 317 StPO nicht erforderlich.

177 Legt der Nebenkläger zulässigerweise Revision ein, reicht es nicht, wenn er lediglich die allgemeine Sachrüge erhebt.[163] Dies gilt, selbst wenn der Angeklagte vom Nebenklagedelikt freigesprochen wurde, aber gleichzeitig eine Verurteilung wegen eines nichtnebenklagefähigen Deliktes erfolgte.[164] In der Revisionsbegründung muss der Nebenkläger i.d.R. sein Ziel eindeutig, innerhalb der Revisionsbegründungsfrist, angeben.[165]

178 Das Rechtsmittel der Nebenklage ist nach § 401 Abs. 1 Satz 1 StPO unabhängig von eventuellen Rechtsmitteln anderer Verfahrensbeteiligter. Dies gilt lediglich nicht, wenn sich die Nebenklage einem Rechtsmittel der Staatsanwaltschaft anschließt.

179 Legen Nebenklage und Staatsanwaltschaft unterschiedliche Rechtsmittel (Berufung und Revision) ein, so wird nach § 335 Abs. 3 StPO die Revision als Berufung

157 BGH NStZ-RR 2003, 306.
158 BGH StraFo 2007, 245.
159 BGH StraFo 2007, 245.
160 BGH StV 1997, 624.
161 *Meyer-Goßner*, § 400 Rn 3.
162 BGH VRS 103, 210.
163 BGHSt 13, 143, 145.
164 BGH NStZ 1988, 565.
165 BGHR Zulässigkeit 3 und 5; BGH NStZ-RR 2005, 262.

behandelt, so dass insgesamt über die Berufung als Rechtsmittel durch das Rechtsmittelgericht zu verhandeln ist.

Übersicht: Rechtsmittel der Nebenklage **180**

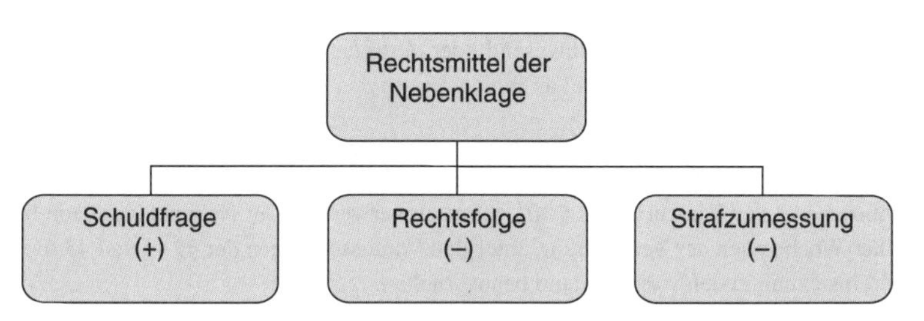

181 Nach § 401 Abs. 2 StPO beginnt die Frist zur Einlegung des Rechtsmittels (1 Woche) durch den Nebenkläger, wenn er in der Hauptverhandlung anwesend oder durch einen Anwalt vertreten war, auch dann mit der Verkündung des Urteils, wenn er bei dieser nicht mehr zugegen oder vertreten war; er kann die Wiedereinsetzung in den vorigen Stand gegen die Versäumung der Frist nicht wegen fehlender Rechtsmittelbelehrung beanspruchen. Ist der Nebenkläger in der Hauptverhandlung überhaupt nicht anwesend oder vertreten gewesen, so beginnt die Frist mit der Zustellung der Urteilsformel an ihn.

182 Die Frist zur Begründung des Rechtsmittels beginnt nach § 401 Abs. 1 Satz 3 StPO selbst dann mit Ablauf der für die Staatsanwaltschaft laufenden Frist zur Einlegung des Rechtsmittels oder, wenn das Urteil dem Nebenkläger noch nicht zugestellt war, mit der Zustellung des Urteils an ihn auch dann, wenn eine Entscheidung über die Berechtigung des Nebenklägers zum Anschluss noch nicht ergangen ist. Dies ist insbesondere beachtlich, wenn der Anschluss zur Nebenklage zur Einlegung eines Rechtsmittels erfolgen soll.

> § 401 StPO Rechtsmittel des Nebenklägers
>
> (1) Der Rechtsmittel kann sich der Nebenkläger unabhängig von der Staatsanwaltschaft bedienen. Geschieht der Anschluss nach ergangenem Urteil zur Einlegung eines Rechtsmittels, so ist dem Nebenkläger das angefochtene Urteil sofort zuzustellen. Die Frist zur Begründung des Rechtsmittels beginnt mit Ablauf der für die Staatsanwaltschaft laufenden Frist zur Einlegung des Rechtsmittels oder, wenn das Urteil dem Nebenkläger noch nicht zugestellt war, mit der Zustellung des Urteils an ihn auch dann, wenn eine Entscheidung über die Berechtigung des Nebenklägers zum Anschluss noch nicht ergangen ist.

(2) War der Nebenkläger in der Hauptverhandlung anwesend oder durch einen Anwalt vertreten, so beginnt für ihn die Frist zur Einlegung des Rechtsmittels auch dann mit der Verkündung des Urteils, wenn er bei dieser nicht mehr zugegen oder vertreten war; er kann die Wiedereinsetzung in den vorigen Stand gegen die Versäumung der Frist nicht wegen fehlender Rechtsmittelbelehrung beanspruchen. Ist der Nebenkläger in der Hauptverhandlung überhaupt nicht anwesend oder vertreten gewesen, so beginnt die Frist mit der Zustellung der Urteilsformel an ihn.

(3) Hat allein der Nebenkläger Berufung eingelegt, so ist diese, wenn bei Beginn einer Hauptverhandlung weder der Nebenkläger noch für ihn ein Rechtsanwalt erschienen ist, unbeschadet der Vorschrift des § 301 sofort zu verwerfen. Der Nebenkläger kann binnen einer Woche nach der Versäumung unter den Voraussetzungen der §§ 44 und 45 die Wiedereinsetzung in den vorigen Stand beanspruchen.

(4) Wird auf ein nur von dem Nebenkläger eingelegtes Rechtsmittel die angefochtene Entscheidung aufgehoben, so liegt der Betrieb der Sache wiederum der Staatsanwaltschaft ob.

K. Kostenentscheidung

183 Nach § 472 Abs. 1 StPO sind die dem Nebenkläger erwachsenen notwendigen Auslagen dem Angeklagten aufzuerlegen, wenn er wegen einer Tat verurteilt wird, die den Nebenkläger betrifft. Hiervon kann ganz oder teilweise abgesehen werden, soweit es unbillig wäre, den Angeklagten damit zu belasten.

184 Stellt das Gericht das Verfahren nach einer Vorschrift, die dies nach seinem Ermessen zulässt, ein (§§ 153, 154, 154a StPO), so kann es die in § 472 Abs. 1 StPO genannten notwendigen Auslagen ganz oder teilweise dem Angeschuldigten nach § 472 Abs. 2 StPO auferlegen, soweit dies aus besonderen Gründen der Billigkeit entspricht. Stellt das Gericht das Verfahren nach vorangegangener vorläufiger Einstellung (§ 153a StPO) endgültig ein, gilt nach § 472 Abs. 2 Satz 2 StPO, § 472 Abs. 1 StPO Absatz 1 entsprechend, d.h. der verurteilte Angeklagte hat die Kosten zu tragen.

185 Hat ein zur Nebenklage Berechtigter sich dem Verfahren nicht als Nebenkläger angeschlossen, sondern lediglich zur Wahrnehmung seiner Befugnisse nach § 406g StPO einen Rechtsanwalt beauftragt, so hat der verurteilte Angeklagte ebenfalls nach § 472 Abs. 3 Satz 1 StPO die Kosten zu tragen.

186 Gleiches gilt nach § 472 Abs. 3 Satz 2 StPO für die notwendigen Auslagen eines Privatklägers, wenn die Staatsanwaltschaft nach § 377 Abs. 2 StPO die Verfolgung übernommen hat.

L. Beiordnung eines Rechtsanwalts

187 Nach § 397a StPO kann dem Nebenkläger auf Antrag ein Beistand beigeordnet werden.

§ 397a StPO Bestellung eines Beistandes; Prozesskostenhilfe

(1) Dem Nebenkläger ist auf seinen Antrag ein Rechtsanwalt als Beistand zu bestellen, wenn er

1. durch ein Verbrechen nach den §§ 176a, 177, 179, 232 und 233 des Strafgesetzbuches verletzt ist,
2. durch eine versuchte rechtswidrige Tat nach den §§ 211 und 212 des Strafgesetzbuches verletzt oder Angehöriger eines durch eine rechtswidrige Tat Getöteten im Sinne des § 395 Absatz 2 Nummer 1 ist,
3. durch ein Verbrechen nach den §§ 226, 234 bis 235, 238 bis 239b, 249, 250, 252, 255 und 316a des Strafgesetzbuches verletzt ist, das bei ihm zu schweren körperlichen oder seelischen Schäden geführt hat oder voraussichtlich führen wird, oder
4. durch eine rechtswidrige Tat nach den §§ 174 bis 182, 221, 225, 226, 232 bis 235, 238 Absatz 2 und 3, §§ 239a, 239b, 240 Absatz 4, §§ 249, 250, 252, 255 und 316a des Strafgesetzbuches verletzt ist und er bei Antragstellung das 18. Lebensjahr noch nicht vollendet hat oder seine Interessen selbst nicht ausreichend wahrnehmen kann.

(2) Liegen die Voraussetzungen für eine Bestellung nach Absatz 1 nicht vor, so ist dem Nebenkläger für die Hinzuziehung eines Rechtsanwalts auf Antrag Prozesskostenhilfe nach denselben Vorschriften wie in bürgerlichen Rechtsstreitigkeiten zu bewilligen, wenn er seine Interessen selbst nicht ausreichend wahrnehmen kann oder ihm dies nicht zuzumuten ist. § 114 Satz 1 zweiter Halbsatz und § 121 Absatz 1 bis 3 der Zivilprozessordnung sind nicht anzuwenden.

(3) Anträge nach den Absätzen 1 und 2 können schon vor der Erklärung des Anschlusses gestellt werden. Über die Bestellung des Rechtsanwalts, für die § 142 Absatz 1 entsprechend gilt, und die Bewilligung der Prozesskostenhilfe entscheidet der Vorsitzende des mit der Sache befassten Gerichts. In den Fällen des Absatzes 2 ist die Entscheidung unanfechtbar.

188 Dabei ist zwischen einer Beiordnung nach § 397a Abs. 1 StPO und einer nach § 397a Abs. 2 StPO zu unterscheiden.

189 Bei der Beiordnung nach § 397a Abs. 1 StPO sind die wirtschaftlichen Verhältnisse des Nebenklägers absolut unbeachtlich. Hier trägt der Staat das komplette Kostenrisiko der Nebenklage. Die Beiordnung nach § 397a Abs. 1 StPO geht einer Beiordnung als Zeugenbeistand nach § 68b StPO vor und schließt diese aus.[166] Die

166 BGH StraFo 2005, 525.

Beiordnung nach § 397a Abs. 1 StPO kommt lediglich bei den dort abschließend genannten Taten in Betracht.

190 Übersicht:[167] Straftaten nach 397a Abs. 1 StPO

§ 397a Abs. 1 Nr.	Vorschrift/ Umschreibung	Tatbezeichnung
1	176a StGB	Schwerer sexueller Missbrauch von Kindern
1	177 StGB	Sexuelle Nötigung; Vergewaltigung
1	179 StGB	Sexueller Missbrauch widerstandsunfähiger Personen
1	232 StGB	Menschenhandel zum Zweck der sexuellen Ausbeutung
1	233 StGB	Menschenhandel zum Zweck der Ausbeutung der Arbeitskraft
2	211 StGB	Mord
2	212 StGB	Totschlag
3	226 StGB	Schwere Körperverletzung
3	234 StGB	Menschenraub
3	234a StGB	Verschleppung
3	235 StGB	Entziehung Minderjähriger
3	238 StGB	Nachstellung
3	239 StGB	Freiheitsberaubung
3	239a StGB	Erpresserischer Menschenraub
3	239b StGB	Geiselnahme
3	249 StGB	Raub
3	250 StGB	Schwerer Raub
3	252 StGB	Räuberischer Diebstahl
3	255 StGB	Räuberische Erpressung
3	316a StGB	Räuberischer Angriff auf Kraftfahrer
4	174 StGB	Sexueller Missbrauch von Schutzbefohlenen
4	174a StGB	Sexueller Missbrauch von Gefangenen, behördlich Verwahrten oder Kranken und Hilfsbedürftigen in Einrichtungen

167 Die Tabelle bezeichnet lediglich die in der Vorschrift genannten Tatbestände. Aufgrund der Formulierung der Vorschrift kann es zu einer eingeschränkten oder erweiterten Anwendung des Tatbestandes führen.

§ 397a Abs. 1 Nr.	Vorschrift/ Umschreibung	Tatbezeichnung
4	174b StGB	Sexueller Missbrauch unter Ausnutzung einer Amtsstellung
4	174c StGB	Sexueller Missbrauch unter Ausnutzung eines Beratungs-, Behandlungs- oder Betreuungsverhältnisses
4	176 StGB	Sexueller Missbrauch von Kindern
4	176a StGB	Schwerer sexueller Missbrauch von Kindern
4	176b StGB	Sexueller Missbrauch von Kindern mit Todesfolge
4	177 StGB	Sexuelle Nötigung; Vergewaltigung
4	178 StGB	Sexuelle Nötigung und Vergewaltigung mit Todesfolge
4	179 StGB	Sexueller Missbrauch widerstandsunfähiger Personen
4	180 StGB	Förderung sexueller Handlungen Minderjähriger
4	180a StGB	Ausbeutung von Prostituierten
4	181a StGB	Zuhälterei
4	182 StGB	Sexueller Missbrauch von Jugendlichen
4	221 StGB	Aussetzung
4	225 StGB	Misshandlung von Schutzbefohlenen
4	226 StGB	Schwere Körperverletzung
4	232 StGB	Menschenhandel zum Zweck der sexuellen Ausbeutung
4	233 StGB	Menschenhandel zum Zweck der Ausbeutung der Arbeitskraft
4	233a StGB	Förderung des Menschenhandels
4	234 StGB	Menschenraub
4	234a StGB	Verschleppung
4	235 StGB	Entziehung Minderjähriger
4	238 Abs. 2 u. 3 StGB	Nachstellung
4	239a StGB	Erpresserischer Menschenraub
4	239b StGB	Geiselnahme
4	240 Abs. 4 StGB	Nötigung

§ 397a Abs. 1 Nr.	Vorschrift/ Umschreibung	Tatbezeichnung
4	249 StGB	Raub
4	250 StGB	Schwerer Raub
4	252 StGB	Räuberischer Diebstahl
4	255 StGB	Räuberische Erpressung
4	316a StGB	Räuberischer Angriff auf Kraftfahrer

191 Liegt kein Nebenklagedelikt vor, welches eine Beiordnung eines Rechtsanwaltes nach § 397a Abs. 1 StPO rechtfertigt, kann dennoch unter den Voraussetzungen des § 397a Abs. 2 StPO ein Rechtsanwalt beigeordnet werden. Dies ist dann der Fall, wenn dem Nebenkläger in zivilrechtlichen Rechtsstreitigkeiten aufgrund seiner geringen wirtschaftlichen Leistungsfähigkeit Prozesskostenhilfe zu gewähren wäre und er seine Nebenklageinteressen selbst nicht ausreichend wahrnehmen kann oder ihm dies nicht zuzumuten ist.

192 Da neben der wirtschaftlichen Leistungsfähigkeit es darauf ankommt, ob er seine Nebenklageinteressen selbst nicht ausreichend wahrnehmen kann oder ihm dies nicht zuzumuten ist, spielt es im Rahmen der Prozesskostenhilfegewährung keine Rolle, wie die Erfolgsaussichten der Nebenklage zu beurteilen sind.[168] Es ist daher hier maßgebend, ob die Sach- und Rechtslage schwierig ist. Die Wahrnehmung seiner eigenen Interessen ist dem Nebenkläger z.B. insbesondere nicht zuzumuten, wenn er stark psychisch durch die Tat betroffen ist.

193 Die Beiordnung, sei es nach § 397a Abs. 1 StPO oder nach § 397a Abs. 2 StPO, kommt immer nur auf Antrag des Nebenklägers in Betracht.

194 Übersicht: Beiordnung eines Rechtsanwaltes nach § 397a StPO

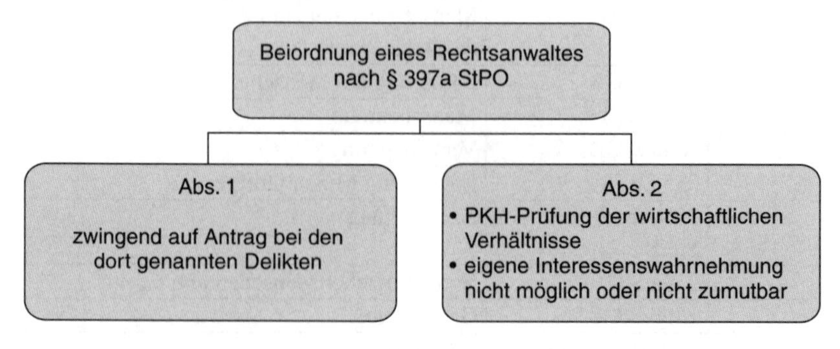

168 *Meyer-Goßner*, § 397a Rn 9.

195

Praxistipp: Nebenklage

Die Opfer der in § 395 StPO genannten Taten sind zur Nebenklage berechtigt.

Die Anschlusserklärung ist schriftlich abzugeben. Wirksam ist aber auch eine Anschlusserklärung zu Protokoll der Geschäftsstelle oder per Telefax. Sie kann auch noch in der Hauptverhandlung zu Protokoll erklärt werden

Die Rechte des Nebenklägers ergeben sich aus §§ 397ff, 406d, 406e und 406g StPO. Der Nebenkläger kann damit umfassend an der Hauptverhandlung teilnehmen und diese mitgestalten.

Der Nebenkläger kann das Urteil allerdings nur bezüglich der Schuldfrage anfechten, nicht jedoch wegen der verhängten Rechtsfolge oder der erfolgten Strafzumessung.

Nach § 397a StPO kann dem Nebenkläger auf Antrag ein Beistand beigeordnet werden. Bei den in § 397a Abs. 1 StPO genannten Delikten ohne weitere Voraussetzungen, ansonsten nach denselben Vorschriften wie in bürgerlichen Rechtsstreitigkeiten, wenn er seine Interessen selbst nicht ausreichend wahrnehmen kann oder ihm dies nicht zuzumuten ist.

Der Nebenklageberechtigte ist von seinem Anwalt über die Vorteile und ggf. Nachteile (ggf. psychische Belastungen) der Teilnahme am Strafverfahren gegen den Angeklagten hinzuweisen.

§ 7 Adhäsionsverfahren

Das Adhäsionsverfahren, welches in den §§ 403–406c StPO geregelt ist, soll dem Verletzten einer Straftat die Möglichkeit eröffnen, seine ihm zustehenden zivilrechtlichen Schadensersatzansprüche (materieller Schaden und Schmerzensgeld), die normalerweise vor einem Zivilgericht geltend zu machen wären, gleich mit in einem Strafverfahren gegen den Täter geltend zu machen, so dass ihm ein gesonderter Zivilprozess erspart bleibt. 1

Macht ein Opfer seinen ihm zustehenden Schadensersatz im Rahmen eines Adhäsionsverfahren geltend, wird ihm teilweise vorgeworfen, es gehe ihm im Verfahren lediglich um Geld und seine Zeugenaussage sei damit mit Vorsicht zu genießen. Letztendlich ist dies aber das gute Recht des Verletzten. Außerdem dürfte die Interessenlage des Opferzeugen, der später seine Ansprüche in einem Zivilverfahren geltend macht, nicht anders sein, da ein gegen den Täter ergangenes Strafurteil für das Zivilverfahren zumindest eine Indizwirkung hat. Insofern muss jedem Opfer zugestanden werden, seinen Schaden geltend zu machen, ohne dass dies eine Auswirkung auf die Glaubwürdigkeit des Opferzeugen hat. Legt der Opferzeuge aus Schadensersatzgesichtspunkten einen zu großen Verfolgungseifer an den Tag, ist dies leicht vom Richter zu erkennen und im Rahmen der Bewertung der Aussage des Opferzeugen zu berücksichtigen. Ungeachtet dessen besteht für das Opfer, insbesondere eines schweren Verbrechens, z.B. Sexualverbrechens, der Vorteil, dass dieses nicht mehrfach in verschiedenen Verfahren aussagen oder mehrere Verhandlungstermine wahrnehmen muss, so dass eine Doppelbelastung des Opfers vermieden werden kann. 2

Ist der Aufenthalt des Beschuldigten unbekannt, bietet sich dennoch die Stellung eines Adhäsionsantrages an, da dieser nach § 404 Abs. 2 StPO mit Eingang bei Gericht dieselbe Wirkung wie die Erhebung der Klage im Zivilverfahren, also die Verjährungsunterbrechung, hat. 3

Durch die Stellung des Adhäsionsantrags im Strafverfahren und der damit erfolgten Verjährungsunterbrechung besteht auch dann nicht mehr die Gefahr, dass man zunächst den Ausgang des Strafverfahrens abwartet, dann entscheidet, eine zivilrechtliche Klage auf Schadensersatz zu erheben und dann feststellen muss, dass die kurze Verjährungsfrist von 3 Jahren nach § 195 BGB bereits abgelaufen ist. 4

Bevor der Antrag auf Schadensersatz im Adhäsionsverfahren gestellt wird, ist stets zu prüfen, ob der Antrag für die Erledigung im Strafverfahren geeignet ist, da das Gericht ihn ansonsten nach § 406 Abs. 1 Satz 4 StPO ablehnen kann. Von einer Un- 5 geeignetheit für die Entscheidung im Adhäsionsverfahren ist nach § 406 Abs. 1 Satz 5 StPO bei einem Antrag insbesondere auszugehen, wenn er die Entscheidung im Strafverfahren erheblich verzögern würde. Eine erhebliche Verzögerung liegt nicht vor, wenn dazu das Verfahren nur kurz unterbrochen werden müsste, wohl aber, wenn eine Aussetzung des Verfahrens notwendig würde.[1] Auch ist der Antrag für eine Erledigung im Adhäsionsverfahren ungeeignet, wenn schwierige zivilrechtliche Rechtsfragen entschieden werden müssten.[2] Ob der Antrag für die Entscheidung im Strafverfahren geeignet ist oder nicht, entscheidet das Gericht nach pflichtgemäßem Ermessen.[3]

6 Das Gericht darf einen Adhäsionsantrag auf Schmerzensgeld nach § 253 Abs. 2 BGB nur wegen Unzulässigkeit oder Unbegründetheit ablehnen, nicht jedoch wegen Ungeeignetheit für das Strafverfahren, wie sich aus dem eindeutigen Wortlaut des § 406 Abs. 1 Satz 6 i.V.m. Satz 3 StPO ergibt. Zulässig ist hier aber, dass das Gericht, insbesondere wenn noch Feststellungen zu der Höhe des Schmerzensgeldes erforderlich sind, ein Grundurteil erlässt.

7 In Verkehrsunfallsachen bietet sich ein Adhäsionsverfahren selten an. Dort wird das Strafverfahren lediglich gegen den Täter, meist den Fahrer eines Kraftfahrzeuges geführt. Die Haftpflichtversicherung des Fahrers ist am Strafverfahren nicht beteilig. Da diese aber im Rahmen des Schadensersatzanspruches zumindest mit in die Haftung genommen werden muss, zumal diese meist den Schadensersatz leisten muss, ist hier der Schadensersatz in einem gesonderten Zivilverfahren geltend zu machen, so kann hier auch die Haftpflichtversicherung mit verklagt werden. Damit ist sichergestellt, dass diese auch im Falle des Obsiegens den Schaden übernimmt.

8 Im Adhäsionsverfahren kann ein Rechtsanwalt nach allgemeinen zivilrechtlichen Grundsätzen mehrere Anspruchsteller gleichzeitig vertreten.

A. Antragsberechtigung

9 Nach § 403 StPO ist der Verletzte einer Straftat im Adhäsionsverfahren antragsberechtigt. Verletzter ist, wer durch die Straftat unmittelbar einen vermögensrechtlichen Anspruch (z.B. Schadensersatzanspruch) erworben hat.[4] Darüber hinaus ist

1 *Meyer-Goßner*, § 406 Rn 12.
2 BGH DAR 2004, 256.
3 BGH NStZ 2003, 46, 47.
4 LR-*Hilger*, § 403 Rn 1.

nach herrschender Meinung auch der aus der Straftat mittelbar Verletzte, also z.B. die Ehefrau eines durch die Straftat Getöteten, antragsberechtigt.[5]

> § 403 StPO Voraussetzungen
>
> Der Verletzte oder sein Erbe kann gegen den Beschuldigten einen aus der Straftat erwachsenen vermögensrechtlichen Anspruch, der zur Zuständigkeit der ordentlichen Gerichte gehört und noch nicht anderweit gerichtlich anhängig gemacht ist, im Strafverfahren geltend machen, im Verfahren vor dem Amtsgericht ohne Rücksicht auf den Wert des Streitgegenstandes.

10 Unbeachtlich für die Antragsberechtigung ist, ob der Verletzte im Strafverfahren einen Strafantrag gestellt hat.[6]

11 Auch ist nach § 403 StPO der Erbe des Verletzten antragsberechtigt. Wurde der Erbe von einer Erbengemeinschaft, z.B. durch seine Ehefrau und seine Kinder, beerbt, ist jeder der Erben für sich alleine antragsberechtigt. Die Leistung des zivilrechtlichen Anspruchs hat allerdings gemäß § 2039 Satz 1 BGB an alle Erben zu erfolgen, so dass der Antrag auf Leistung an alle Erben der Erbengemeinschaft lauten muss. Auch ist ein Erbe des Erben antragsberechtigt.[7]

12 Andere Rechtsnachfolger, wie z.B. Zessionare oder Pfändungsgläubiger sind nicht anspruchsberechtigt, da ihr Anspruch nicht unmittelbar aus der Straftat stammt.[8] Gleiches gilt für die Sozialversicherung auf die der Anspruch übergegangen ist und private Haftpflichtversicherung.

13 Der Insolvenzverwalter ist nur antragsberechtigt, wenn die Schädigung des Gemeinschuldners nach Antragseröffnung im Insolvenzverfahren erfolgt ist.[9]

14 Ist der Antragsteller nicht prozessfähig nach § 52 ZPO, muss der Antrag durch seinen gesetzlichen Vertreter gestellt werden.

B. Antragsgegner

15 Antragsgegner ist lediglich der Beschuldigte. Haftet eine weitere Person neben dem Beschuldigten, kann diese nicht mit in Anspruch genommen werden. Dies gilt

5 LR-*Hilger*, § 403 Rn 1.
6 *Meyer-Goßner*, § 403 Rn 2.
7 LR-*Hilger*, § 403 Rn 2.
8 *Meyer-Goßner*, § 403 Rn 4.
9 OLG Frankfurt NStZ 2007, 588.

insbesondere bei Verkehrsstraftaten für die nach § 3 PflVersG eventuell mithaftende Haftpflichtversicherung.[10]

16 Nach § 81 JGG ist das Adhäsionsverfahren gegen Jugendliche ausgeschlossen. Dies gilt auch nach § 104 Abs. 1 Nr. 14 JGG für Verfahren von Jugendlichen vor den allgemeinen Strafgerichten.

17 Gegen Heranwachsende ist dagegen das Adhäsionsverfahren uneingeschränkt zulässig, d.h. insbesondere auch dann, wenn der Heranwachsende lediglich nach Jugendstrafrecht verurteilt wird, vgl. § 81 JGG i.V.m. § 109 Abs. 2 JGG.

> § 81 JGG Entschädigung des Verletzten
>
> Die Vorschriften der Strafprozessordnung über die Entschädigung des Verletzten (§§ 403 bis 406c der Strafprozessordnung) werden im Verfahren gegen einen Jugendlichen nicht angewendet.
>
> § 109 JGG Verfahren
>
> (1) (...)
>
> (2) Wendet der Richter Jugendstrafrecht an (§ 105), so gelten auch die §§ 45, 47 Abs. 1 Satz 1 Nr. 1, 2 und 3, Abs. 2, 3, §§ 52, 52a, 54 Abs. 1, §§ 55 bis 66, 74 und 79 Abs. 1 entsprechend. § 66 ist auch dann anzuwenden, wenn die einheitliche Festsetzung von Maßnahmen oder Jugendstrafe nach § 105 Abs. 2 unterblieben ist. § 55 Abs. 1 und 2 ist nicht anzuwenden, wenn die Entscheidung im beschleunigten Verfahren des allgemeinen Verfahrensrechts ergangen ist. § 74 ist im Rahmen einer Entscheidung über die Auslagen des Verletzten nach § 472a der Strafprozessordnung nicht anzuwenden.
>
> (3) (...)

18 Der Antragsgegner muss, wie für das übrige Strafverfahren auch, verhandlungsfähig sein, nicht jedoch prozessfähig i.S.d. § 52 ZPO. Soll im Adhäsionsverfahren ein Vergleich über den zivilrechtlichen Anspruch geschlossen werden, bedarf es bei fehlender Geschäftsfähigkeit des Antragsgegners der Mitwirkung des gesetzlichen Vertreters.

10 *Schirmer*, DAR 1988, 121.

C. Antragstellung

I. Strafverfahren

19 Der Adhäsionsantrag ist im Strafverfahren zu stellen. Damit kann er nur im Strafbefehlsverfahren gestellt werden, wenn es nach einem Einspruch gegen den Strafbefehl zu einer Hauptverhandlung kommt.[11] Auch kann der Antrag im Privatklageverfahren gestellt werden.[12] Ein Adhäsionsantrag im Sicherungsverfahren ist dagegen unzulässig.[13]

II. Zeitpunkt

20 Der Antrag kann schon im Ermittlungsverfahren gestellt werden, wird aber erst nach §404 Abs. 2 Satz 2 StPO mit Eingang bei Gericht wirksam.[14] Damit ist Rechtshängigkeit gegeben, ungeachtet der Frage, ob und wann der Antrag dem Antragsgegner zugestellt wird oder ob bereits eine Anklage der Staatsanwaltschaft vorliegt. Damit ist die Verjährung unterbrochen.[15]

21 Der Antrag muss nach §404 Abs. 1 Satz 1 StPO spätestens bis zum Beginn der Schlussvorträge (Plädoyers) gestellt werden. Da die Staatsanwaltschaft üblicherweise zuerst plädiert, muss der Antrag bis dahin gestellt worden sein. Kommt es zu mehrmaligen Plädoyers, z.B. weil das Gericht nach den Plädoyers nochmals in die Beweisaufnahme eingetreten ist, kann der Antrag bis zum Beginn der letzten Plädoyers gestellt werden.[16]

22 Der Adhäsionsantrag kann auch noch im Berufungsverfahren, oder auch wieder bis zum Beginn der Schlussvorträge gestellt werden.[17] Eine Antragstellung im Revisionsverfahren ist dagegen nicht mehr möglich.[18] Wird allerdings die Sache vom Revisionsgericht zur erneuten Verhandlung und Entscheidung an das Tatgericht wieder zurückverwiesen, kann der Antrag wieder gestellt werden.[19]

11 LR-*Hilger*, §403 Rn 20.
12 OLG Düsseldorf JMBlNW 1988, 178.
13 Das Sicherungsverfahren ist kein Strafverfahren.
14 LR-*Hilger*, §404 Rn 2, 7.
15 Vgl. zur Problematik der Verjährung OLG Karlsruhe NJW-RR 1997, 508f; OLG Rostock OLG-NL 2000, 117.
16 LR-*Hilger*, §404 Rn 4.
17 LR-*Hilger*, §404 Rn 4; LG Gießen NJW 1949, 727.
18 *Meyer-Goßner*, §404 Rn 4.
19 BGH DAR 2001, 207.

23 Hat das Gericht in 1. Instanz von einer Entscheidung im Adhäsionsverfahren abgesehen, kann im Berufungsverfahren erneut Adhäsionsantrag gestellt werden, da die Absehensentscheidung nicht in Rechtskraft erwächst.[20]

> § 404 StPO Antrag des Verletzten
>
> (1) Der Antrag, durch den der Anspruch geltend gemacht wird, kann schriftlich oder mündlich zur Niederschrift des Urkundsbeamten, in der Hauptverhandlung auch mündlich bis zum Beginn der Schlussvorträge gestellt werden. Er muss den Gegenstand und Grund des Anspruchs bestimmt bezeichnen und soll die Beweismittel enthalten. Ist der Antrag außerhalb der Hauptverhandlung gestellt, so wird er dem Beschuldigten zugestellt.
>
> (2) Die Antragstellung hat dieselben Wirkungen wie die Erhebung der Klage im bürgerlichen Rechtsstreit. Sie treten mit Eingang des Antrages bei Gericht ein.
>
> (3) Ist der Antrag vor Beginn der Hauptverhandlung gestellt, so wird der Antragsteller von Ort und Zeit der Hauptverhandlung benachrichtigt. Der Antragsteller, sein gesetzlicher Vertreter und der Ehegatte oder Lebenspartner des Antragsberechtigten können an der Hauptverhandlung teilnehmen.
>
> (4) Der Antrag kann bis zur Verkündung des Urteils zurückgenommen werden.
>
> (5) Dem Antragsteller und dem Angeschuldigten ist auf Antrag Prozesskostenhilfe nach denselben Vorschriften wie in bürgerlichen Rechtsstreitigkeiten zu bewilligen, sobald die Klage erhoben ist. § 121 Abs. 2 der Zivilprozessordnung gilt mit der Maßgabe, dass dem Angeschuldigten, der einen Verteidiger hat, dieser beigeordnet werden soll; dem Antragsteller, der sich im Hauptverfahren des Beistandes eines Rechtsanwalts bedient, soll dieser beigeordnet werden. Zuständig für die Entscheidung ist das mit der Sache befasste Gericht; die Entscheidung ist nicht anfechtbar.

III. Form

24 Der Adhäsionsantrag ist nach § 404 Abs. 1 Satz 1 StPO schriftlich oder mündlich zur Niederschrift des Urkundsbeamten in der Hauptverhandlung zu stellen. Der Antrag ist dann als wesentliche Förmlichkeit der Hauptverhandlung nach § 273 Abs. 1 StPO zu protokollieren. Auch ist eine Antragstellung außerhalb der Hauptverhandlung zur Niederschrift des Urkundsbeamten zulässig.[21]

20 KG NStZ-RR 2001, 266.
21 *Meyer-Goßner*, § 404 Rn 2.

Lediglich der Antrag auf Prozesskostenhilfe oder die Ankündigung eines Adhäsionsantrages[22] stellen keine wirksame Antragstellung dar. **25**

IV. Inhalt

26 Der Adhäsionsantrag kann nur einen aus der Straftat erwachsenen vermögensrechtlichen Anspruch beinhalten, der noch nicht anderweitig gerichtlich anhängig ist. Ein vermögensrechtlicher Anspruch ist gegeben, wenn er sich aus Vermögensrechten ableitet oder auf Vermögensrechte gerichtet ist.[23] In der Praxis werden meist Ansprüche auf Schadensersatz, insbesondere Schmerzensgeld, geltend gemacht.

27 Die Genugtuungsfunktion des Schmerzensgeldes entfällt auch nicht bei einer strafrechtlichen Verurteilung des Täters zu einer Freiheitsstrafe, da diese Verurteilung in erster Linie den Interessen der Gesellschaft und nicht der Genugtuung des Opfers dient.[24]

28 Der im Adhäsionsverfahren geltend gemachte Anspruch muss in die Zuständigkeit der ordentlichen Gerichte fallen, darf also insbesondere nicht in die ausschließliche Zuständigkeit der Arbeitsgerichte fallen. Wurde allerdings über einen derartigen Anspruch, der nicht in die Zuständigkeit der ordentlichen Gerichte fällt, im Adhäsionsverfahren entschieden, ist die Entscheidung trotzdem wirksam.[25]

29 Im Adhäsionsverfahren gelten die zivilprozessualen Streitwertgrenzen nach § 403 StPO nicht, so dass auch bei einem Strafverfahren vor dem Amtsgericht Adhäsionsansprüche, gleich in welcher Höhe, geltend gemacht werden können. Hieraus folgt weiter, dass für das Adhäsionsverfahren, unabhängig von der Höhe des geltend gemachten Anspruchs, kein Anwaltszwang nach § 78 ZPO besteht.

30 Die inhaltlichen Anforderungen an den Adhäsionsantrag ergeben sich aus § 404 Abs. 1 StPO. Nach § 404 Abs. 1 Satz 2 StPO hat der Antrag den Gegenstand und den Grund des Anspruchs genau zu bezeichnen. Er soll zudem die Beweismittel enthalten.

31 Gegenstand des Antrags bedeutet, dass der Antragsteller einen bestimmten Antrag mit vollstreckungsfähigem Inhalt stellen muss, da das Adhäsionsurteil ggf. Grundlage für eine spätere Zwangsvollstreckung ist. Er muss also den Erfordernissen ei-

22 BGH NStZ 1990, 230.
23 *Granderath*, NStZ 1984, 400.
24 BGH NJW 1995, 781, 782.
25 BGHSt 3, 210, 213.

ner normalen zivilrechtlichen Klage gerecht werden. In der Regel wird also der begehrte Geldbetrag der Höhe nach zu beziffern sein. Bei der Geltendmachung von Schmerzensgeld kann die Höhe in das Ermessen des Gerichts gestellt werden, so dass hier kein bestimmter Betrag im Rahmen des Antrages genannt werden muss. Dieser ist aber für die Angabe des Streitwertes erforderlich,[26] so dass sich im Rahmen der Begründung des Adhäsionsantrages Ausführungen zu den betragsmäßigen Vorstellungen des Antragstellers gebieten. An diesen Betrag ist das Gericht allerdings bei seiner Entscheidung nicht gebunden, es kann nach oben von ihm abweichen.

32 Auch ist eine Bezifferung des Antrags entbehrlich, wenn sich der Betrag erst nach der durchgeführten Beweisaufnahme, etwa nach Anhörung eines Sachverständigen, bestimmen lässt.[27]

33 Anstatt eines Leistungsantrags bzw. zusätzlich zu einem Leistungsantrag kann der Antragsteller auch einen Feststellungsantrag stellen, wenn der Schaden im Adhäsionsverfahren noch nicht (vollständig) bezifferbar ist und wegen drohender Verjährung er ein berechtigtes Interesse i.S.d. § 256 Abs. 1 ZPO an der Feststellung hat. Dies bietet sich z.B. immer dann an, wenn bei verständiger Beurteilung mit weiteren Folgen oder Spätfolgen zu rechnen ist.[28]

34 Da der Antragsteller ggf. kein Kostenrisiko eingehen möchte für den Fall, dass das Gericht keine Prozesskostenhilfe bewilligt, kann er seinen Antrag unter dem Vorbehalt der Prozesskostenhilfebewilligung stellen. Der Antrag wird dann erst mit der Bewilligung der Prozesskostenhilfe durch das Gericht wirksam. Lehnt das Gericht dagegen die Bewilligung von Prozesskostenhilfe ab, wird der Antrag nicht wirksam. Der Antragsteller muss nun entscheiden, ob er auf seinen Antrag verzichtet oder ihn mit eigenem Kostenrisiko stellt.

35 Neben der Angabe des Gegenstandes des Antrags muss der Antragsteller nach § 404 Abs. 1 Satz 2 StPO auch den Antragsgrund angeben. Hierzu zählen alle Angaben des Lebenssachverhalts, die den Antrag schlüssig machen. Bestehen hier Defizite, hat das Gericht nach § 139 ZPO darauf hinzuweisen.[29] Erfolgt daraufhin durch den Antragsteller keine Nachbesserung, kann der Antrag durch das Gericht als unzulässig abgewiesen werden.[30]

26 *Zöller-Greger*, ZPO, § 253 Rn 14.
27 OLG Stuttgart NJW 1978, 2209.
28 BGH VersR 1989, 1055.
29 KK-*Engelhardt*, § 404 Rn 5.
30 *Meyer-Goßner*, § 406 Rn 10.

Beweismittel sollen, müssen aber nicht, angegeben werden. Ihr Fehlen ist unschädlich, da der Amtsermittlungsgrundsatz nach § 244 Abs. 2 StPO gilt. **36**

Im Antrag ist der Beschuldigte als Antragsgegner mit Name und Adresse zu bezeichnen.[31] Gleiches gilt für die Angabe des Antragstellers.[32] Bei der Angabe des Antragstellers, kann die Angabe der Adresse des Antragstellers entbehrlich sein, wenn dieser ein Geheimhaltungsinteresse, z.B. wegen Gefährdung oder Stalkings, hat. **37**

Muster: Adhäsionsantrag mit PKH **38**

An das

Amtsgericht/Landgericht ( )

In dem Strafverfahren

gegen ( )

AZ: ( )

wird beantragt,

der Angeklagte wird verurteilt, an die Nebenklägerin ein angemessenes Schmerzensgeld zu zahlen.

Es wird festgestellt, dass der Beklagte verpflichtet ist, dem Kläger sämtliche materielle und immaterielle Schäden, die ihm in Zukunft aufgrund der Tat vom ( ) entstehen werden, zu ersetzen, soweit sie nicht auf Sozialversicherungsträger oder sonstige Dritte übergehen oder übergegangen sind.

Der Angeklagte trägt die Kosten des Adhäsionsverfahrens.

Begründung:

Zur Begründung wird auf die Anklageschrift verwiesen. Hiernach hat ( )

Die damals ( )-jährige Nebenklägerin leidet heute noch unter dem Eindruck des körperlichen Übergriffs und der Vergewaltigung des Angeklagten.

Die Nebenklägerin hält ein Schmerzensgeld in Höhe von mindestens ( ) für angemessen.

Die Genugtuungsfunktion des Schmerzensgeldes entfällt auch nicht bei einer strafrechtlichen Verurteilung des Täters zu einer Freiheitsstrafe, da diese Verurteilung in

31 OLG Karlsruhe NJW-RR 1997, 508.

32 KMR-*Stöckel*, § 403 Rn 12.

erster Linie den Interessen der Gesellschaft und nicht der Genugtuung des Opfers dient (vgl. BGH NJW 1995, 781, 782).

Es wird beantragt, der Nebenklägerin für den Adhäsionsantrag Prozesskostenhilfe unter Beiordnung des Unterzeichners zu bewilligen.

Die Nebenklägerin ist nach ihren persönlichen und wirtschaftlichen Verhältnissen nicht in der Lage die Kosten der Prozessführung aufzubringen. Insoweit wird auf die beigefügten Prozesskostenhilfeunterlagen verwiesen.

Rechtsanwalt

D. Antragsrücknahme

39 Nach § 404 Abs. 3 StPO kann der Adhäsionsantrag bis zur Verkündung des Urteils zurückgenommen werden. Einer Zustimmung des Antragsgegners bedarf es hierbei nicht. Die Antragsrücknahme kann auch noch im Berufungsverfahren erfolgen, nicht aber in der Revisionsinstanz.

40 Nach Antragsrücknahme kann der Antragsteller erneut den Anspruch, auch in einem gesonderten Zivilverfahren, geltend machen.[33]

E. Rechte des Adhäsionsklägers

41 Neben den allgemeinen Rechten, die mit dem Adhäsionsantrag verbunden sind, wie z.B. das Recht Prozesskostenhilfe zu beantragen, kann sich der Adhäsionskläger am Strafverfahren durch die Ausübung eines Fragerechts und Ausübung des Beweisantragsrechts beteiligen, sofern beides der Adhäsionsklage dient. Auch kann der Adhäsionskläger Zeugen oder Sachverständige, die dem Adhäsionsantrag dienen, im Wege des Selbstladeverfahrens zum Gerichtstermin laden.

42 Der Adhäsionskläger kann ferner nach § 238 Abs. 2 StPO Anordnungen des Vorsitzenden beanstanden und einen Gerichtsbeschluss beantragen.

43 Darüber hinaus kann er auch einen Schlussvortrag (Plädoyer) halten.

44 Ob dem Adhäsionskläger das Recht zusteht, Richter oder Sachverständige (wegen Besorgnis der Befangenheit) abzulehnen, war früher strittig. Das Bundesverfas-

33 *Schirmer*, DAR 1988, 123.

sungsgericht hat nunmehr die Richterablehnung ausdrücklich anerkannt.[34] Dies muss damit auch für die Ablehnung von Sachverständigen gelten.

F. Verfahrensgrundsätze

45 Für das Adhäsionsverfahren und die Entscheidung über den Adhäsionsantrag gilt grundsätzlich das Strafprozessrecht, es sei denn, die Vorschriften über das Adhäsionsverfahren verweisen direkt auf die Zivilprozessordnung, wie z.B. § 404 Abs. 5 StPO i.V.m. § 114 ZPO. Gleiches gilt, wenn eine strafprozessuale Regelungslücke oder Unklarheit vorliegt, wie z.B. § 406 StPO i.V.m. § 313b Abs. 1 ZPO.

46 Der Vorrang des strafprozessualen Verfahrens bedeutet insbesondere, dass nicht der zivilprozessuale Beibringungsgrundsatz, sondern der strafprozessuale Amtsermittlungsgrundsatz nach § 244 Abs. 2 StPO gilt.

47 Weiterer Vorteil besteht darin, dass der Antragsteller im Adhäsionsverfahren für eine Beweiserhebung keinen Kostenvorschuss leisten muss oder einen Auslagenvorschuss nach §§ 379, 402 ZPO zu leisten hat.

48 Allerdings gilt die zivilprozessuale Beweiserleichterung des § 287 ZPO, wonach das Gericht bei der Schadensermittlung unter Würdigung aller Umstände nach seiner freien Überzeugung entscheidet, was sowohl die Kausalität zwischen haftungsbegründenden und haftungsausfüllenden Tatbestand, sowie die Feststellungen zur Schadenshöhe betrifft.

49 Auch gilt nach herrschender Meinung die zivilprozessuale Hinweispflicht des Gerichts nach § 139 ZPO im Adhäsionsverfahren.[35] Hiernach besteht eine Pflicht des Gerichts auf entscheidungserhebliche Gesichtspunkte hinzuweisen und somit Überraschungsentscheidungen zu vermeiden.

G. Unfreiwillig abwesender Adhäsionskläger

50 Ist der Adhäsionskläger unfreiwillig an der Teilnahme der Hauptverhandlung gehindert, stellt sich die Frage, ob der Richter trotz seiner Abwesenheit von seinem Antrag nach unten abweichen kann und damit nur den Anspruch teilweise zuerkennen kann oder ob die Hauptverhandlung unterbrochen werden muss und erst wieder bei Anwesenheit des Adhäsionsklägers fortgeführt werden kann. Diese Frage

34 BVerfG, Beschl. v. 27.12.2006 – 2 BvR 958/06.

35 *Plüür/Herbst*, NJ 2005, 153, 154.

ist bislang noch nicht gerichtlich geklärt. Sofern die Unterbrechung der Hauptverhandlung nicht unverhältnismäßig ist, dürfte ein Abwarten auf die Anwesenheit des Adhäsionsklägers vorzuziehen sein, da insbesondere auch bei Anwesenheit des Adhäsionsklägers ein Vergleichsschluss über die Adhäsionsforderung möglich ist.[36]

H. Vergleich

51 Bis die gesetzliche Vorschrift des § 405 StPO, die den Vergleich im Adhäsionsverfahren regelt, in die Strafprozessordnung eingeführt wurde, war umstritten, ob ein Vergleichsschluss im Adhäsionsverfahren überhaupt möglich ist.[37] Dieser Streit ist durch die Einführung des § 405 StPO obsolet geworden.

> § 405 StPO Vergleich
>
> (1) Auf Antrag des Verletzten oder seines Erben und des Angeklagten nimmt das Gericht einen Vergleich über die aus der Straftat erwachsenen Ansprüche in das Protokoll auf. Es soll auf übereinstimmenden Antrag der in Satz 1 Genannten einen Vergleichsvorschlag unterbreiten.
>
> (2) Für die Entscheidung über Einwendungen gegen die Rechtswirksamkeit des Vergleichs ist das Gericht der bürgerlichen Rechtspflege zuständig, in dessen Bezirk das Strafgericht des ersten Rechtszuges seinen Sitz hat.

52 Der Vergleichsschluss im Adhäsionsverfahren setzt damit die Beteiligung im Adhäsionsverfahren voraus.

53 Die Personen, die nach § 405 Abs. 1 Satz 1 StPO einen Vergleich schließen können, sind mit den Personen, die Beteiligte eines Adhäsionsverfahrens sein können, identisch.

54 Der Vergleich muss sich auf die Straftat beziehen, wobei es unbeachtlich ist, ob z.B. eine Verfahrensbeschränkung nach § 154 StPO vorgenommen worden ist.

55 Gegenstand des Vergleichs brauchen nicht nur vermögensrechtliche Ansprüche, wie z.B. Schadensersatz oder Schmerzensgeld, zu sein. Es kann auch z.B. die Abgabe einer Ehrenerklärung mit in den Vergleich aufgenommen werden. Der Vergleich kann, wie jeder zivilrechtliche Vergleich, z.B. Ratenzahlungsklauseln oder

36 *Weiner/Ferber*, Rn 89.
37 BGHSt 37, 263, 264.

Abgeltungsklauseln enthalten oder mit einer Widerrufsmöglichkeit binnen einer bestimmten Frist geschlossen werden.

56 Der Vergleich kann, und wird regelmäßig, unabhängig vom Ausgang des Strafverfahrens geschlossen werden.

57 Ein Vergleich im Adhäsionsverfahren kann für beide Seiten – Opfer und Täter – vorteilhaft sein. Das Opfer erhält einen vollstreckbaren Titel über die Vergleichsforderung, der Täter wird seine Bereitschaft zur Schadenswiedergutmachung im Rahmen der Strafzumessung gegen ihn als positiven Aspekt anführen können.

58 Ist ein Vergleich zustande gekommen, ist die rechtshängige Adhäsionsklage beendet, so dass das Gericht selbstverständlich keine Entscheidung mehr über die Adhäsionsklage im Urteil zu treffen hat.

59 Nach § 405 Abs. 1 Satz 1 StPO protokolliert das Gericht auf Antrag eines der Beteiligten im Adhäsionsverfahren einen – bereits zwischen den Beteiligten verhandelten – Vergleich.

60 Nach § 405 Abs. 1 Satz 2 StPO soll das Gericht einen eigenen Vergleichsvorschlag erarbeiten und den Parteien unterbreiten, wenn die Parteien übereinstimmend erklären, dass sie dies wünschen. Ohne eine übereinstimmende Bitte der Parteien auf Unterbreitung eines gerichtlichen Vergleichsvorschlages dürfte das Gericht eher davon abzusehen haben, auf eigene Veranlassung einen Vergleichsvorschlag zu unterbreiten, da es sich allzu schnell in die Gefahr der Befangenheit begeben könnte.[38]

61 Aus dem geschlossenen Vergleich kann dann unmittelbar nach § 794 Abs. 1 Satz 1 ZPO vollstreckt werden.

62 Sollte eine Partei Einwendungen über die Rechtswirksamkeit des Vergleiches erheben, ist nach § 405 Abs. 2 StPO das Zivilgericht zuständig, welches seinen Sitz im Bezirk des Strafgerichts erster Instanz hat. § 405 Abs. 2 StPO enthält allerdings keine Regelung über die sachliche Zuständigkeit des Zivilgerichtes. Teilweise wird daher vertreten, dass die zivilrechtlichen Streitwertgrenzen nach §§ 23, 71 GVG hier bedeutungslos sind und das Zivilgericht hier sachlich zuständig sein soll, welches dem Strafgericht erster Instanz entspricht.[39] Da sich aber aus den Gesetzesmaterialien kein Anhaltspunkt für die Abweichung von den normalen zivilrechtlichen, auch sachlichen, Zuständigkeiten ergibt, dürfte von den üblichen Zustän-

38 BT-Drucks 15/1976, S. 15.

39 *Plüür/Herbst*, www.kammergericht.de, S. 24.

digkeiten auszugehen sein. Damit ist das Verfahren über die Rechtswirksamkeit eines im Adhäsionsverfahren geschlossenen Vergleichs streitwertabhängig.

I. Entscheidung des Gerichts

63 Das Gericht kann nach § 406 StPO dem Antrag entweder ganz oder dem Grunde nach stattgeben oder von einer Entscheidung absehen. Andere Entscheidungsmöglichkeiten hat das Gericht nicht.

§ 406 StPO Entscheidung

(1) Das Gericht gibt dem Antrag in dem Urteil statt, mit dem der Angeklagte wegen einer Straftat schuldig gesprochen oder gegen ihn eine Maßregel der Besserung und Sicherung angeordnet wird, soweit der Antrag wegen dieser Straftat begründet ist. Die Entscheidung kann sich auf den Grund oder einen Teil des geltend gemachten Anspruchs beschränken; § 318 der Zivilprozessordnung gilt entsprechend. Das Gericht sieht von einer Entscheidung ab, wenn der Antrag unzulässig ist oder soweit er unbegründet erscheint. Im Übrigen kann das Gericht von einer Entscheidung nur absehen, wenn sich der Antrag auch unter Berücksichtigung der berechtigten Belange des Antragstellers zur Erledigung im Strafverfahren nicht eignet. Der Antrag ist insbesondere dann zur Erledigung im Strafverfahren nicht geeignet, wenn seine weitere Prüfung, auch soweit eine Entscheidung nur über den Grund oder einen Teil des Anspruchs in Betracht kommt, das Verfahren erheblich verzögern würde. Soweit der Antragsteller den Anspruch auf Zuerkennung eines Schmerzensgeldes (§ 253 Abs. 2 des Bürgerlichen Gesetzbuches) geltend macht, ist das Absehen von einer Entscheidung nur nach Satz 3 zulässig.

(2) Erkennt der Angeklagte den vom Antragsteller gegen ihn geltend gemachten Anspruch ganz oder teilweise an, ist er gemäß dem Anerkenntnis zu verurteilen.

(3) Die Entscheidung über den Antrag steht einem im bürgerlichen Rechtsstreit ergangenen Urteil gleich. Das Gericht erklärt die Entscheidung für vorläufig vollstreckbar; die §§ 708 bis 712 sowie die §§ 714 und 716 der Zivilprozessordnung gelten entsprechend. Soweit der Anspruch nicht zuerkannt ist, kann er anderweit geltend gemacht werden. Ist über den Grund des Anspruchs rechtskräftig entschieden, so findet die Verhandlung über den Betrag nach § 304 Abs. 2 der Zivilprozessordnung vor dem zuständigen Zivilgericht statt.

(4) Der Antragsteller erhält eine Abschrift des Urteils mit Gründen oder einen Auszug daraus.

(5) Erwägt das Gericht, von einer Entscheidung über den Antrag abzusehen, weist es die Verfahrensbeteiligten so früh wie möglich darauf hin. Sobald das Gericht nach Anhörung des Antragstellers die Voraussetzungen für eine Entscheidung über den Antrag für nicht gegeben erachtet, sieht es durch Beschluss von einer Entscheidung über den Antrag ab.

Übersicht: Entscheidung des Gerichts über den Adhäsionsantrag **64**

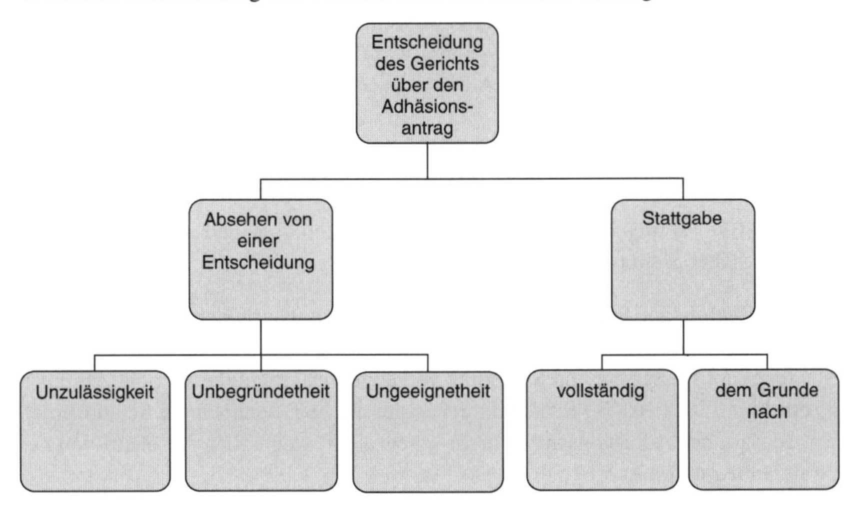

J. Absehen von einer Entscheidung

65 Nach § 406 Abs. 1 Satz 3–6 StPO kann das Gericht von einer Entscheidung über den Adhäsionsantrag absehen. Dafür kommen allerdings nur drei Gründe in Betracht. Das Gericht kann von einer Entscheidung im Adhäsionsverfahren absehen, wenn der Antrag unzulässig ist, wenn der Antrag unbegründet oder nicht für die Erledigung im Strafverfahren geeignet ist.

I. Unzulässigkeit des Antrags

66 Ein Antrag im Adhäsionsverfahren ist unzulässig, wenn es schon z.B. an der Antragsberechtigung nach § 403 StPO oder den weiteren Tatbestandsvoraussetzungen, wie z.B. der ordnungsgemäßen Begründung oder der Rechtzeitigkeit der Antragsstellung, fehlt.[40] Darüber hinaus ist der Antrag als unzulässig abzuweisen, wenn es an der deutschen Gerichtsbarkeit fehlt oder eine entgegenstehende Rechtskraft vorliegt.

67 Die Abtretung des Anspruchs durch den Anspruchsinhaber an einen Dritten (Zessionar), z.B. eine Versicherung, die bereits eine Versicherungssumme geleistet hat, macht den Antrag nicht unzulässig. Der Antrag ist lediglich dahingehend zu än-

40 Vgl. oben § 7 Rn 21f., 26 ff.

dern, dass der Anspruchsteller nunmehr Leistung an den Abtretungsempfänger (z.B. die Versicherung) verlangt.[41] Der Abtretungsempfänger kann, wenn er nicht zum Personenkreis des § 403 StPO gehört, was regelmäßig nicht der Fall sein dürfte, selbst nicht Anspruchsteller im Adhäsionsverfahren sein.

II. Unbegründetheit des Antrags

68 Der Adhäsionsantrag kann zum Einen aus strafrechtlicher und zum Anderen aus zivilrechtlicher Sicht unbegründet sein.

69 Aus strafrechtlicher Sicht ist der Adhäsionsantrag unbegründet, wenn der Angeklagte der Straftat nicht schuldig gesprochen wird[42] und gegen ihn auch keine Maßregel der Besserung und Sicherung verhängt wird. Sieht das Gericht z.B. nach §§ 60, 157, 158, 199, 233 StGB von der Strafe ab, liegt dennoch ein Schuldspruch vor, so dass der Adhäsionsantrag nicht schon allein wegen des Absehens von der Strafe unbegründet ist.

70 Der Adhäsionsantrag ist auch unbegründet, wenn der Angeklagte zwar verurteilt wird, aber nicht wegen einer Straftat, aus der sich der Adhäsionsanspruch ergibt. Es muss also eine Identität zwischen dem Adhäsionsgrund und der verurteilten Straftat vorliegen.[43] Dies bedeutet ferner, dass für den Fall, dass das Verfahren hinsichtlich einer Tat nach § 154 eingestellt wird, diesbezüglich das Adhäsionsverfahren ausscheidet. Wurde der Adhäsionsanspruch gerade auf die nach § 154 StPO eingestellte Tat gestützt, ist der Adhäsionsantrag unbegründet.

71 Wurde eine Straftat, auf die der Adhäsionsanspruch gestützt wird, dagegen nach § 154a StPO ausgeschieden, ist zu prüfen, ob die ausgeschiedene Tat mit der verurteilten Tat in Tateinheit nach § 52 StGB oder in Tatmehrheit nach § 53 StGB steht. Besteht Tateinheit zu der verurteilten Tat, bleibt der Adhäsionsantrag auch nach Ausscheiden der Tat nach § 154a StPO begründet. Besteht dagegen Tatmehrheit zu der verurteilten Tat, ist der Adhäsionsantrag auch nach Ausscheiden der Tat nach § 154a StPO unbegründet.

72 Aus zivilrechtlicher Sicht ist der Adhäsionsantrag aus den Gründen unbegründet, aus denen eine normale zivilrechtliche Klage auch unbegründet wäre. In Frage kommt hier insbesondere, wenn ein bestimmter Schaden nicht nachgewiesen wird,

41 LR-*Hilger*, § 405 Rn 4.
42 BGH NStZ 2003, 321.
43 BGH NStZ 2003, 321.

weil z.B. keine Belege zur Schadenshöhe vorgelegt werden, oder weil die Kausalität zwischen Schadenereignis und Schaden nicht nachgewiesen werden kann.

III. Fehlende Eignung

73 Auch kann das Gericht nach §406 Abs. 1 Satz 4 StPO von einer Entscheidung absehen, wenn sich der Antrag, auch unter Berücksichtigung der berechtigten Belange des Antragstellers, zur Erledigung im Strafverfahren nicht eignet. Der Antrag ist nach §406 Abs. 1 Satz 5 StPO insbesondere dann zur Erledigung im Strafverfahren nicht geeignet, wenn seine weitere Prüfung, auch soweit eine Entscheidung nur über den Grund oder einen Teil des Anspruchs in Betracht kommt, das Verfahren erheblich verzögern würde.

74 Damit soll die Entscheidung über den Adhäsionsantrag den Regelfall, das Absehen wegen fehlender Eignung den Ausnahmefall darstellen.[44] Dies wird auch dadurch deutlich, dass nunmehr – im Gegensatz zu der früheren Gesetzesfassung – eine „erhebliche“ Verzögerung nach dem Gesetzeswortlaut für das Absehen vom Adhäsionsantrag erforderlich ist.

75 Damit rechtfertigen bloße kurzfristige Verzögerungen, wie z.B. die Unterbrechung der Hauptverhandlung, ein Absehen nicht. Müsste wegen des Adhäsionsantrages allerdings die Verhandlung ausgesetzt werden, kann von einer Entscheidung über den Adhäsionsantrag abgesehen werden.

76 Eine erhebliche Verfahrensverzögerung wurde allerdings auch schon angenommen, wenn bei einer 1-tägigen Hauptverhandlung, nur wegen einer weiteren Beweisaufnahme für das Adhäsionsverfahren, ein weiterer Verhandlungstag notwendig würde.[45] Eine mehrtägige Hauptverhandlung wird aber in der Regel, ohne dass eine erhebliche Verfahrensverzögerung anzunehmen sein wird, um einen weiteren Tag wegen des Adhäsionsverfahrens verlängerbar sein.[46]

77 Bevor ein komplettes Absehen in Frage kommt, muss erst geprüft werden, ob die Möglichkeit des Erlasses eines Grund- oder Teilurteils ohne eine erhebliche Verfahrensverzögerung besteht, so dass dann nur ein teilweises Absehen von einer Entscheidung notwendig wäre.

44 KMR-*Stöckel*, §406 Rn 14.
45 KMR-*Stöckel*, §406 Rn 19.
46 KMR-*Stöckel*, §406 Rn 19.

78 Ob das Gericht wegen einer erheblichen Verfahrensverzögerung von der Entscheidung über den Adhäsionsantrag absieht, ist seine Ermessenssache. Hierbei ist eine umfassende Abwägung zwischen den Interessen des Geschädigten, insbesondere seine Ansprüche im Adhäsionsverfahren geltend zu machen, sowie den Interessen des Angeklagten an einem fairen und schnellen Verfahren und dem Interesse des Staates, seinen Strafanspruch möglichst effektiv und zeitnah zu verfolgen, erforderlich.[47]

79 Die erhebliche Verfahrensverzögerung stellt einen Beispielsfall für die Ungeeignetheit der Entscheidung im Adhäsionsverfahren dar, ist aber nicht der einzig mögliche Grund dafür. Dies ergibt sich aus der Formulierung des § 406 Abs. 1 Satz 5 StPO, wonach der Antrag insbesondere dann zur Erledigung im Strafverfahren nicht geeignet ist, wenn seine weitere Prüfung, auch soweit eine Entscheidung nur über den Grund oder einen Teil des Anspruchs in Betracht kommt, das Verfahren erheblich verzögern würde.

80 Als weitere Gründe für die Nichteignung kommen daher schwierige zivilrechtliche Rechtsfragen,[48] eine übermäßig hohe Schadensersatzforderung[49] (763 Mio. €), das Haftungsrisiko des Pflichtverteidigers[50] oder z.B. Fragen des internationalen Privatrechts[51] in Betracht.

81 Auch kann das in Haftsachen geltende Beschleunigungsgebot eine Nichteignung begründen.[52]

82 Nach § 406 Abs. 1 Satz 6 StPO kann nicht wegen fehlender Eignung von der Entscheidung abgesehen werden, soweit der Antragsteller einen Anspruch auf Zuerkennung eines Schmerzensgeldes (§ 253 Abs. 2 BGB) geltend macht. Ein Absehen von einer Entscheidung im Adhäsionsverfahren ist hier nur möglich, wenn der Antrag entweder unzulässig oder unbegründet ist.

47 OLG Hamburg NStZ-RR 2006, 347.

48 BGH DAR 2004, 256.

49 OLG Hamburg NStZ-RR 2006, 347.

50 Die Beiordnung des Pflichtverteidigers erstreckt sich auch auf die Abwehr des Adhäsionsantrages. Ein diesbezügliches hohes Haftungsrisiko birgt die Gefahr, dass sich der Pflichtverteidiger nicht mehr auf die Verteidigung, sondern nur noch auf das Adhäsionsverfahren konzentriert, was dem Grundsatz des fairen Verfahrens für den Angeklagten zuwiderlaufen würde; vgl. OLG Hamburg NStZ-RR 2006, 347, 349.

51 BGH StV 2004, 61.

52 OLG Celle StV 2007, 293.

Nach § 406 Abs. 5 StPO hat das Gericht, sofern es erwägt von einer Entscheidung im Adhäsionsverfahren abzusehen, die Verfahrensbeteiligten so früh wie möglich darauf hinzuweisen und ihnen Gelegenheit zur Stellungnahme zu geben. Erwägt das Gericht lediglich eine Teilabsehung, d.h. beabsichtigt es nur ein Teil- oder Grundurteil zu erlassen, ist der Hinweis nicht erforderlich.[53] **83**

Das (vollständige) Absehen von einer Entscheidung im Adhäsionsverfahren erfolgt nach § 406 Abs. 5 Satz 2 StPO durch gerichtlichen Beschluss. Wurde der Adhäsionsantrag vor Beginn der Hauptverhandlung gestellt und erfolgte die Ablehnung vor Urteilsverkündung und ist das Urteil auch bislang noch nicht verkündet, kann der Beschluss mit der sofortigen Beschwerde, also binnen einer Woche nach Bekanntgabe der Entscheidung, angefochten werden. Die Beschwerde wird allerdings unzulässig, sobald ein Urteil oder eine andere das Strafverfahren beendende Entscheidung ergeht. **84**

K. Stattgabe

Liegt ein begründeter Adhäsionsantrag vor, von dem auch nicht wegen einer eventuellen erheblichen Verfahrensverzögerung abgesehen worden ist, gibt das Gericht dem Adhäsionsantrag im Urteil statt. Die Stattgabe erfolgt im Strafurteil gegen den Angeklagten, mit dem er entweder schuldig gesprochen wird oder gegen ihn eine Maßregel der Besserung oder Sicherung angeordnet wird. Hierbei erfolgt keine Trennung des Urteils in ein Straf- und ein Zivilurteil. **85**

Wie bereits ausgeführt, kann mittels Strafbefehl nicht über einen Adhäsionsanspruch entschieden werden.[54] Dies gilt allerdings nicht für ein Strafurteil, welches aufgrund einer Hauptverhandlung nach einem Einspruch gegen einen Strafbefehl ergeht. **86**

Das Urteil kann, je nach Antrag und ggf. bei teilweisem Absehen von einer Entscheidung, als Zahlungsurteil, Feststellungsurteil, Anerkenntnisurteil, Grundurteil oder Teilurteil ergehen. **87**

Da die Adhäsionsentscheidung vollstreckbar sein muss, muss es die dafür nach zivilrechtlichen Grundsätzen erforderlichen Angaben nach § 313 Abs. 1 Nr. 1 ZPO enthalten. Damit sind grundsätzlich die Parteien mit Namen und Anschrift zu bezeichnen. Hat der Adhäsionskläger allerdings ein Geheimhaltungsinteresse, weil er **88**

53 *Meier/Dürre*, JZ 2006, 24.

54 BGH NJW 1982, 1047, 1048.

Repressalien oder Stalking durch den Verurteilten befürchtet, kann von der Angabe der Anschrift des Adhäsionsklägers abgesehen werden. Er muss allerdings so genau bezeichnet werden, dass seine Identität zweifelsfrei feststeht.[55] Dies wird in der Regel durch Angabe seines Geburtsdatums und Geburtsortes oder durch Angabe seiner Arbeitsstelle erreicht.[56]

89 Das Adhäsionsurteil wird dann nach normalen zivilrechtlichen Regelungen vollstreckt, wobei für die Vollstreckung das Zivilgericht nach § 406b Satz 2 StPO zuständig ist, in dessen Bezirk das Strafgericht erster Instanz seinen Sitz hat.

L. Rechtsmittel

I. Antragsteller

90 Nach § 406a Abs. 1 Satz 1 StPO steht dem Antragsteller, wenn das Gericht von einer Entscheidung (vollständig) im Adhäsionsverfahren nach § 406 Abs. 5 Satz 2 StPO durch gerichtlichen Beschluss abgesehen hat und der Adhäsionsantrag vor Beginn der Hauptverhandlung gestellt wurde und die Ablehnung des Adhäsionsantrages vor Urteilsverkündung erfolgt ist und das Urteil auch bislang noch nicht verkündet wurde, die sofortige Beschwerde, also binnen einer Woche nach Bekanntgabe der Entscheidung, zu. Die Beschwerde wird allerdings unzulässig, sobald ein Urteil oder eine andere das Strafverfahren beendende Entscheidung ergeht.

91 Im Übrigen, d.h. gegen das Urteil, mit dem das Gericht vom Adhäsionsantrag ganz oder teilweise absieht, steht dem Antragsteller nach § 406a Abs. 1 Satz 2 StPO kein Rechtsmittel zu. Die ablehnende Entscheidung erwächst nicht in Rechtskraft, so dass der Antragsteller den Adhäsionsantrag in einem Berufungsverfahren oder vor einem Zivilgericht weiter verfolgen kann.[57]

92 Da die ablehnende Entscheidung nicht in Rechtskraft erwächst,[58] kann der Anspruchsteller seinen Anspruch erneut auf dem Zivilrechtsweg geltend machen.

93 Hat das Gericht allerdings den Adhäsionsantrag fehlerhaft zurück- oder abgewiesen, kann der Antragsteller diese Entscheidung mit den normalen Rechtsmitteln

55 *Thomas/Putzo*, § 750 Rn 3.

56 BGH, Urt. v. 31.10.2000 – VI ZR 198/99.

57 KG StraFo 2007, 336.

58 Vgl. unten § 7 Rn 112.

(Berufung, Revision, Beschwerde) anfechten, sofern keine Umdeutung in eine Absehensentscheidung in Betracht kommt.

> § 406a StPO Rechtsmittel
>
> (1) Gegen den Beschluss, mit dem nach § 406 Abs. 5 Satz 2 von einer Entscheidung über den Antrag abgesehen wird, ist sofortige Beschwerde zulässig, wenn der Antrag vor Beginn der Hauptverhandlung gestellt worden und solange keine den Rechtszug abschließende Entscheidung ergangen ist. Im Übrigen steht dem Antragsteller ein Rechtsmittel nicht zu.
>
> (2) Soweit das Gericht dem Antrag stattgibt, kann der Angeklagte die Entscheidung auch ohne den strafrechtlichen Teil des Urteils mit dem sonst zulässigen Rechtsmittel anfechten. In diesem Falle kann über das Rechtsmittel durch Beschluss in nichtöffentlicher Sitzung entschieden werden. Ist das zulässige Rechtsmittel die Berufung, findet auf Antrag des Angeklagten oder des Antragstellers eine mündliche Anhörung der Beteiligten statt.
>
> (3) Die dem Antrag stattgebende Entscheidung ist aufzuheben, wenn der Angeklagte unter Aufhebung der Verurteilung wegen der Straftat, auf welche die Entscheidung über den Antrag gestützt worden ist, weder schuldig gesprochen noch gegen ihn eine Maßregel der Besserung und Sicherung angeordnet wird. Dies gilt auch, wenn das Urteil insoweit nicht angefochten ist.

II. Angeklagter

94 Der Angeklagte kann das Urteil mit den normalen strafprozessualen Rechtsmitteln, also Berufung oder Revision, anfechten, wobei ihm die Möglichkeit zusteht, die Anfechtung auf den strafrechtlichen oder zivilrechtlichen Teil zu beschränken.

95 Im Falle der Berufung gegen das Strafurteil verhandelt das Berufungsgericht als weitere Tatsacheninstanz über den Anspruch komplett neu.

96 Im Falle einer Annahmeberufung nach § 313 StPO, d.h. einer strafrechtlichen Verurteilung bis zu 15 Tagessätzen, dürfte auch die Verurteilung im Adhäsionsverfahren, auch wenn diese die zivilrechtliche Berufungssumme nach § 511 ZPO von 600 € überschreitet, nichts an der Tatsache ändern, dass es der Annahme durch das Berufungsgericht weiter bedarf.

97 Wurde durch den Angeklagten gegen das Strafurteil das Rechtsmittel der Revision eingelegt, kommt eine Zurückverweisung der Sache an ein Strafgericht im Falle der Bestätigung des strafrechtlichen Teils alleine wegen der Adhäsionsentscheidung nicht in Betracht.[59] Hier hat nach § 406 Abs. 3 StPO ein Absehen von der Adhäsionsentscheidung zu erfolgen. Ggf. muss das Revisionsgericht unter Beachtung des § 406 StPO die Grundentscheidung aufrechterhalten und lediglich bzgl. der Höhe von einer Entscheidung absehen.

M. Wiederaufnahme gegen das Adhäsionsurteil

98 Nach § 406c StPO kann der Angeklagte, und nur dieser, die Wiederaufnahme des Verfahrens über den zivilrechtlichen Teil, d.h. die Verurteilung im Adhäsionsverfahren, beantragen. Ziel des Angeklagten muss es dabei nach § 406c StPO sein, eine wesentlich andere Entscheidung über die Adhäsionsentscheidung herbeizuführen. Eine wesentliche Änderung ist gegeben, wenn nunmehr der Adhäsionsanspruch ganz entfällt, es zu einer Teilung des Anspruchs durch Mitverschulden einer anderen Person kommt oder der Anspruch nicht nur unwesentlich verringert wird.[60]

> § 406c StPO Wiederaufnahme des Verfahrens
>
> (1) Den Antrag auf Wiederaufnahme des Verfahrens kann der Angeklagte darauf beschränken, eine wesentlich andere Entscheidung über den Anspruch herbeizuführen. Das Gericht entscheidet dann ohne Erneuerung der Hauptverhandlung durch Beschluss.
>
> (2) Richtet sich der Antrag auf Wiederaufnahme des Verfahrens nur gegen den strafrechtlichen Teil des Urteils, so gilt § 406a Abs. 3 entsprechend.

99 Möchte das Gericht im Wiederaufnahmeverfahren den Adhäsionsanspruch teilweise oder ganz aberkennen, muss es wieder diesbezüglich von einer Entscheidung absehen.

100 Das Gericht entscheidet hier nach § 406c Abs. 1 Satz 2 StPO ohne Hauptverhandlung durch Beschluss.

N. Kostenentscheidung

101 Die Kostenfolgen des Adhäsionsverfahrens sind in § 472a StPO geregelt.

102 Hat der Antragsteller des Adhäsionsantrags vollumfänglich seinen geltend gemachten Anspruch zuerkannt bekommen, hat der Angeklagte die durch den Adhäsionsantrag entstandenen besonderen Kosten nach § 472a Abs. 1 StPO zu tragen.

59 BGH NStZ 1988, 237.

60 SK-*Velten*, § 406c Rn 2; KMR-*Stöckel*, § 406c Rn 2; LR-*Hilger*, § 406c Rn 2.

Ergeht statt des beantragten Zahlungsurteils nur ein Grund- oder Feststellungsurteil oder sieht das Gericht teilweise von einer Entscheidung ab, so richten sich die Kostenfolgen nicht mehr nach § 472a Abs. 1 StPO, sondern nach § 472a Abs. 2 StPO, da nunmehr kein vollumfängliches Obsiegen mehr vorliegt. **103**

Liegt nur ein teilweises Obsiegen des Adhäsionsklägers vor, bestimmen sich die Kostenfolgen nach § 472a Abs. 2 Satz 1 StPO, d.h. das Gericht entscheidet nach pflichtgemäßem Ermessen, wer in welchem Verhältnis die Kosten trägt. Dies gilt auch, wenn das Gericht statt dem begehrten Zahlungsurteil nur ein Grund- oder Teilurteil erlässt. Es hat damit eine Quotenbildung zu erfolgen. **104**

Macht der Adhäsionskläger Schmerzensgeld geltend, kann er zwar die Bestimmung des Schmerzensgeldes in das Ermessen des Gerichts stellen. Er muss aber einen Mindestbetrag angeben.[61] Bleibt der ausgeurteilte Betrag hinter diesem Betrag zurück, muss der Antragsteller die entsprechenden Kosten tragen. Allerdings soll hier der Rechtsgedanke des § 92 Abs. 2 ZPO herangezogen werden können, wonach bei einer verhältnismäßig geringen Zuvielforderung die Kosten die unterliegende Partei alleine trägt. Im Adhäsionsverfahren soll dies großzügig gehandhabt werden. Gleiches muss wohl gelten, wenn lediglich ein Grundurteil statt des begehrten Leistungsurteils erlassen wird oder solange der Adhäsionskläger mit weniger als 1/3 seines Antrags nicht durchdringt, da ihm zu Gute kommen muss, dass er einen – auch für den Angeklagten – günstigeren Weg gewählt hat. **105**

Auch ist es möglich, nach § 472a Abs. 2 Satz 2 StPO die gerichtlichen Kosten der Staatskasse aufzuerlegen, sofern die Belastung der Beteiligten damit unbillig wäre. Dies dürfte insbesondere der Fall sein, wenn das Gericht nach § 406 Abs. 1 Satz 4–5 StPO von der Entscheidung im Adhäsionsverfahren absieht oder nur ein Grundurteil bezüglich Schmerzensgeld erlässt, obwohl der Antragsteller im Adhäsionsverfahren ein Leistungsurteil begehrt hatte. **106**

Der Adhäsionskläger kann die gerichtliche Kostenentscheidung nach §§ 406a Abs. 1 Satz 2 i.V.m. 464 Abs. 3 Satz 1 StPO nicht anfechten,[62] auch nicht nach einer Antragsrücknahme des Adhäsionsantrages nach § 404 Abs. 4 StPO, vgl. § 472a Abs. 2 StPO.[63] **107**

61 BGH NJW 1982, 340 f; BGH NJW 1996, 2425 f.

62 BGH Beschl. v. 18.12.2007 – 5 StR 578/07.

63 OLG Düsseldorf JurBüro 1989, 240.

108 Nach § 464 Abs. 3 Satz 1 StPO kann der Angeklagte, soweit ihm die Kosten und Auslagen des Adhäsionsverfahrens auferlegt worden sind, die gerichtliche Kostenentscheidung mit der sofortigen Beschwerde anfechten.

O. Rechtskraft

109 Da die Entscheidung im Adhäsionsverfahren nach § 406 Abs. 3 StPO einem zivilrechtlichen Urteil gleich steht, bestimmt sich der Eintritt der Rechtskraft nach strafprozessualen Grundsätzen, die Wirkung der Rechtskraft hingegen nach zivilrechtlichen.

110 Damit tritt die Rechtskraft der Adhäsionsentscheidung mit Ablauf der Rechtsmittelfrist, Verzicht oder Rücknahme des Rechtsmittels ein, aber nicht vor Rechtskraft des Schuldspruchs.[64]

111 Für die Wirkung der Rechtskraft gelten insbesondere die §§ 322, 323, 325 ZPO.

112 Der Adhäsionsanspruch kann erneut vor einem Zivilgericht oder im Berufungsverfahren geltend gemacht werden, wenn das Strafgericht ihn ablehnt oder nur teilweise zuerkennt.[65]

113 Nach § 406a Abs. 3 StPO ist aber eine dem Adhäsionsantrag stattgebende Entscheidung – auch nach Rechtskraft – aufzuheben, wenn der Angeklagte unter Aufhebung der Verurteilung wegen der Straftat, auf die sich der Adhäsionsanspruch bezieht, weder schuldig gesprochen wurde, noch gegen ihn eine Maßregel der Besserung oder Sicherung gegen ihn angeordnet worden ist, unabhängig davon, ob die Adhäsionsentscheidung insoweit angefochten wurde oder nicht.

P. Vorläufige Vollstreckbarkeit

114 In einer dem Adhäsionsantrag stattgebenden Entscheidung trifft das Gericht auch nach § 406 Abs. 3 Satz 2 StPO eine Entscheidung über die vorläufige Vollstreckbarkeit. Nach § 406 Abs. 3 Satz 2 StPO finden dafür die Vorschriften der §§ 708–712 und §§ 714–716 ZPO entsprechende Anwendung.

115 Damit kann die Adhäsionsklage mit einer stattgebenden Entscheidung noch vor Rechtskraft des Strafurteils die Zwangsvollstreckung betreiben, ggf. nach § 709 ZPO mit Sicherheitsleistung bzw. nach § 708 ZPO ohne Sicherheitsleistung.

64 Neustadt NJW 1952, 718.

65 KG StraFo 2007, 336.

Q. Vollstreckung des Anspruchs

Die Vollstreckung der Adhäsionsentscheidung ist in § 406b StPO geregelt. Hiernach richtet sich diese nach den zivilrechtlichen Vorschriften, die für die Vollstreckung von Urteilen und Prozessvergleichen gelten. Damit wird für die Vollstreckung eine sog. vollstreckbare Ausfertigung der Entscheidung benötigt. Diese erteilt nach §§ 724 Abs. 2, 725–730, 733, 734 ZPO der Urkundsbeamte des Strafgerichts.

R. Prozesskostenhilfe und Beiordnung eines Rechtsanwaltes

117 Dem Antragsteller im Adhäsionsverfahren und dem Angeklagten kann für das Adhäsionsverfahren nach § 404 Abs. 5 StPO Prozesskostenhilfe nach den zivilrechtlichen Vorschriften bewilligt werden. Auch kann eine Beiordnung eines Rechtsanwalts erfolgen.

118 Ob der Angeklagte, der durch einen Pflichtverteidiger vertreten wird, einen gesonderten – also weiteren – Antrag auf Beiordnung des Rechtsanwalts im Adhäsionsverfahren gegen ihn stellen muss, ist umstritten[66] und daher zwingend anzuraten.

119 Voraussetzung für die Prozesskostenhilfe ist eine gewisse Bedürftigkeit des Antragstellers und dass der Antrag hinreichende Aussicht auf Erfolg bietet und nicht mutwillig ist.

120 Der Prozesskostenhilfeantrag kann nach § 404 Abs. 4 Satz 1 StPO gestellt werden, sobald die Klage, also Anklage oder Privatklage, erhoben ist sowie in einem Verfahren nach Einspruch gegen einen Strafbefehl ab Terminanberaumung durch das Gericht.[67]

121 Der Prozesskostenhilfeantrag muss spätestens bis zum Abschluss der Instanz gestellt werden. Er wirkt dann regelmäßig bis zur Antragstellung zurück,[68] d.h. der Antragsteller erhält für das komplette bisherige Verfahren die Prozesskostenhilfe. Eine nachträgliche Beantragung ist nicht möglich.

66 Kein gesonderter Antrag: u.a.: OLG Köln StraFo 2005, 394; Gesonderter Antrag: u.a.: OLG München StV 2004, 38; OLG Oldenburg, Beschl. v. 22.4.2010 -1Ws 178/10.

67 KMR-*Stöckel*, § 404 Rn 20.

68 *Zöller-Philippi*, § 119 Rn 39 ff.

ilfe nach zivilrechtlichen Vorschriften richtet, ist für die maßgebend. Hiernach muss im Prozesskostenhilfe- nter Angabe von Beweismitteln, dargestellt werden. Prozesskostenhilfeantrag des Adhäsionsklägers mit dem erbunden, so dass sich hieraus die erforderlichen Angaben erge- önnen sowohl Adhäsionskläger als auch Angeklagter auf den Akten- er Strafakten verweisen.[69]

Stellt der Adhäsionskläger seinen Adhäsionsantrag (unbedingt) und verbindet er dies mit seinem Prozesskostenhilfeantrag, so besteht die Gefahr, dass er selbst das Kostenrisiko für den Antrag zu tragen hat, wenn das Gericht die begehrte Prozesskostenhilfe nicht bewilligt.

124 Daher kann er zunächst Prozesskostenhilfe unter Beifügung eines Entwurfes der Adhäsionsklage beantragen. Lehnt das Gericht die beantragte Prozesskostenhilfe ab, ist der Adhäsionsantrag noch nicht gestellt, so dass für ihn kein Kostenrisiko besteht. Bewilligt das Gericht die begehrte Prozesskostenhilfe, kann der Adhäsionsantrag dann unproblematisch gestellt werden. Gleiches gilt auch für den Fall, dass der Antragsteller im Adhäsionsverfahren, der Prozesskostenhilfe begeht, z.B. bei Schmerzensgeld keinen, aus der Sicht des Gerichts, überhöhten Antrag stellen möchte, mit der Folge, dass das Gericht ihm nur teilweise Prozesskostenhilfe bewilligen würde.

125 Für die Beantragung von Prozesskostenhilfe muss der Antragsteller den amtlichen Vordruck über seine persönlichen und wirtschaftlichen Verhältnisse ausfüllen und mit Belegen dem Prozesskostenhilfeantrag beifügen. Hiermit prüft das Gericht die Bedürftigkeit des Antragstellers, d.h. ob dieser in der Lage ist, die Kosten der Prozessführung im Adhäsionsverfahren selbst aufzubringen oder nicht. Von diesen Angaben erhält die Gegenseite nach § 127 Abs. 1 Satz 3 ZPO keine Kenntnis. Sie erhält auch keine Kopie der Erklärung über die persönlichen und wirtschaftlichen Verhältnisse des Antragstellers.

126 Wann jemand bedürftig ist, regeln die §§ 114 ff. ZPO.

127 Neben der Bedürftigkeit setzt die Prozesskostenhilfebewilligung nach § 114 Satz 1 ZPO noch voraus, dass die beabsichtigte Rechtsverfolgung hinreichende Aussicht auf Erfolg bietet und nicht mutwillig ist. Hier prüft das Gericht neben der Frage der Beweisbarkeit des Anspruches auch seine Höhe. Ggf. bewilligt das Gericht nur

69 LR-*Hilger*, § 404 Rn 25.

für einen Teil Prozesskostenhilfe, z.B. wenn es der Auffassung ist, das beantragte Schmerzensgeld sei zu hoch oder einige Schadenspositionen seien nicht belegt.

128 Lehnt das Gericht im Adhäsionsverfahren den Prozesskostenhilfeantrag ab, ist dies gemäß § 404 Abs. 5 Satz 3 StPO nicht anfechtbar.

129 Bewilligt das Gericht im Adhäsionsverfahren die Prozesskostenhilfe, gilt dies nur für die jeweilige Instanz.

130 Wurde Prozesskostenhilfe bewilligt, ist die Partei nach § 121 Abs. 1 Nr. 1 ZPO von den Gerichts- und Gerichtsvollzieherkosten befreit.

131 Nach § 121 Abs. 1 ZPO wird ein Rechtsanwalt beigeordnet, wenn die Vertretung durch einen Rechtsanwalt vorgeschrieben ist, d.h. also ein sog. Anwaltsprozess vorliegt oder nach § 121 Abs. 2 ZPO, wenn die Vertretung durch einen Rechtsanwalt erforderlich erscheint oder der Gegner auch anwaltlich vertreten ist.

132 Ob eine Vertretung erforderlich ist, ist im Einzelfall zu prüfen. Hier kommt es u.a. auf die Schwierigkeit der Sach- und Rechtslage[70] und auf die Fähigkeiten des Antragstellers an, so dass auch bei einem einfach gelagerten Sachverhalt oder bei einfachen Rechtsfragen eine Beiordnung in Betracht kommt, wenn die Partei hilflos erscheint.[71] Bei der Frage, ob der Gegner anwaltlich vertreten ist, kommt es beim Angeklagten nicht darauf an, dass er verteidigt ist, sondern, dass er auch von seinem Verteidiger oder einem anderen Rechtsanwalt im Adhäsionsverfahren vertreten wird.[72]

133 Zu beachten ist, dass eine anderweitige Beiordnung, z.B. für die Nebenklage, nicht automatisch auch für das Adhäsionsverfahren gilt, so dass immer noch die Erstreckung der Beiordnung auf das Adhäsionsverfahren bzw. andere Verfahrensteile beantragt werden muss.

134 Der beigeordnete Rechtsanwalt macht nunmehr nach § 45 RVG seine Gebührenansprüche nicht mehr gegenüber der Partei, sondern der Staatskasse geltend. Ist nach einem Obsiegen der Gegner zur Kostentragung verpflichtet, hat dieser unabhängig von der Prozesskostenhilfe des Obsiegenden die Kosten des dem Obsiegenden beigeordneten Rechtsanwaltes zu zahlen, wobei hier die Gebühren nach § 13 RVG und nicht nur die nach § 49 RVG zu übernehmen sind.

70 LR-*Hilger*, § 404 Rn 26; *Meyer-Goßner*, § 404 Rn 16; AnwK-StPO/*Kauder*, § 404 Rn 11.

71 LR-*Hilger*, § 404 Rn 26.

72 KMR-*Stöckel*, § 404 Rn 22.

135 Hat das Opfer seinen Schadensersatzanspruch nicht in einem Strafverfahren gegen den Täter in einem Adhäsionsverfahren geltend gemacht und begehrt nunmehr für ein anschließendes Zivilverfahren Prozesskostenhilfe, kann die Gefahr bestehen, dass ihm für das Zivilverfahren die Prozesskostenhilfe wegen Mutwilligkeit nach § 114 Abs. 1 Satz 1 ZPO versagt wird, da die Verfolgung des Anspruchs kostengünstiger ist. Vor Inkrafttreten des 1. Opferrechtsreformgesetzes wurde die Mutwilligkeit u.a. mit der Begründung verneint,[73] dass im Adhäsionsverfahren, insbesondere bei Schmerzensgeldansprüchen, die Gefahr des Absehens von einer Entscheidung bestehe. Da nach Inkrafttreten des 1. Opferrechtsreformgesetzes bei Schmerzensgeldansprüchen nur noch nach § 405 Abs. 1 Satz 3 StPO in Betracht kommt, stellt sich die Frage, ob dies weiterhin noch so gilt.

136 Das OLG Frankfurt[74] hat die Frage zur Rechtslage vor dem 1. Opferschutzreformgesetz in 2007 bestätigt und ausgeführt, dass keine Mutwilligkeit der Schadensersatzklage vor dem Zivilgericht besteht, wenn der Antragsteller als Nebenkläger die Möglichkeit des Adhäsionsverfahrens im Rahmen des gegen den einzigen Antragsgegner geführten Strafverfahren nicht genutzt hat.

137 Zur Vermeidung eines Kostenrisikos bei einem anschließenden Zivilverfahren sollte daher immer gleich der Anspruch im Adhäsionsverfahren geltend gemacht werden.

138 *Praxistipp: Adhäsionsverfahren*

Das Adhäsionsverfahren soll dem Verletzten einer Straftat die Möglichkeit eröffnen, seine ihm zustehenden zivilrechtlichen Schadensersatzansprüche gleich mit in einem Strafverfahren gegen den Täter geltend zu machen, ohne dass es eines gesonderten Zivilprozesses bedarf.

Nach § 403 StPO ist der Verletzte einer Straftat oder sein Erbe im Adhäsionsverfahren antragsberechtigt.

Im Adhäsionsverfahren gelten die zivilprozessualen Streitwertgrenzen nach § 403 StPO nicht.

Das Gericht kann von einer Entscheidung über den Adhäsionsantrag absehen, wenn der Antrag unzulässig ist, wenn der Antrag unbegründet oder nicht für die Erledigung im Strafverfahren geeignet ist.

73 LG Itzehoe NJÜZ 2002, 849 f.

74 OLG Frankfurt, Beschl. v. 17.8.2007 – 4 W 41/07.

Dem Antragsteller im Adhäsionsverfahren und dem Angeklagten kann für das Adhäsionsverfahren Prozesskostenhilfe nach den zivilrechtlichen Vorschriften bewilligt werden. Auch kann eine Beiordnung eines Rechtsanwalts erfolgen.

Ob der Angeklagte, der durch einen Pflichtverteidiger vertreten wird, einen gesonderten, also weiteren, Antrag auf Beiordnung des Rechtsanwalts im Adhäsionsverfahren gegen ihn stellen muss, ist umstritten.

§ 8 Opferentschädigungsgesetz

A. Anwendungsbereich

1 Das Gesetz über die Entschädigung für Opfer von Gewalttaten (Opferentschädigungsgesetz – OEG)[1] gewährt Personen, welche in Folge eines vorsätzlichen, rechtswidrigen tätlichen Angriffs gegen seine oder eine andere Person oder durch dessen rechtmäßige Abwehr eine gesundheitliche Schädigung erhalten hat, eine finanzielle Entschädigung. Diese Personen können auf Antrag wegen der gesundheitlichen und wirtschaftlichen Folgen dieses Angriffs Versorgung in entsprechender Anwendung der Vorschriften des Bundesversorgungsgesetzes gemäß § 1 Abs. 1 OEG erhalten.

§ 1 OEG: Anspruch auf Versorgung

(1) Wer im Geltungsbereich dieses Gesetzes oder auf einem deutschen Schiff oder Luftfahrzeug infolge eines vorsätzlichen, rechtswidrigen tätlichen Angriffs gegen seine oder eine andere Person oder durch dessen rechtmäßige Abwehr eine gesundheitliche Schädigung erlitten hat, erhält wegen der gesundheitlichen und wirtschaftlichen Folgen auf Antrag Versorgung in entsprechender Anwendung der Vorschriften des Bundesversorgungsgesetzes. Die Anwendung dieser Vorschrift wird nicht dadurch ausgeschlossen, dass der Angreifer in der irrtümlichen Annahme von Voraussetzungen eines Rechtfertigungsgrunds gehandelt hat.

(2) Einem tätlichen Angriff im Sinne des Absatzes 1 stehen gleich
1. die vorsätzliche Beibringung von Gift,
2. die wenigstens fahrlässige Herbeiführung einer Gefahr für Leib und Leben eines anderen durch ein mit gemeingefährlichen Mitteln begangenes Verbrechen.

(3) Einer Schädigung im Sinne des Absatzes 1 stehen Schädigungen gleich, die durch einen Unfall unter den Voraussetzungen des § 1 Abs. 2 Buchstabe e oder f des Bundesversorgungsgesetzes herbeigeführt worden sind; Buchstabe e gilt auch für einen Unfall, den der Geschädigte bei der unverzüglichen Erstattung der Strafanzeige erleidet.

(4) Ausländer haben einen Anspruch auf Versorgung,
1. wenn sie Staatsangehörige eines Mitgliedstaates der Europäischen Gemeinschaften sind oder
2. soweit Rechtsvorschriften der Europäischen Gemeinschaften, die eine Gleichbehandlung mit Deutschen erforderlich machen, auf sie anwendbar sind oder
3. wenn die Gegenseitigkeit gewährleistet ist.

1 In der Fassung der Bekanntmachung vom 7.1.1985 (BGBl 1, S. 1), zuletzt geändert durch Artikel 1 des Gesetzes vom 25. Juni 2009 (BGBl 1, S. 1580).

(5) Sonstige Ausländer, die sich rechtmäßig nicht nur für einen vorübergehenden Aufenthalt von längstens sechs Monaten im Bundesgebiet aufhalten, erhalten Versorgung nach folgenden Maßgaben:
1. Leistungen wie Deutsche erhalten Ausländer, die sich seit mindestens drei Jahren ununterbrochen rechtmäßig im Bundesgebiet aufhalten;
2. ausschließlich einkommensunabhängige Leistungen erhalten Ausländer, die sich ununterbrochen rechtmäßig noch nicht drei Jahre im Bundesgebiet aufhalten.

Ein rechtmäßiger Aufenthalt im Sinne dieses Gesetzes ist auch gegeben, wenn die Abschiebung aus rechtlichen oder tatsächlichen Gründen oder aufgrund erheblicher öffentlicher Interessen ausgesetzt ist. Die in Anlage I Kapitel VIII Sachgebiet K Abschnitt III Nr. 18 des Einigungsvertrages vom 31. August 1990 (BGBl 1990 II S. 885, 1069) genannten Maßgaben gelten entsprechend für Ausländer, die eine Schädigung im Beitrittsgebiet erleiden, es sei denn, sie haben ihren Wohnsitz, ihren gewöhnlichen Aufenthalt oder ständigen Aufenthalt in dem Gebiet, in dem dieses Gesetz schon vor dem Beitritt gegolten hat.

(6) Versorgung wie die in Absatz 5 Nr. 2 genannten Ausländer erhalten auch ausländische Geschädigte, die sich rechtmäßig für einen vorübergehenden Aufenthalt von längstens sechs Monaten im Bundesgebiet aufhalten,
1. wenn sie mit einem Deutschen oder einem Ausländer, der zu den in Absatz 4 oder 5 bezeichneten Personen gehört, bis zum dritten Grade verwandt sind oder in einem den Personenkreisen des Absatzes 8 entsprechenden Verhältnis zu ihm stehen oder
2. wenn sie Staatsangehörige eines Vertragsstaates des Europäischen Übereinkommens vom 24. November 1983 über die Entschädigung für Opfer von Gewalttaten sind, soweit dieser keine Vorbehalte zum Übereinkommen erklärt hat.

(7) Wenn ein Ausländer, der nach Absatz 5 oder 6 anspruchsberechtigt ist,
1. ausgewiesen oder abgeschoben wird oder
2. das Bundesgebiet verlassen hat und seine Aufenthaltstitel erloschen ist oder
3. ausgereist und nicht innerhalb von sechs Monaten erlaubt wieder eingereist ist,

erhält er für jedes begonnene Jahr seines ununterbrochen rechtmäßigen Aufenthalts im Bundesgebiet eine Abfindung in Höhe des Dreifachen, insgesamt jedoch mindestens in Höhe des Zehnfachen, höchstens in Höhe des Dreißigfachen der monatlichen Grundrente. Dies gilt nicht, wenn er aus einem der in den §§ 53, 54 oder 55 Abs. 2 Nr. 1 bis 4 des Aufenthaltsgesetzes genannten Gründe ausgewiesen wird. Mit dem Entstehen des Anspruchs auf die Abfindung nach Satz 1 oder mit der Ausweisung nach Satz 2 erlöschen sämtliche sich aus den Absätzen 5 und 6 ergebenden weiteren Ansprüche; entsprechendes gilt für Ausländer, bei denen die Schädigung nicht zu einem rentenberechtigenden Grad der Schädigungsfolgen geführt hat. Die Sätze 1 und 3 gelten auch für heimatlose Ausländer sowie für sonstige Ausländer, die im Bundesgebiet die Rechtsstellung nach dem Abkommen vom 28. Juli 1951 über die Rechtsstellung der Flüchtlinge (BGBl 1953 II S. 559) oder nach dem Übereinkommen vom 28. September 1954 über die Rechtsstellung der Staatenlosen (BGBl 1976 II S. 473) genießen, wenn die Tat nach dem 27. Juli 1993 begangen worden ist. Die Sätze 1 bis 4 gelten entsprechend auch für Hinterbliebene, die sich nicht im Geltungsbereich dieses Gesetzes aufhalten.

(8) Die Hinterbliebenen eines Geschädigten erhalten auf Antrag Versorgung in entsprechender Anwendung der Vorschriften des Bundesversorgungsgesetzes. Die in den Absätzen 5 bis 7 genannten Maßgaben sowie § 10 Satz 3 sind anzuwenden. Soweit dies günstiger ist, ist bei der Bemessung der Abfindung nach Absatz 7 auf den Aufenthalt der Hinterbliebenen abzustellen. Partner einer eheähnlichen Gemeinschaft erhalten Leistungen in entsprechender Anwendung der §§ 40, 40a und 41 des Bundesversorgungsgesetzes, sofern ein Partner an den Schädigungsfolgen verstorben ist und der andere unter Verzicht auf eine Erwerbstätigkeit die Betreuung eines gemeinschaftlichen Kindes ausübt; dieser Anspruch ist auf die ersten drei Lebensjahre des Kindes beschränkt.

(9) Einer Schädigung im Sinne des Absatzes 1 stehen Schädigungen gleich, die ein Berechtigter oder Leistungsempfänger nach Absatz 1 oder 8 Verbindung mit § 10 Abs. 4 oder 5 des Bundesversorgungsgesetzes, eine Pflegeperson oder eine Begleitperson bei einer notwendigen Begleitung des Geschädigten durch einen Unfall unter den Voraussetzungen des § 8a des Bundesversorgungsgesetzes erleidet.

(10) Einer gesundheitlichen Schädigung im Sinne des Absatzes 1 steht die Beschädigung eines am Körper getragenen Hilfsmittels, einer Brille, von Kontaktlinsen oder von Zahnersatz gleich.

(11) Dieses Gesetz ist nicht anzuwenden auf Schäden aus einem tätlichen Angriff, die von dem Angreifer durch den Gebrauch eines Kraftfahrzeugs oder eines Anhängers verursacht worden sind.

(12) § 64e des Bundesversorgungsgesetzes findet keine Anwendung. § 1 Abs. 3, die §§ 64 bis 64d, 64f sowie 89 des Bundesversorgungsgesetzes sind mit der Maßgabe anzuwenden, dass an die Stelle der Zustimmung des Bundesministeriums für Arbeit und Soziales die Zustimmung der für die Kriegsopferversorgung zuständigen obersten Landesbehörde tritt, sofern ein Land Kostenträger ist (§ 4). Dabei sind die für deutsche Staatsangehörige geltenden Vorschriften auch für von diesem Gesetz erfasste Ausländer anzuwenden.

(13) § 20 des Bundesversorgungsgesetzes ist mit den Maßgaben anzuwenden, dass an die Stelle der in Absatz 1 Satz 3 genannten Zahl die Zahl der rentenberechtigten Beschädigten und Hinterbliebenen nach diesem Gesetz im Vergleich zur Zahl des Vorjahres tritt, dass in Absatz 1 Satz 4 an die Stelle der dort genannten Ausgaben der Krankenkassen je Rentner die bundesweiten Ausgaben je Mitglied treten, dass Absatz 2 Satz 1 für die oberste Landesbehörde, die für die Kriegsopferversorgung zuständig ist, oder die von ihr bestimmte Stelle gilt und dass in Absatz 3 an die Stelle der in Satz 1 genannten Zahl die Zahl 1,3 tritt und die Sätze 2 bis 4 nicht gelten.

(14) Im Rahmen der Heilbehandlung sind auch heilpädagogische Behandlung, heilgymnastische und bewegungstherapeutische Übungen zu gewähren, wenn diese bei der Heilbehandlung notwendig sind.

2 Übersicht: Tat i.S.d. OEG

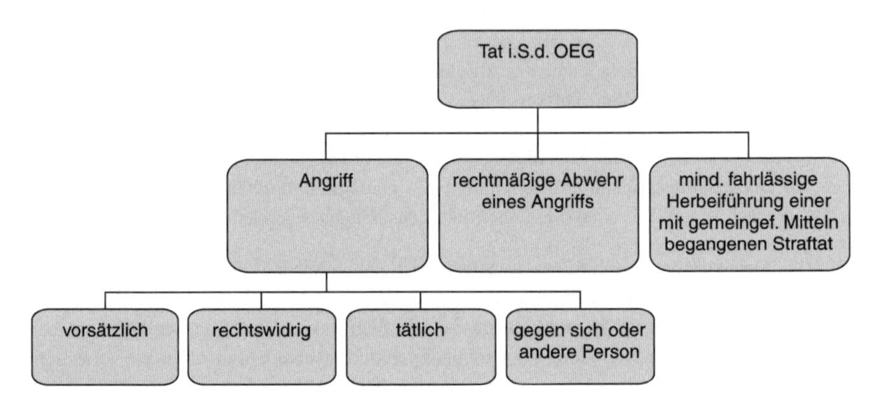

B. Zielsetzung

3 Das Opferentschädigungsgesetz trägt damit der Tatsache Rechnung, dass Opfer von Straftaten regelmäßig nicht nur eine körperliche Beeinträchtigung, sondern darüber hinaus auch wirtschaftliche Einbußen in erheblichem Maße erleiden, z.B. weil der Ernährer, welcher Opfer einer Straftat wird, die Familie dadurch zukünftig nicht mehr ernähren kann.

4 Diese wirtschaftlichen Folgen werden durch Renten aus der gesetzlichen Rentenversicherung bzw. aus privaten Versicherungen bzw. durch die Sozialhilfe nicht immer genügend ausgeglichen.

5 Auch führen eventuelle Schadensersatzansprüche gegen den Täter in den wenigsten Fällen zu einem kompletten Ausgleich, da der Täter entweder nicht ermittelbar oder nicht wirtschaftlich leistungsfähig ist.

6 Hinter dem Opferentschädigungsgesetz steht der Grundgedanke, dass der Staat wenigstens für die Opfer von Straftaten einstehen muss, wenn es ihm trotz seiner Anstrengungen zur Verbrechensverhütung nicht gelingt, die Straftaten zu verhindern.

7 Durch das Opferentschädigungsgesetz wird nicht nur das Opfer selbst, sondern auch seine Familie geschützt, die oft auch die Folgen der Straftat mitzutragen hat.

Das Opferentschädigungsgesetz gewährt Leistungen als soziale Leistungen i.S.d. § 5 SGB I, auf Basis des Leistungskataloges des Bundesversorgungsgesetzes. **8**

C. Voraussetzungen

9 Nach § 1 OEG sind, wie bereits ausgeführt, grundsätzlich Opfer von Gewalttaten, d.h. Personen, die aufgrund eines vorsätzlichen, rechtswidrigen tätlichen Angriffs gesundheitliche Schädigungen erlitten haben, anspruchsberechtigt. Gleiches gilt für Personen, die bei einer rechtmäßigen Abwehr eines solchen Angriffs gesundheitliche Schädigungen erlitten haben.

10 Der Anspruch auf Opferentschädigung ist auch nicht deswegen ausgeschlossen, weil der Angreifer in der irrtümlichen Annahme eines Rechtfertigungsgrundes gehandelt hat, vgl. § 1 Abs. 1 OEG.

11 Einem tätlichen Angriff steht nach § 1 Abs. 2 OEG auch die vorsätzliche Beibringung von Gift oder die wenigstens fahrlässige Herbeiführung einer Gefahr für Leib und Leben eines anderen mit gemeingefährlichen Mitteln begangenes Verbrechen (z.B. Bombenanschlag) gleich.

12 Dies gilt auch für eine Schädigung, die durch einen Unfall unter den Voraussetzungen des § 1 Abs. 2 Buchstabe e oder f des Bundesversorgungsgesetzes herbeigeführt worden ist oder für einen Unfall, den der Geschädigte bei der unverzüglichen Erstattung der Strafanzeige erleidet.

13 Allerdings führt das Opferentschädigungsgesetz nicht zu einer Entschädigung des Opfers für reine Vermögensschäden. Es greift aber dort ein, wo die wirtschaftliche Existenz eines unschuldigen Opfers bedroht ist bzw. in Fällen, in denen das Verbrechensopfer aufgrund der durch die Tat erlittenen körperlichen oder seelischen Schäden daran gehindert ist, zukünftig mit eigener Kraft seine Existenz zu sichern. Die Leistungen nach dem Opferentschädigungsgesetz werden nur auf Antrag erbracht, wobei der Antrag bei dem für den Wohnort des Opfers zuständigen Versorgungsamt zu stellen ist.

14 Einen Anspruch auf Leistungen hat nicht nur das Opfer selbst, sondern, wenn dieses durch die Straftat stirbt, auch die Hinterbliebenen des Opfers, also die Witwe oder der Witwer, die Kinder des Opfers und ggf. auch die Eltern.[2] Die Großeltern

2 *Kunz/Zellner/Gelhausen/Weiner*, § 1 Rn 74; die Eltern des Opfers sind nach § 3a OEG allerdings nur anspruchsberechtigt, wenn die Straftat nicht im Ausland verübt worden ist, vgl. *Kunz/Zellner/Gelhausen/Weiner*, Anhang I § 4, 27.

des Opfers kommen nur als Anspruchsberechtigte in Betracht, wenn das Opfer ihnen Unterhalt gewährt hätte.

15 Selbst der geschiedene Ehepartner kann Leistungen erhalten. Geschiedene Ehefrauen werden Witwen gleichgestellt, wenn das verstorbene Opfer Unterhalt zu leisten gehabt hätte oder geleistet hat.

16 Durch das Opferentschädigungsgesetz können auch lediglich mittelbar Geschädigte Leistungen erhalten. Dies betrifft z.B. die Mutter, die nach Überbringung der Todesnachricht ihres Kindes einen Schockschaden erleidet. Erforderlich ist hierfür allerdings, dass der lediglich mittelbar Geschädigte, wie z.B. die Mutter, eine besondere emotionale Bindung zum Opfer hatte. Dies betrifft auch Personen, die, unabhängig von einer emotionalen Beziehung zum Opfer, z.B. als Tatzeugen einen Schockschaden erleiden.

17 Da das Opferentschädigungsgesetz keine reinen wirtschaftlichen Schäden ausgleicht, ist Voraussetzung für einen Entschädigungsanspruch, dass das Opfer durch die Tat eine körperliche oder seelische Beeinträchtigung erfahren hat.

18 Die Verletzung des Opfers muss durch einen vorsätzlichen, rechtswidrigen tätlichen Angriff gegen sich oder eine andere Person oder durch dessen rechtmäßige Abwehr erfolgt sein, so dass auch Ansprüche in Betracht kommen, wenn eine andere Person angegriffen wurde und das Opfer dabei verletzt wurde, weil es z.B. versucht hat, die Straftat abzuwehren. Eine Entschädigung kommt allerdings auch in Betracht, wenn das Opfer vor einem solchen Angriff versucht zu fliehen und dabei einen Schaden, z.B. durch einen Sturz oder Herzinfarkt erleidet.

19 Ein Anspruch nach dem Opferentschädigungsgesetz scheidet allerdings aus, wenn die Tat mittels eines Kraftfahrzeuges oder einem Anhänger begangen worden ist, da hier die Verkehrsopferhilfe vorrangig eintritt.

20 Ferner hat nach § 1 Abs. 1 S. 1 OEG nur derjenige Anspruch auf eine Entschädigung, der im Geltungsbereich des Opferentschädigungsgesetzes, also im Bundesgebiet, Opfer einer Straftat geworden ist. Wurde die Straftat im Ausland begangen, besteht ein Anspruch unter den Voraussetzungen des § 3a OEG.

D. Leistungen für Ausländer

21 Nach § 1 Abs. 4 bzw. Abs. 5 OEG haben Ausländer auch einen Anspruch auf Leistungen nach dem OEG. Hierbei ist zwischen Ausländern nach Abs. 4 zu unterscheiden, die einen Anspruch haben, wenn sie Staatsangehörige eines Mitglieds-

staates der EU sind bzw. soweit Rechtsvorschriften der EU die Gleichbehandlung dieser Ausländer mit Deutschen erforderlich machen bzw. wenn die Gegenseitigkeit gewährleistet ist.

Nach § 1 Abs. 5 OEG haben sonstige Ausländer, die sich rechtmäßig nicht nur für einen vorübergehenden Aufenthalt der letzten sechs Monate in der Bundesrepublik Deutschland aufhalten, ebenfalls einen Anspruch auf Entschädigungen, mit der Maßgabe, dass sie Leistungen wie Deutsche erhalten, wenn sie mindestens drei Jahre ununterbrochen in der Bundesrepublik Deutschland sich aufgehalten haben bzw. ausschließlich einkommensunabhängige Leistungen erhalten, wenn sie ununterbrochen rechtmäßig noch nicht drei Jahre in der Bundesrepublik Deutschland aufenthaltlich waren. **22**

Einschränkungen gelten hier jedoch, wenn diese ausgewiesen oder abgeschoben wurden, das Bundesgebiet verlassen haben und der Aufenthaltstitel erloschen ist, oder ausgereist und nicht innerhalb von sechs Monaten wieder erlaubt eingereist sind. **23**

E. Versagungsgründe

Nach § 2 OEG ist eine Entschädigung zu versagen, wenn das Opfer die Schädigung verursacht hat oder wenn es aus sonstigen, insbesondere in dem eigenen Verhalten des Opfers liegenden Gründen unbillig wäre, eine Entschädigung zu gewähren. Das Opfer darf also insbesondere den Täter nicht gereizt oder beleidigt haben, sich an einer politischen Auseinandersetzung in seinem Heimatstaat aktiv beteiligt haben. Die Schädigung darf auch nicht darauf beruhen dass sich das Opfer an kriegerischen Auseinandersetzungen in seinem Heimatstaat aktiv beteiligt hat, wobei die Schädigung im Zusammenhang damit stehen muss. Das Opfer darf ferner nicht in die organisierte Kriminalität verwickelt gewesen sein. **24**

Nach § 2 Abs. 2 OEG können die Leistungen nach dem Opferentschädigungsgesetz auch dann versagt werden, wenn es der Geschädigte unterlassen hat, an der Aufklärung des Sachverhalts und der Verfolgung des Täters mitzuwirken, insbesondere unverzüglich Anzeige zu erstatten. **25**

Damit der Sachverhalt komplett aufgeklärt werden kann, ist die Erstattung einer Strafanzeige bei den Strafverfolgungsbehörden erforderlich. Dies ist auch Voraussetzung für die Gewährung einer Entschädigung. **26**

F. Verjährung/Fristen

27 Unbedingt zu beachten ist, dass Ansprüche nach dem Opferentschädigungsgesetz gemäß § 45 SGB I in vier Jahren nach Ablauf des Kalenderjahres, in dem sie entstanden sind, verjähren. Eine weitere Antragsfrist kennt das OEG dagegen zwar nicht, allerdings können Leistungen nach § 60 Abs. 1 u. 2 BVG erst frühestens ab dem Antragsmonat gewährt werden. Wird der Antrag auf Opferentschädigung allerdings binnen eines Jahres nach der Tat gestellt, ist auch nach § 60 Abs. 1 Satz 2 eine Versorgung auch für den Zeitraum vor Antragstellung zu gewähren.

G. Leistungen

28 Nach dem OEG kann z.B. die medizinische Heilbehandlung eines Opfers übernommen werden, die nach § 11 BVG u.a. umfasst:

- amublante ärztliche und zahnärztliche Behandlung,
- stationäre Behandlung in einem Krankenhaus,
- Arznei- und Verbandsmittel,
- Krankengymnastik, Bewegungstherapie,
- Brille u. Kontaktlinsen,
- Hilfsmittel und Körperersatzstücke (vgl. auch § 13 BVG),
- häusliche Krankenpflege,
- Behandlung in einer Rehabilitationseinrichtung,
- Psychotherapie, z.B. auch bei posttraumatischen Belastungsstörungen.

29 Ist das Opfer aufgrund der Tat arbeitsunfähig erkrankt, kann zum Ausgleich des Verdienstausfalles Versorgungsgeld gezahlt werden, was dem normalen Krankengeld entspricht.

30 Zur Wiedereingliederung des Opfers in das Berufsleben sind auch berufsfördernde Leistungen zur Rehabilitation nach § 26 BVG möglich.

31 Je nach dem Grad der Schädigung (GdS) können Beschädigte eine monatliche Grundrente erhalten. Diese geht von mtl. 123,00 € (bei 30 %) bis mtl. 646,00 € (bei 100 %). Für Schwerbeschädigte, d.h. Beschädigte ab 50 % erhöhen sich die Beträge ab dem 65. Lebensjahr. Bei Beschädigten mit 100 % kann eine Schwerstbeschädigtenzulage gewährt werden, wenn diese außergewöhnlich betroffen sind.

32 Erleidet das Opfer aufgrund der Straftat berufliche Nachteile, z.B. weil es nunmehr weniger verdient, können diese nach § 30 Abs. 3 ff BVG, neben der Erhöhung der Grundrente, noch ausgeglichen werden. Dies stellt eine Mischung zwischen individuellem und pauschalem Ausgleich dar. Auch kann eine neue Berufsausbildung, eine berufliche Anpassung, Fortbildung oder Umschulung finanziert werden.

Stichwortverzeichnis

Fette Zahlen bezeichnen die Kapitelnummern, magere Zahlen die Randnummern.